JESUCRISTO

ES EL

SEÑOR

Cristología del
Nuevo Testamento

Samuel Pagán

EDITORIAL CLIE
C/ Ferrocarril, 8
08232 VILADECAVALLS
(Barcelona) ESPAÑA
E-mail: clie@clie.es
http://www.clie.es

Jesucristo es el Señor
ISBN: 978-84-18204-94-4
Depósito Legal: B 5928-2022
Teología cristiana
Cristología
REL067040

El Dr. Samuel Pagán, ministro ordenado de la Iglesia Cristiana (Discípulos de Cristo), es un reconocido y apreciado biblista puertorriqueño, que ha publicado más de 60 libros y cientos de artículos en torno a temas exegéticos, teológicos, educativos, literarios y pastorales. Además, ha trabajado en la edición y preparación de 5 Biblias de estudio y colaborado en decenas de proyectos de traducción de la Biblia en América Latina, Europa, África, y en el Oriente Medio.

Entre las obras exegéticas y teológicas más conocidas de Samuel, están sus libros sobre Jesús de Nazaret, el rey David, la Biblia hebrea y los Salmos. También ha publicado varios libros y artículos sobre diversos aspectos teológicos y ministeriales en *Don Quijote de La Mancha*; ha editado varias revistas de educación cristiana transformadora; y escribe regularmente sobre temas religiosos, educativos y sociales en diversos periódicos en EUA y AL.

En su trayectoria ministerial, Dr. Pagán ha enseñado y predicado en cientos de países y ciudades alrededor del mundo, ha sido profesor de Biblia, decano académico y presidente de seminarios y universidades en Puerto Rico, Estados Unidos, Europa e Israel, y en la actualidad, es decano de programas hispanos en el *Centro de Estudios Bíblicos de Jerusalén*. Y como profesor de Biblia y decano del Centro, organiza y auspicia anualmente viajes educativos y transformadores a las tierras bíblicas para miles de peregrinos de habla castellana del mundo.

Posee los siguientes grados académicos: Bachillerato en Ingeniería Química de la Universidad de Puerto Rico-Mayagüez, Maestría en Divinidad del Seminario Evangélico de Puerto Rico, Maestría en Teología del Seminario Teológico Princeton, Doctorado en Literatura Hebrea del Seminario Teológico Judío, y Doctorado en Sagrada Teología del Centro para la Educación Teológica de Florida; además, ha hecho estudios post-doctorales en lingüística y antropología en la Universidad de Texas y en geografía bíblica en Tantur, el Centro Avanzado para la Educación Teológica en Jerusalén.

Samuel está casado con la Dra. Nohemí C. Pagán; tienen dos hijos, Samuel (casado con Yasmín), Luis Daniel (casado con Ileana), tres nietos (Samuel Andrés, Ian Gabriel y Mateo Alejandro), y una nieta (Natallie Isabel). Viven alternadamente en Jerusalén y Clermont, Florida.

Dedicatoria

A mis colegas, amigos y amigas, estudiantes y administradores del *Jerusalem Center for Biblical Studies*, particularmente a James Rigdway. Estoy muy agradecido por el apoyo grato y generoso que han dado a mis programas de peregrinaciones, educación e investigación.

Muchas gracias, muchas veces…

Índice

Prólogo

Con su acostumbrada gentileza, el doctor Samuel Pagán me ofrece el honor de escribir un prólogo a su último libro – que bien puede ser uno de los mejores. El tema que Pagán aborda es de suma importancia, ya que se trata de uno de los vínculos más sólidos y visitados entre las Escrituras de Israel y la predicación y misión cristianas. Los pasajes acerca del Siervo sufriente se leen repetidamente en nuestras iglesias, particularmente en tiempos de Cuaresma y Semana Santa. Ese contexto hace que generalmente se subrayen ante todo los sufrimientos del siervo a que se refiere Isaías, y su paralelismo con los sufrimientos de Jesús. Pero hay también otro punto de contacto importante entre Isaías y Jesús, y este es el pasaje que Jesús lee en la sinagoga de Nazaret, según el capítulo cuatro de Lucas – pasaje que marca el comienzo del ministerio público de Jesús y que Pagán acertadamente toma como una especie de programa para ese ministerio y para la iglesia de hoy. Esa conexión es importante, pues de ese modo se subraya no solamente el sufrimiento del siervo, sino también otras dimensiones de su misión, como bien indica Pagán en el último capítulo de su libro.

Al escribir un prólogo, existe siempre la tentación de resumir lo que el autor dice. En este caso, la tentación es fuerte, pues mucho de lo que Pagán dice merece ser repetido y subrayado. Pero no quiero robarles a los lectores el disfrute del libro mismo, sino que lo dejo en sus manos para que poco a poco, según vayan leyendo el libro, vayan descubriendo dimensiones de este siervo sufriente a quien se refiere Isaías y que Jesús encarna. Más bien, trataré de relacionar algo de lo que Pagán dice en este libro, y de lo que Isaías dice acerca del Siervo sufriente, con los orígenes de la predicación cristiana, y con lo que esos orígenes nos dicen acerca de la interpretación de las Escrituras de Israel.

Cuando los cristianos hoy leen los pasajes del Siervo sufriente, frecuentemente se plantean la pregunta de si el pasaje de Isaías se refiere a Jesús o si se trata más bien de algún personaje contemporáneo con el profeta mismo. Si algún erudito bíblico nos señala la posibilidad de que Isaías esté hablando acerca de algo que acontecía en sus días, y de alguien que sufría sin merecerlo en tiempos del profeta mismo, hay creyentes que le tildan de hereje, porque supuestamente no cree en las "profecías" de Isaías.

Tales juicios yerran por dos razones: En primer lugar, yerran porque limitan el término "profecía" a lo que predice el futuro. Ciertamente, los profetas de Israel hablaron acerca del futuro que Dios guardaba en sus secretos designios. Pero lo que les hacía profetas no era el hablar del futuro, sino más bien el hablar en nombre de Dios, el tener palabra de Dios, unas veces sobre el futuro, otras sobre el presente, y otras sobre el pasado. El verdadero profeta bíblico y cristiano no es quien predice el futuro como lo hace un supuesto vidente ante una bola de cristal o con unas cartas de baraja. Pensar que tal es la tarea del profeta bíblico parece rebajarle a nivel de uno de esos supuestos videntes que embaucan a los crédulos. La verdadera tarea del profeta bíblico es llevarle al pueblo el mensaje divino. Ciertamente, este mensaje puede incluir anuncios o advertencias acerca del futuro. Pero también frecuentemente incluye dirección para el presente, así como interpretación del pasado y de su significado para la vida presente del pueblo.

En segundo lugar, pensar que al interpretar los pasajes acerca del siervo sufriente hay que escoger entre Jesús y algún personaje de tiempos de Isaías conlleva el error de olvidar el modo en que los primeros cristianos entendían las Escrituras de Israel. En esas Escrituras, aquellos cristianos no veían solamente palabras que anunciaban el futuro, sino también hechos que apuntaban hacia Jesús. Esto lo dijo claramente aquel cristiano de nombre Justino, que pronto moriría como mártir, cuando todavía el Nuevo testamento estaba en proceso de formación. En lo que se presenta como un diálogo entre Justino y un rabino judío, Justino declara que: "Algunas veces el Espíritu Santo hacía que tuvieran lugar cosas que eran figuras o sombras [tipos] del futuro, y otras daba palabras en las que se anunciaba lo que sucedería, a veces hasta usando verbos en tiempos presente o pasado, cuando se referían al futuro. Quien no entienda esto no podrá entender correctamente lo que dicen los profetas" (*Diálogo con Trifón*, 114.1). Una visión semejante se encuentra en Colosenses 2.17 donde, refiriéndose a las antiguas leyes de Israel acerca de la comida, la bebida y los días de fiesta, de luna nueva y de sábado, se nos dice que "todo esto es sombra de lo que ha de venir; pero el cuerpo es de Cristo". La sombra no es un engaño, sino que refleja una realidad. Si alguien se acerca a nuestra puerta, frecuentemente vemos su sombra antes que su persona. Al interpretar las Escrituras de Israel, los antiguos cristianos afirmaban su realidad; pero al mismo tiempo insistían en que apuntaban hacia una realidad aún mayor, de manera semejante a como la sombra anuncia a quien viene. Así, comentando sobre el Evangelio de Juan, San Agustín dice: "Todo lo que la Ley manda respecto al culto al Señor era sombra de lo que vendría después. ¿Qué era esto? Lo que se cumplió en Cristo. Así dice el Apóstol: "todas las promesas de Dios son en él" [2 Co 1.20]. Y en otro sitio dice que todo lo que les sucedió [a los antiguo Hebreos] se escribió como figura para nosotros, para cuando llegara la plenitud del tiempo [1 Co 10.11]." Agustín, *Sobre el Evangelio de Juan*, 28.9.

En una palabra, cuando los antiguos cristianos leían las Escrituras de Israel, no buscaban en ellas solamente palabras que pudieran aplicarse como tales a Jesucristo, sino que también buscaban en ellas señal de los patrones que Dios sigue en sus acciones, y que culminarán en Jesucristo.

Esto era importante para aquellos cristianos, pues había quien se burlaba de las Escrituras de Israel diciendo que las leyes dietéticas, el descanso sabatino y otros mandatos parecidos no tenían importancia ni sentido. Como resultado de tales opiniones, hubo creyentes que llegaron a la conclusión de que las Escrituras de Israel no eran palabra del Dios que se encarnó en Jesucristo, sino de algún otro. Frente a esto, la iglesia decía que aquellas leyes antiguas eran anuncio, figura o sombra de lo que acontecería en Jesucristo – y después en la iglesia misma. Esto les llevaba a declarar, por una parte, que no se debía confundir la sombra con la realidad, y que por tanto tenía razón la Epístola a los Colosenses al declarar que no se debía obligar a los creyentes a guardar las leyes dietéticas o las del sábado. Tales leyes eran como la sombra que anunciaba a quien habría de venir – como cuando veo una sombra a la puerta de mi casa, y sé que alguien está por llegar. Pero esto también quería decir, por otra parte, que no se debía pensar que la sombra era la última palabra. La sombra tiene valor porque nos anuncia a quien viene, y en cierto modo nos ofrece su silueta. Pero el haber visto la sombra no es razón para rechazar la realidad, sino todo lo contrario.

Llevados por estos principios, aquellos antiguos cristianos seguían un método de interpretación bíblica en el que veían en algunas palabras anuncio claro de lo que acontecería con Jesús y después con la iglesia, pero también veían en otras la narración de hechos, o la institución de prácticas que eran como sombras que anunciaban a Jesucristo.

La visión que llevaba a este método de interpretación era la de un Dios que es fiel a sí mismo y a sus promesas; fe en un Dios que actúa siguiendo ciertos patrones, tipos o figuras – razón por la que frecuentemente tal interpretación se llama "tipológica".

En tal proceder, aquellos antiguos cristianos estaban siguiendo lo que era ya un patrón bíblico desde largo tiempo antes de Cristo. Los autores bíblicos que escribieron en tiempos del exilio y trataron acerca de él y de la promesa de un regreso a la tierra veían en la historia del éxodo un patrón que Dios repetiría en sus tiempos. (Véase, por ejemplo, Is 43:16-10.) Siglos después, cuando otros hebreos se veían oprimidos por el gobierno de Siria, tomaron no ya solamente la historia del éxodo, sino también la del exilio, como modo de entender la situación en que se encontraban. Esto se cuenta en la historia de los Macabeos, cuando la difícil situación llamaba al desespero, pero Judas Macabeo le anuncia al pueblo que el Dios del éxodo todavía reina y les salvará (1 Mac 4:8-11). En el Nuevo testamento, cuando se nos dice que Juan es "una voz que clama en el desierto", no se nos está diciendo – como frecuentemente se piensa – que nadie le oirá, o que sus palabras sean en vano, sino que se está diciendo más bien que, como el profeta antaño anunció camino en el desierto hacia el futuro que Dios le tenía prometido a Israel, ahora este nuevo profeta, Juan, anuncia la redención que Dios promete. El ser "voz que clama en el desierto", en lugar de referirse a una supuesta futilidad de sus esfuerzos, hace de Juan heredero y continuador de la obra de los antiguos profetas de Israel.

Por otra parte, tal interpretación tipológica tiene la ventaja de que no agota el sentido de las Escrituras limitándolo a un solo acontecimiento o un solo momento. Si, como algunos piensan, Isaías 53 es solamente una profecía anunciando a Jesús, esto quiere decir que por siglos cuando los hebreos leían este pasaje no tenían la más mínima idea de lo que quería decir. ¿No eran las palabras de Isaías también palabra de Dios para ellos? Y también quiere decir que cuando hoy leemos ese pasaje debemos aplicarlo únicamente a Jesús, y no ver lo que bien puede querer decir para la obediencia cristiana.

La importancia del libro que ahora presentamos está precisamente en eso: en que los pasajes acerca del siervo sufriente no tratan únicamente acerca de Jesús. Tratan más bien de un patrón en las acciones de Dios que encuentra su punto culminante en Jesús, pero que también ha de servirnos hoy para ver el modo en que Dios actúa en nuestro sufrimiento y en nuestra debilidad. Esto se ve particularmente en el último capítulo del libro, en que el autor relaciona el ministerio de Jesús tal como se describe con palabras de Isaías en Lucas 4, no solamente con el siervo sufriente de la antigüedad y con Jesús, sino también con la iglesia y con los creyentes de hoy. Por esa razón es que con mis felicitaciones al autor y mi recomendación al lector o lectora, me complace presentar este libro al público creyentes de hoy. ¡Dios te bendiga y te guarde, apreciable lector o lectora!

Justo L. González
Decatur, GA.
Junio, 2021

Prefacio

La actitud de ustedes debe ser como la de Cristo Jesús,
quien, siendo por naturaleza Dios,
no consideró el ser igual a Dios como algo a qué aferrarse.
Por el contrario, se rebajó voluntariamente,
tomando la naturaleza de siervo
y haciéndose semejante a los seres humanos.
Y al manifestarse como hombre, se humilló a sí mismo
y se hizo obediente hasta la muerte, ¡y muerte de cruz!
Por eso Dios lo exaltó hasta lo sumo
y le otorgó el nombre que está sobre todo nombre,
para que ante el nombre de Jesús se doble toda rodilla
en el cielo y en la tierra y debajo de la tierra,
y toda lengua confiese que Jesucristo es el Señor,
para gloria de Dios Padre.
Filipenses 2.5-11

Jesucristo es el Señor

Los libros sobre Jesús de Nazaret, Jesucristo, el Señor Jesús, Cristo Jesús o simplemente Cristo, no son pocos. Las bibliotecas y librerías están llenas de publicaciones que exploran la vida, la obra y el significado de las enseñanzas y los milagros del famoso rabino galileo. Ese extenso caudal literario sobre el personaje que dividió la historia en dos revela que, tanto en las comunidades eclesiásticas como en las académicas, hay deseos sinceros de comprender su pensamiento, analizar sus actividades y explorar las repercusiones de sus doctrinas y su sabiduría.

Las metodologías que exploran el tema de Jesús son variadas. En algunas ocasiones el objetivo es evaluar sus enseñanzas, según se presentan en los evangelios canónicos, para descubrir los alcances contemporáneos de su programa educativo y transformador. Hay autores, además, que desean encontrar al llamado Jesús histórico, pues intentan separar al personaje que vivió en Nazaret del Cristo de la fe de los creyentes y las iglesias. Inclusive, se publican estudios para analizar algún componente específico de sus enseñanzas y actividades –p.ej., sus mensajes, oraciones, parábolas, sanidades y milagros–. La bibliografía en torno a Jesús de Nazaret es extensa e intensa y nos permite estudiar de manera sistemática al fundador del cristianismo y sus valores éticos, morales y espirituales, desde las más variadas perspectivas teológicas y metodológicas.

El libro que el lector o la lectora tiene en sus manos intenta identificar, analizar y explicar las afirmaciones teológicas neotestamentarias en torno a la vida y las acciones del Jesús de los evangelios canónicos, que nos permiten comprender la importante profesión de fe que declara sin inhibición que "Jesucristo es el Señor". Es esa gran afirmación teológica la que nos ocupa y la que exploramos en esta nueva publicación. Nos interesa estudiar el señorío de Jesús el Mesías, que ciertamente para las iglesias y los creyentes es, sin lugar a duda, el Cristo y Ungido de Dios.

Hemos analizado la persona y las actividades de Jesús desde varios ángulos en otros libros. Y en esas publicaciones hemos explorado su vida y sus enseñanzas, sus parábolas y sus milagros. En esa ocasión, sin embargo, nuestro esfuerzo fundamental está orientado a descubrir cómo la teología en torno a Jesús de Nazaret tomó un giro extraordinario luego de la experiencia de la resurrección. Una vez se difundió la noticia de que la muerte de Jesús no había finalizado con las expectativas mesiánicas de sus seguidores, la resurrección de Cristo toma dimensión nueva.

La cristología del Nuevo Testamento

Este libro explora la cristología del Nuevo Testamento. Y esa vertiente teológica analiza la figura de Cristo, según se revela en los evangelios canónicos, la literatura epistolar y en las revelaciones apocalípticas y visiones de Juan.

El apóstol Pablo describió de forma dramática esa gran declaración cristológica, pues enseña a la comunidad cristiana que se reunía en la ciudad de Filipos que el propósito fundamental de su predicación y enseñanzas es declarar que Jesucristo es el Señor para la gloria de Dios. Además, al llamado apóstol de los gentiles comunica el mensaje transformador del evangelio para que todas las personas, independientemente de la cultura, el idioma o la tradición religiosa, reconozcan esa gran revelación divina.

Esa tradición cristológica en torno a Jesús se revela inclusive al finalizar el canon del Nuevo Testamento. El vidente Juan, al comenzar la redacción de la revelación divina, afirma de manera categórica la importancia de la revelación de Jesucristo. Y en ese contexto la declaración que Jesucristo es el Señor toma forma de afirmación profética, pues presenta lo que va a suceder:

Esta es la revelación de Jesucristo,
que Dios le dio para mostrar a sus siervos
lo que sin demora tiene que suceder.

Apocalipsis 1.1

En ese mismo espíritu de afirmación espiritual y descubrimiento teológico, el reconocimiento de que Jesucristo es el Señor sobrepasó los límites de las comunidades apostólicas del primer siglo y llegó a las próximas generaciones de creyentes, iglesias y teólogos. Esas reflexiones profundas sobre el señorío de Jesucristo prosiguen en el período de los padres apostólicos (c.100-150 d.C.), se manifiestan en el Credo de los Apóstoles y están presentes en diversos concilios de las iglesias, como el de Nicea (325 d.C.) y Calcedonia (451 d.C.). Y esos análisis cristológicos han seguido vivos en la historia de las iglesias hasta nuestros días.

Fe en la resurrección

Fundamentados en esa gran seguridad y esperanza, las iglesias incipientes, con sus pastores, evangelistas, maestros, profetas y apóstoles, comenzaron a recordar y reinterpretar las enseñanzas de Jesús, ya no solo desde las perspectivas iniciales históricas en los contextos de la Galilea o Jerusalén, sino desde una dimensión nueva y extraordinaria de la fe en la resurrección.

Esas reflexiones teológicas con el tiempo fueron creciendo y edificando a los creyentes. El apóstol Pablo, al desarrollar este tema, dice con seguridad a los creyentes de Corinto, y de forma directa y clara:

Y si Cristo no ha resucitado,
la fe de ustedes es ilusoria
y todavía están en sus pecados.

1 Corintios 15.17

Es decir, para el sabio apóstol la resurrección de Cristo es la piedra angular de la fe y es el fundamento de la esperanza cristiana. Y esa gran afirmación de fe fue la base del desarrollo de sus experiencias misioneras y de sus enseñanzas pastorales y teológicas.

Nuestro estudio en torno a Jesucristo el Señor explorará el desarrollo de la teología referente al Cristo de Dios, desde la resurrección hasta las revelaciones de Juan en el Apocalipsis. Además, estudiaremos los títulos cristológicos, los himnos de las iglesias primitivas y varias reflexiones pastorales que se incorporan en las cartas del apóstol Pablo y sus seguidores. La finalidad es identificar y analizar el contenido teológico de esa gran declaración de fe para explorar sus implicaciones contemporáneas.

Gratitudes y más gratitudes

Como siempre, al escribir tengo una deuda profunda de gratitud tanto con mis colegas de la academia como con mis compañeros pastores y pastoras. A todas esas personas que han leído mis escritos y escuchado mis conferencias sobre estos temas cristológicos, y que me han hecho recomendaciones inteligentes, sobrias y sabias, va mi expresión sincera de gratitud.

Especialmente agradezco a los estudiantes que peregrinan anualmente conmigo las tierras bíblicas. Con sus preguntas y comentarios me ayudan a expandir mis comprensiones teológicas y me permiten descubrir nuevas dimensiones de fe. En efecto, esos diálogos nos permiten explorar nuevos senderos para la contextualización y el disfrute de las enseñanzas de Jesucristo, pues es el Señor de la iglesia, los creyentes, la historia, la naturaleza y el cosmos.

Y a Nohemí, mi esposa y editora, va una gratitud especial, pues escucha atentamente mis reflexiones y siempre lee con detenimiento y criticidad mis escritos, para posteriormente darme sus sugerencias para mejorar mis ideas y redacción.

Soneto al Cristo crucificado

Como este libro presupone explícitamente la resurrección de Cristo, solo la poesía puede describir de forma adecuada la amplitud, profundidad y belleza intrínseca de nuestra gran afirmación teológica. Y para culminar este prefacio, les invito a disfrutar el libro y también a reflexionar en este poema clásico, que pone de manifiesto las implicaciones de nuestra gran afirmación: Jesucristo es el Señor.

No me mueve, mi Dios, para quererte
el Cielo que me tienes prometido
ni me mueve el Infierno tan temido
para dejar por eso de ofenderte.

Tú me mueves, Señor. Muéveme el verte
clavado en una cruz y escarnecido;
muéveme el ver tu cuerpo tan herido,
muévanme tus afrentas y tu muerte.

Muéveme, en fin, tu amor y en tal manera,
que, aunque no hubiera Cielo, yo te amara,
y, aunque no hubiera Infierno, te temiera.

No me tienes que dar porque te quiera,
pues, aunque lo que espero no esperara,
lo mismo que te quiero te quisiera.

Poema anónimo, S. XVI

01
Jesús de Nazaret

Puesto que ya muchos han tratado de poner en orden
la historia de las cosas que entre nosotros han sido ciertísimas,
tal como nos lo enseñaron
los que desde el principio lo vieron con sus ojos,
y fueron ministros de la palabra,
me ha parecido también a mí,
después de haber investigado con diligencia
todas las cosas desde su origen,
escribírtelas por orden, oh excelentísimo Teófilo,
para que conozcas bien la verdad de las cosas
en las cuales has sido instruido.

Lucas 1.1-4

Las cosas ciertísimas sobre Jesús

La resurrección de Cristo marcó indeleblemente la vida de los seguidores íntimos de Jesús de Nazaret. Ese evento, que desde la perspectiva teológica identifica el punto culminante del ministerio del joven rabino galileo, desde el ángulo histórico se convirtió en la experiencia que transformó las vidas y convicciones de los discípulos del Señor.

Para esa comunidad inicial de creyentes, las noticias de la resurrección se constituyeron en el fundamento teológico para que sus seguidores decidieran obedecer el mandato misionero de Jesús, de predicar el evangelio a la humanidad, hasta lo último de la tierra (Hch 1.8). Y de acuerdo con Lucas, como esas noticias eran ciertísimas (Lc 1.1), había que investigar y evaluar la información disponible para transmitirla a las próximas generaciones a través de la historia.

Esa importante información referente a la vida y obra de Jesús de Nazaret comenzó a transmitirse en la comunidad a viva voz. Los primeros testimonios públicos en torno al Señor fueron de naturaleza oral. Luego de las noticias de la desaparición del cuerpo del crucificado, y referente a las afirmaciones posteriores de que habían visto a Jesús vivo nuevamente en varios lugares, comenzaron a diseminarse en Jerusalén y Galilea las narraciones sobre la resurrección de Cristo. Esas declaraciones se iniciaron entre sus colaboradores más íntimos y cercanos, como las mujeres que fueron a ungir el cuerpo de Jesús, y luego siguieron entre sus discípulos y seguidores, hasta llegar al resto de la comunidad.

La información referente al arresto, la tortura, el proceso judicial y la muerte de Jesús se transmitían en toda la ciudad de Jerusalén, cuando, repentinamente, comenzaron a diseminarse nuevas noticias en torno a los sucesos. En la misma ciudad donde se llevaron a efecto los acontecimientos trágicos, se comentaba de forma insistente, que el joven rabino galileo había resucitado y que su cuerpo había desaparecido, aunque estaba muy bien protegido por las autoridades romanas. ¡Y de pronto, las noticias de ese evento extraordinario e inaudito llegaron a los diversos sectores de la sociedad! ¡Hasta las autoridades religiosas judías y los oficiales del imperio romano!

Respecto a los procesos de transmisión de la información en la antigüedad, es importante señalar lo siguiente: en la época de Jesús, quizá solo un diez por ciento de la población sabía leer y escribir. La información de importancia para la comunidad se transmitía por vía oral, sin necesariamente proceder con su redacción definitiva y a su fijación literaria. No debe entenderse, sin embargo, que las transmisiones de toda esa valiosa información se llevaba a efecto de forma imprecisa, irresponsable, improvisada, inadecuada o impropia. Todo lo contrario, esas transmisiones orales se llevan a cabo con efectividad, pues era una de las manifestaciones más importantes de la memoria colectiva y de los recuerdos significativos de la comunidad. Y aunque los eventos se explican, transmiten y exponen de diversas formas y con énfasis variados, el contenido básico y fundamental de las narraciones se retiene, mantiene y afirma.

Esas transmisiones orales eran, a la vez, fijas y flexibles, pues mantenían estable el corazón de lo que se deseaba transmitir. Presentaban el contenido informativo de varias maneras, para responder adecuadamente a los diferentes públicos y contextos a los cuales llegaban los relatos. Esos recuentos orales, en sí mismos, significan que la información comunicada es lo suficientemente valiosa e importante como para ser recogida, guardada, preservada, afirmada y transmitida en los recuerdos significativos de la comunidad, para evitar su pérdida y para disminuir las posibilidades de confusión o ambigüedad en sus significados y comprensión con el paso del tiempo.

La importancia histórica y teológica de esos testimonios orales, en torno a las memorias de los hechos que rodearon la vida de Jesús, no debe ser subestimada ni ignorada. Jesús de Nazaret vivió en una época de oralidad y memorizaciones, en la cual la educación fundamental, la memoria colectiva y los valores culturales se transmitían de persona a persona, de familia a familia, de generación en generación, de comunidad en comunidad, de pueblo en pueblo, de nación a nación.

Los recuentos orales jugaban un papel protagónico en ese tipo de sociedad, pues incentivaban la memorización de piezas literarias de importancia. Por ejemplo, en la cultura helénica, los niños y las niñas, desde la temprana edad de los siete años, memorizaban las obras de Homero; y en el judaísmo, los discípulos se enorgullecían en citar las palabras básicas, recitar los mensajes significativos y repetir los discursos importantes de sus maestros, los rabinos.

Referente a la vida privada y las actividades públicas de Jesús, esos testimonios orales cobraron significación nueva, luego de las afirmaciones en torno a su resurrección. Después de esa tan singular declaración teológica y extraordinaria experiencia histórica, tanto en Jerusalén como en la Galilea, los seguidores del joven rabino comenzaron a reflexionar referente a lo que recordaban de las palabras y los hechos de su maestro.

En medio de esos círculos íntimos de creyentes, las diversas tradiciones orales y memorias colectivas en torno a Jesús, se fueron forjando y organizando, de manera paulatina pero continua, hasta que se fijaron, en primer lugar de manera oral y luego de forma escrita, algunos bloques informativos en torno a lo que había dicho y hecho el rabino galileo. Además, esos grupos de creyentes iniciales comenzaron a reflexionar sobre al significado de sus acciones y las implicaciones de sus enseñanzas, y también, referente a su extraordinaria naturaleza humana y mesiánica.

Y entre esas tradiciones orales que pasaron a formar parte de las primeras expresiones literarias, antes de la redacción posterior de los evangelios canónicos, se pueden identificar, entre otras, las siguientes: Narraciones en torno al nacimiento, recuentos de sanidades y milagros, enseñanzas en sermones y parábolas, dichos de importancia teológica y práctica, y también relatos con relación a la pasión, muerte y resurrección. Esos bloques literarios se transmitieron en las diferentes comunidades cristianas, y se convirtieron, posteriormente, en el fundamento literario que formó el núcleo de los evangelios sinópticos de Marcos, Lucas y Mateo, y posteriormente el Evangelio de Juan.

El deseo básico y la intensión fundamental de esas primeras comunidades cristianas y de esos creyentes iniciales, era afirmar que Jesús era el Enviado y Ungido de Dios, el Cristo esperado que tenía el poder y la autoridad sobre la vida y la muerte, y que ciertamente era el portavoz de una nueva palabra divina de esperanza y restauración para el pueblo.

Esos grupos de creyentes en Cristo, vivían, por lo menos, entre dos polos ingratos de cautiverio y desesperanza: en medio de las más intensas presiones, opresiones y angustias sociopolíticas y económicas del imperio romano, que ocupaba Palestina de forma inmisericorde y cruel; y, además, que estaba inmerso en una serie interminable de leyes, interpretaciones legales y regulaciones religiosas, con implicaciones personales y colectivas, que impedían la manifestación saludable, pertinente y grata de una espiritualidad redentora y sobria, transformadora y sana, liberadora y grata.

No estaban interesados, en efecto, esos grupos de creyentes iniciales, en articular una visión débil de Jesús, repleta de recuerdos nostálgicos e insanidad, ni tampoco de proponer una afirmación de su mensaje con resentimientos, amarguras y dolor. El propósito firme y definido de esas comunidades de fe primitivas, era poner claramente de relieve que Dios se había manifestado de una forma novel en la historia a la humanidad, a través de la figura del predicador y rabino galileo, que anunció, con vehemencia, sabiduría y autoridad, la revelación maravillosa de Dios, y también el advenimiento de su extraordinario reino. La finalidad de esos grupos iniciales de creyentes en Cristo, era celebrar la manifestación divina en Jesús de Nazaret, el rabino y predicador galileo, que enfrentó a las autoridades políticas y religiosas de su época, con autoridad, valor y seguridad, en el nombre del Señor, en la tradición de los antiguos profetas de Israel.

De la oralidad a la literatura

Luego de la muerte de Jesús y la resurrección de Cristo, posiblemente entre los años 30 y 50 de la era cristiana, comienzan a desarrollarse y expandirse las reflexiones orales en torno a la vida, obra y dichos del Señor, en algunas de las ciudades más importantes del imperio romano. Entre esas ciudades de la región se encuentran, posiblemente, Jerusalén, Antioquía, Damasco y Roma. Además, las noticias de lo que había sucedido con Jesús habían llegado a regiones más distantes de Jerusalén, y a las comunidades rurales de Judea, Samaria, Galilea, Fenicia, Siria, Chipre y hasta el Asia Menor.

Es muy probable que en ese período inicial, las reflexiones orales entre los creyentes produjeran alguna literatura, que posteriormente se utilizaría en los cultos y en los procesos educativos de las iglesias incipientes, como por ejemplo, el extraordinario himno al Cristo humillado y exaltado que se incluyó en la Epístola a los filipenses (2.6-11), y la importante afirmación teológica referente a la muerte de Jesús y su resurrección que se incorporó en la Primera epístola a los Corintios (15.3-5).

Luego de ese período inicial de oralidad y alguna transmisión literaria, comienzan a redactarse varias colecciones en torno a algunos aspectos destacados del ministerio de Jesús, luego del año 50. Y entre esos documentos, quizá se pueden incluir algunas narraciones en torno a los milagros del Señor (p.ej., Mc 6; Mt 8—9) y varias enseñanzas mediante el extraordinario recurso imaginativo de las parábolas (p.ej., Mc 4; Mt 13).

Ese mismo período importante de transición, por los años 50, es testigo de las transformaciones graduales de los recuentos orales en torno a las actividades del Señor, hasta llegar a su fijación en las narraciones literarias. De este momento histórico, posiblemente, es que provienen la redacción de los dichos de Jesús que se incluyen en los evangelios.

Los evangelios canónicos

Las tradiciones orales que se generaron luego de la pasión de Jesús, y de los recuentos que surgen posteriormente a las transformaciones de esas narraciones a su fijación escrita, dieron paso a la redacción de los cuatro evangelios canónicos, luego de los años sesenta y a principios de los setenta. El orden cronológico de esta literatura parece ser el siguiente: Marcos, Mateo, Lucas y Juan, aunque algunos estudiosos y especialistas del tema indican que el evangelio de Lucas pudo haber tenido una redacción previa al de Mateo.

El propósito fundamental de los evangelios sinópticos, es presentar, desde la perspectiva de la fe, las palabras y los actos más importantes y significativos de Jesús, que servirían de instrumento educativo, litúrgico y evangelizador en las primeras comunidades cristianas. No eran biografías académicas, distantes y desapasionadas de alguna figura distinguida o prominente de la antigüedad. Representaban, por el contrario, las afirmaciones básicas y fundamentales de la fe de los líderes del nuevo movimiento religioso que se gestaba alrededor de la figura del rabino de Nazaret.

De singular importancia respecto a estos evangelios es que articulan y transmiten la vida y obra de Jesús en un determinado orden, que comienzan con los relatos del nacimiento (p.ej., Mateo y Lucas) y finalizan con las narraciones de su muerte y resurrección. El propósito definido y claro de los evangelios es poner de manifiesto la naturaleza, las actividades, los milagros, las enseñanzas y las implicaciones teológicas, éticas, morales y espirituales de las actividades de este singular predicador galileo.

Desde los años setenta, hasta posiblemente finales del primer siglo de la era cristiana, y de manera paulatina, se redactan esos cuatro evangelios canónicos que representan una forma literaria novel en la antigüedad, pues incorporan las antiguas tradiciones orales y las primeras manifestaciones literarias en torno a Jesús, en una especie de historia continua. Estos cuatro evangelios canónicos son, a la vez, similares y distintos, pues aunque presentan las actividades y los discursos del mismo personaje, cada uno tiene su propia identidad teológica, comprensión histórica y singularidad literaria, pues se escriben para audiencias diferentes y para responder a necesidades variadas.

Los evangelios son una especie de memoria de sus seguidores, que articulan la identidad biológica, social, cultural y religiosa de Jesús, además de reflexionar sobre el sentido renovador, el significado transformacional y las implicaciones restauradoras de sus dichos y hechos. El fundamento de esta importante literatura cristiana es la figura histórica de un joven maestro judío que procedía de Nazaret, en Galilea, y que sus palabras, actividades y muerte habían dejado una huella indeleble e imborrable en quienes lo conocieron, y también entre las personas que escuchaban el recuento de esas actividades y mensajes a través de los años.

Lejos de ser una serie de fantasías literarias o relatos novelescos sobre Jesús, los evangelios son esencialmente narraciones teológicas que presentan la identidad integral y amplia de un personaje histórico y concreto de gran significación histórica y espiritual, para quienes los redactaron y también para los creyentes en su mensaje y los seguidores de sus enseñanzas. Y esa firme intención teológica y claro propósito educativo, en ningún momento se disimula, subestima, enmudece o esconde en las narraciones evangélicas (p.ej., Lc 1.1-4; Jn 20.31).

En efecto, las fuentes literarias fundamentales, básicas e indispensables para el estudio efectivo, sobrio y sabio, y para la comprensión adecuada de nuestro personaje, Jesús de Nazaret, son las siguientes: fuentes antiguas de dichos de Jesús, los cuatro evangelios canónicos (Mateo, Marcos, Lucas y Juan), y el evangelio gnóstico de Tomás que, aunque es posterior, guardó algunos de los dichos antiguos de Jesús. Ese cuerpo literario se convertirá en el material literario primario en el estudio de la figura histórica de Jesús y para la comprensión de sus actividades en un singular contexto geográfico, religioso, político e histórico en las antiguas regiones de Judea, Samaria y Galilea.

Desde muy temprano en la historia, en el siglo 2 d.C., las tradiciones cristianas relacionaron estos evangelios canónicos con varios personajes importantes de la cristiandad incipiente. Dos de estos evangelios se relacionan con discípulos directos de Jesús (p.ej., Mateo y Juan), y los otros dos se asocian con líderes destacados de las primeras comunidades cristianas y protagonistas indiscutibles de las primeras manifestaciones de la fe: el Evangelio de Marcos con Pedro, y el de Lucas con el apóstol Pablo. De esta forma se le brindaba a esos cuatro evangelios canónicos no solo un sentido de antigüedad y firmeza histórica, sino que se ponía de relieve la autenticidad teológica.

Los primeros tres evangelios (Mateo, Marcos y Lucas), a diferencia del cuarto (Juan), se denominan como sinópticos. Esa descripción es una manera de afirmar y destacar que se disponen generalmente en formas literarias similares y en temas paralelos, con un orden parecido, aunque con frecuencia esas similitudes se manifiestan también en los detalles de los relatos.

El Evangelio de Marcos, por ejemplo, pone de manifiesto una innovación literaria y teológica de grandes repercusiones para la cultura de Occidente: representa, posiblemente, la primera vez que se redacta un tipo de itinerario de la vida y la obra de Jesús de Nazaret, desde los relatos de su predecesor profético, Juan el Bautista, hasta las afirmaciones de su resurrección a las mujeres que llegaron a la tumba y la descubrieron vacía. Y es en este evangelio que se indica claramente, que este tipo de obra en torno al fundador del cristianismo se debe denominar «evangelio» (Mc 1.1).

Lucas, por su parte, escribe una obra en dos volúmenes, con una audiencia griega en mente, que incluye, no solo el evangelio de Cristo, como Marcos y Mateo, sino que presenta una narración de las actividades de algunos discípulos y líderes cristianos, luego de la pasión y posterior a las afirmaciones en torno a la resurrección (Hechos de los apóstoles). Para Lucas, el evangelio de Jesús tenía implicaciones para el mundo conocido, pues lleva su narración desde los relatos del nacimiento, hasta la llegada del evangelio, con el apóstol Pablo, a Roma, la capital del imperio. Lucas toma materiales no solo de Marcos sino de otras fuentes antiguas, y añade algunas informaciones que no se incluyen en el resto de los evangelios.

Juan no sigue el estilo literario ni las prioridades teológicas de los tres evangelios previos, y desarrolla su propia presentación del Señor. La lectura de este evangelio pone de manifiesto su gran carga teológica, y revela que Jesús viajó a Jerusalén en diversas ocasiones con motivo de varias fiestas judías. De singular importancia en este evangelio es la prioridad que tiene el episodio de la cena de la Pascua final del Señor con sus discípulos, que ocupa casi una cuarta parte de todo el evangelio (Jn 13—17).

Aunque el tono principal de las narraciones de Juan es teológico, se pueden descubrir datos históricos de gran significación para la comprensión adecuada de Jesús, particularmente las informaciones que provienen de las narraciones de la pasión. Como Marcos, Juan comienza su evangelio con la figura egregia y significativa de Juan el Bautista, y al igual que Mateo y Lucas, culmina su obra con las apariciones extraordinarias del Cristo resucitado.

De importancia capital en el Evangelio de Juan es el comienzo mismo de su obra, pues brinda una serie especial de detalles teológicos que posteriormente elaborará en sus reflexiones. Se trata de un himno maravilloso al Cristo eterno de Dios, que es, en efecto, el Verbo divino encarnado. Este poema magistral, dedicado a la Palabra que se humanizó, pone claramente de manifiesto el poder del amor divino y la virtud de la misericordia de Dios que se manifiesta de forma clara, firme, extraordinaria y libre en medio de la humanidad (Jn 1.1-5).

> *En el principio ya existía el Verbo,*
> *y el Verbo estaba con Dios,*
> *y el Verbo era Dios.*
> *Él estaba con Dios en el principio.*
> *Por medio de él todas las cosas fueron creadas;*
> *sin él, nada de lo creado llegó a existir.*
> *En él estaba la vida,*
> *y la vida era la luz de la humanidad.*
> *Esta luz resplandece en las tinieblas,*
> *y las tinieblas no han podido extinguirla.*

Otras fuentes neotestamentarias

En nuestra evaluación de la cristología, se pueden identificar, aparte de los evangelios canónicos, en el resto del Nuevo Testamento, una serie de palabras dispersas y mensajes de Jesús, que contribuyen positivamente en nuestra comprensión del famoso predicador y maestro galileo. Esas palabras y enseñanzas revelan el entendimiento que tenían en torno a Jesús las primeras comunidades cristianas, y de esta forma se amplía el aprecio de nuestra figura protagónica.

Posiblemente, una de las palabras más conocidas y famosas de Jesús, fuera de los evangelios canónicos, es la que se incluye en el discurso del apóstol Pablo a los líderes de la iglesia en Éfeso: *Hay más dicha en dar que en recibir* (Hch 20.35). Esa importante afirmación ética, pone en evidencia clara que podemos encontrar algunas palabras y enseñanzas de Jesús en otros libros neotestamentarios que no sean los evangelios.

En las cartas paulinas, por ejemplo, aunque no se incluye ninguna cita directa de Jesús, se alude de forma explícita al mensaje del Señor en torno al tema del divorcio, que se presenta en el Evangelio de Marcos (10.6-9,11-12). La directriz es firme y clara: Las personas no deben separarse de sus cónyuges; sin embargo, si tuvieran que hacerlo, deben intentar primeramente la reconciliación y no deben volverse a casar (1 Co 7.10-11).

Otra referencia a los mensajes de Jesús en la literatura paulina es la instrucción referente a que los misioneros cristianos: Deben vivir de lo que generan en sus trabajos (véase Mc 10.10 y Lc 10.7; cf. 1 Co 9.14). Además, en esa misma primera carta a la comunidad de creyentes que se reunían en la ciudad de Corinto (11.23-25), el apóstol Pablo hace referencia, con algunas variaciones, a las palabras que Jesús pronunció con motivo de la última cena en Jerusalén con sus discípulos, poco antes de su encarcelamiento, tortura, muerte y resurrección (Lc 22.19-20; Mt 26.26-29; Mc 14.22-25). También en la primera epístola a la iglesia que estaba ubicada en Tesalónica (1 Ts 4.15-17), el apóstol o sus discípulos atribuyen a las instrucciones y enseñanzas del Señor las declaraciones en referencia a la resurrección de los muertos al final de la historia, en los tiempos escatológicos, cuando el Señor mismo venga en gloria a encontrarse con su comunidad de fieles.

De singular importancia teológica e histórica son las enseñanzas paulinas que se incluyen al final de la Primera carta a los corintios (1 Co 15.3-8). Se trata de un tipo de resumen de la muerte de Jesús y de las apariciones posteriores de Cristo, en las que se identifican a varias personas que vieron vivo al Resucitado, es decir, que fueron testigos oculares de estos eventos tan significativos para los creyentes. Por ejemplo, Cefas o Pedro, los Doce, quinientos hermanos al mismo tiempo, Santiago, y finalmente a Pablo mismo. Este es un pasaje de gran importancia para nuestro estudio y análisis, pues se identifican personas concretas y específicas como testigos presenciales del evento de la resurrección.

En otros pasajes del Nuevo Testamento, particularmente en las cartas paulinas, la Epístola de Santiago y la Primera carta de Pedro, aparecen algunas alusiones y referencias directas e indirectas a diversas palabras de Jesús. Aunque no se dice explícitamente que provienen del Señor, tenemos noticias de estas enseñanzas en las narraciones que aparecen en los evangelios canónicos. A modo de ejemplo, identificamos las siguientes: el llamado a amar al prójimo (véase Ro 13.9; Gl 5.14; Stg 2.8; cf. Mt 22.39; Mc 12.31; Lc 10.27); la exhortación a la oración confiada y segura (véase Stg 1.6; cf. Mc 11.24); el reclamo a no juzgar a los demás, para evitar ser juzgados de la misma forma (véase Stg 4.12; cf. Mt 7.1; Lc 6.37); el mensaje de las virtudes y los valores del sufrimiento por causa de la justicia (véase 1 P 3.14; cf. Mt 5.10); y la importancia de las buenas obras en la vida de los creyentes (véase 1 P 2.12; cf. Mt 5.16).

Los padres apostólicos

Los escritos cristianos no canónicos que proceden de los años finales del primer siglo y de la mitad inicial del segundo, se identifican como los documentos de los padres apostólicos. Estos escritos, en ocasiones, contienen algunos episodios y varias palabras y mensajes de Jesús, que les llegaron de alguna tradición oral antigua o por medio de varios documentos que no son en la actualidad necesariamente conocidos. Aunque el número de los casos no es mucho, ponen claramente de manifiesto que todavía a mediados del siglo segundo de la era cristiana, circulaban entre los creyentes y en las comunidades de fe, varias tradiciones orales, a la par de las literarias.

Un buen ejemplo de estos documentos se conoce como la *Didajé*, o *Enseñanza de los apóstoles*, que es esencialmente una recopilación de las instrucciones que Jesús mismo había dado a sus seguidores más cercanos. En esta importante obra, se incluyen detalles interesantes de la vida itinerante de Jesús y de los apóstoles, que sirven de orientación y apoyo, para que los misioneros cristianos llevaran a efecto en Siria la tarea cristiana de predicación y enseñanza del evangelio, en el siglo segundo de la iglesia.

La lectura cuidadosa de las palabras de Jesús que se incorporan en la *Didajé*, son similares a las que ya están incluidas en el Evangelio de Mateo, que tradicionalmente se relaciona con la región de Antioquía, en Siria. De esta forma, en esta *Enseñanza de los apóstoles*, se indica que, cuando la gente pida algo de los creyentes, que sean generosos, y que posteriormente no reclamen de vuelta lo que se ha prestado. Estas palabras, que se atribuyen implícitamente a Jesús en la *Didajé*, están incluidas en los evangelios canónicos como expresiones directas del Señor (p.ej., Lc 6.30; 5.42).

También de los años finales del siglo primero, proviene la primera epístola de Clemente de Roma a la iglesia de los corintios. En esta importante carta, se incluyen siete enseñanzas de Jesús, de las cuales tenemos noticias claras y referencias directas en el Sermón del monte, en Mateo, y en el Mensaje del llano, en Lucas. Sin embargo, las formas literarias en la carta de Clemente (1 Cl 12.1-2) ponen de manifiesto que sus fuentes son posiblemente más antiguas que las que se conservan en los evangelios canónicos (véase Mt 5.1-12; Lc 6.17-26).

El reclamo y enseñanza de Clemente es que los creyentes y las iglesias, siguiendo el ejemplo de Jesús, deben ser misericordiosos, perdonadores, compasivos, humildes y pacientes. El pasaje en la epístola de Clemente, presenta claras similitudes con el mensaje de Jesús mejor conocido como «las bienaventuranzas» (Mt 5.1-12).

En esta importante tradición de dichos, hechos y enseñanzas de Jesús, que se incluyen en la literatura que proviene de la época posterior a los escritos canónicos del Nuevo Testamento, se encuentra la carta de Ignacio de Antioquía a los creyentes de la iglesia que se reunía en la ciudad de Esmirna. En esta obra se incorpora un relato interesante del diálogo entre el resucitado y sus discípulos

(Ig 3.2), en el que Jesús los invita a tocarlo y palparlo, para que reconocieran que no era un fantasma sin cuerpo. Los discípulos hicieron como el Señor les había ordenado y creyeron al instante, pues, de acuerdo con esta carta de Ignacio, en Jesús se combinaban la carne y el espíritu. Según Ignacio, Jesús comió y bebió con ellos. Esta narración nos recuerda un relato canónico similar en el Evangelio de Lucas (Lc 24.36-43).

Del segundo siglo y de años posteriores provienen otras referencias a algunas palabras de Jesús, sin embargo, la documentación es escasa y no son muchas las contribuciones al estudio de la figura histórica de Jesús de Nazaret. Justino de Roma, por ejemplo, en su diálogo con Trifón (35), alude a una frase en torno a las divisiones y las separaciones que producen el ministerio cristiano, que se asemeja a algunas palabras de Jesús que se incluyen en el Evangelio de Mateo (véase 10; 24; cf. 1 Co 11.18-19). Clemente de Alejandría (1.24,58) cita expresiones y alude a ideas que se encuentran en el Evangelio de Mateo (6.33; 7.7), sobre las peticiones y las plegarias ante Dios. También Orígenes y Tertuliano presentan en sus sermones frases y enseñanzas que se atribuyen directamente a Jesús, de la cuales se pueden encontrar similitudes en los evangelios canónicos y en la literatura neotestamentaria.

En efecto, el estudio de los sermones y las enseñanzas de los padres apostólicos pueden ser fuentes adicionales en nuestro estudio de la cristología. Hay que estudiar cada caso de forma específica, pues estas palabras se incluyen en medio de explicaciones homiléticas que requieren la evaluación crítica de los textos para corroborar su autenticidad.

Fuentes literarias judías en torno a Jesús

En torno a Jesús de Nazaret, están a nuestra disposición las fuentes cristianas, que presentan al Señor desde la perspectiva de la fe en el Cristo de Dios. Esos documentos, tanto canónicos como no-canónicos, revelan que Jesús fue un personaje histórico real, que vivió en la región de Galilea del primer siglo de la era cristiana y que murió crucificado por los años treinta en la milenaria ciudad de Jerusalén. A esa valiosa información histórica, que también es teológica, educativa, ética, moral y espiritual, se deben unir las referencias a Jesús que se encuentran en los documentos no cristianos. Y esas fuentes literarias adicionales son judías, romanas, helenistas y musulmanas.

Las contribuciones e informaciones más importantes, en torno a la vida y obra de Jesús en la literatura no cristiana, provienen del historiador judío Josefo (c.37-100 d.C.), que de joven formaba parte del grupo de los fariseos. Durante el levantamiento judío en Galilea contra el ejército romano liderado por el general Vespasiano, Josefo se destacó como combatiente. Sin embargo, cayó preso en la guerra, y en su cautiverio predijo que el general romano que lo había vencido se convertiría en emperador.

Con el tiempo, cuando Vespasiano llegó a ser emperador de Roma, Josefo cayó en gracia con la familia del nuevo líder romano, los Flavios, y además de adoptar un nuevo nombre en honor al emperador, Flavio Josefo, se trasladó a Roma desde donde escribió varias obras de gran importancia histórica en torno a la comunidad judía. Sus libros constituyen algunas de las fuentes literarias más importantes para nuestra comprensión del judaísmo de su época.

En una de sus obras fundamentales, *Antigüedades judías*, Josefo incluye varias referencias importantes en torno a Jesús de Nazaret. De esas informaciones, nos referiremos principalmente a dos: La que alude a la muerte violenta e injusta de Santiago, el hermano de Jesús (20,200); y posiblemente, la más conocida, el *Testimonuim Flaviarum*, en la que presenta algunos hechos sobre la vida y las obras de Jesús (18,63-64).

Referente a Santiago, que era un dirigente distinguido de la comunidad cristiana en Jerusalén, Josefo indica que en el año 62 d.C., el sumo sacerdote Anán y el Sanedrín judío, lo condenaron a muerte de forma ilegal, injusta e impropia. Y en ese contexto, el texto judío indica expresamente que Santiago era hermano de «Jesús, al que llamaban Mesías».

Esa clara referencia, de parte de una figura judía no creyente, que escribía en el contexto del imperio romano, sin intentar reconocer o afirmar la importancia de la persona que identifica, es fundamental para establecer y evidenciar la historicidad de nuestro personaje. En efecto, Jesús de Nazaret, reconocido como Mesías, o Cristo en griego, fue una persona que vivió en Palestina y tenía un hermano que se llamada Santiago, que fue acusado, juzgado, condenado y lapidado injustamente, a mediados del primer siglo, por transgredir la Ley.

Entre los escritos de Josefo, hay otro texto de gran importancia histórica y teológica en torno a Jesús, que debe estudiarse con mucho rigor científico y académico. El valor y reconocimiento del texto surge temprano en la historia, al ser citado por el historiador cristiano Eusebio de Cesarea (260-339 d.C.). Aunque algunos eruditos, luego de la Reforma Protestante, han indicado que toda la sección que alude a Jesús es una interpolación cristiana a la gran obra original de Josefo, es muy probable que gran parte del texto provenga del historiador judío, de acuerdo con las investigaciones históricas más recientes. Y esa sección auténtica (es decir, la que no fue retocada posteriormente por la revisión cristiana), contiene información de gran importancia histórica para comprender mejor a la figura de Jesús.

Para Josefo, Jesús era un maestro sabio que realizaba hechos sorprendentes, que es posiblemente una referencia a su fama de hacer milagros; además, era un gran orador, pues por su palabra ganó para su movimiento a muchas personas, tanto de origen judío como gentil. De acuerdo con el pasaje aludido de Josefo, Pilatos, a insistencia de las autoridades judías, lo sentenció a morir en la cruz, pero sus seguidores, en medio del suplicio, no dejaron de amarlo. Y añade Josefo, que sus seguidores, que se conocen como cristianos, por el apego a sus enseñanzas, aunque han pasado los años, no han desaparecido (18,63-64).

A esta información básica, las adiciones cristianas añaden que era el Mesías, que no se sabe si debería llamarse hombre, que al tercer día luego de su muerte resucitó, según habían anunciado previamente los profetas de Dios. Estas declaraciones provienen evidentemente de algún autor cristiano que le añadió al escrito original de Josefo una perspectiva de la fe, que está ausente en los documentos originales del gran historiador judío.

Luego de Josefo, que atiente el tema de Jesús con bastante neutralidad desde una perspectiva histórica, es el Talmud babilónico el que alude y comenta la figura del rabino galileo. Esta importante literatura judía, que proviene de los primeros siglos de la era cristiana, incluye varias tradiciones antiguas en torno a Jesús. Sin embargo, solo una lectura sencilla de los pasajes pone claramente de manifiesto la hostilidad y el rechazo de nuestro personaje en esas comunidades. Estas tradiciones, conocidas en hebreo como *baraitot*, forman parte de una gran polémica judía contra el cristianismo y su fundador, durante los primeros siglos del cristianismo.

La primera de estas reseñas en torno a Jesús, se incluye en el tratado Sanhedrín del Talmud (43a), que fue redactada a finales del siglo 5 d.C., pero que posiblemente proviene de mucho antes, del siglo segundo de nuestra era. El texto es temáticamente complicado, pero manifiesta claramente la sicología de rechazo y la sociología de hostilidad hacia Jesús.

De acuerdo al Talmud, un tal Yeshu (o Jesús), conocido como el Nazareno, fue colgado la noche previa a una fiesta de Pascua; pero cuarenta días antes de su ejecución, un pregonero anunció que iba a ser apedreado por practicar la magia y también seducir y descarriar a Israel. El relato, entonces, añade que si alguien desea decir algo en su favor podía presentarse para exponer sus argumentos, pero como nadie se apareció a apoyarlo, fue colgado en la vigilia de Pascua. Al final, se indica que nadie le apoyó, y que su muerte se debió, no solo al engaño que hacía al pueblo de Israel, sino que su muerte estaba relacionada con las actividades oficiales del gobierno.

La evaluación sobria y detenida de este singular relato talmúdico, indica lo siguiente: En el siglo 2 d.C., entre los grupos judíos, se discutía el papel que jugaba en la sociedad este rabino galileo, cuyas enseñanzas y acciones no se conformaban a la comprensión general, en torno al liderato religioso, que tenían las autoridades judías y romanas de la época. Además, se indica que murió por «hacer magia», que es una forma despectiva de aludir a los milagros que llevaba a efecto, y por seducir y descarrilar a Israel, que revela su capacidad de persuasión y su palabra elocuente. También el documento indica que fue ejecutado (apedreado y luego colgado) el día antes de la fiesta judía de Pascua, y que en su martirio participó el gobierno romano de su tiempo.

Para analizar y comprender adecuadamente este texto, es imprescindible entender que se escribe desde una perspectiva judía ortodoxa, y que la finalidad del pasaje es indicar que la muerte de Jesús estuvo justificada, pues sacó a los judíos del camino verdadero de Dios, con engaños y magias. Y aunque no es una presentación objetiva de Jesús y sus actividades, no pone en duda su historicidad y reconoce su elocuencia, su capacidad de hacer milagros, y su muerte en los días cercanos a la Pascua.

El segundo *baraitot* o pasaje del Talmud, en el mismo tratado Sanhedrín (107b), que trata el tema de Jesús, pone en evidencia clara el antagonismo público y las polémicas acérrimas entre los grupos judíos y cristianos. El propósito es afirmar nuevamente que ese Yeshu, el Nazareno, no solo hacía pecar a Israel y hacía magia, sino que no deseaba arrepentirse de sus actos.

El presupuesto filosófico y teológico de este relato es que Jesús era un falso profeta que, al apostatar de la fe del pueblo de Israel, se burlaba y rechazaba a los sabios judíos. Y ese tema de la apostasía de Jesús, se repite en otros pasajes, como en el tratado Gittín del Talmud (56b-57a), en el cual se presenta al Señor sufriendo una pena infernal con otros sacrílegos o apóstatas antiguos.

En las polémicas entre los grupos judíos y cristianos, también surgió el tema del nacimiento virginal de Jesús. En el tratado Shabbat del Talmud (104b) se presenta a Jesús como hijo de Miriam y de su amante, que se llamaba Pandera. Este relato es similar al que se incluye en la literatura de un filósofo del siglo 2 d.C., que indica que la mamá de Jesús fue repudiada por su esposo, que era carpintero, por adulterio, pues había concebido de un soldado romano que se llamaba Panthera (*Contra Celso* 1,32).

La lectura cuidadosa de estas narraciones revela la animosidad y el rechazo, no solo hacia Jesús sino al movimiento religioso que lo precedió. La utilidad de estos pasajes en nuestro entendimiento de la figura de Jesús es afirmar que desde muy temprano en la historia la comunidad judía entendió la importancia de las iglesias y el peligro que representaba el mensaje cristiano para el judaísmo. Y por esas razones, se enfrascaron en polémicas teológicas y filosóficas continuas, en las que no solo rechazaban las enseñanzas de las iglesias, sino que atacaban directamente y de forma violenta a su fundador, Jesús de Nazaret.

Fuentes literarias romanas

La evidencia disponible de las respuestas romanas al evento Jesús de Nazaret, no son muchas y todas son negativas. Presentan las perspectivas y comprensiones oficiales del imperio, al movimiento que se generó en relación a las enseñanzas del rabino galileo, aunque se alude en ocasiones directamente a su fundador. A continuación, presentaremos las posiciones de Tácito, Suetonio y Plinio el Joven.

P. Cornelius Tacitus (56-120 d.C.) fue un patricio romano que en el 116-117 escribió una historia de Roma, desde la muerte de Augusto hasta la de Nerón (*Anales*). Y en el desarrollo de su obra, específicamente en la sección dedicada a Nerón, alude al incendio de la ciudad (64 d.C.) provocado por el emperador, pero del cual se acusó injustamente a los cristianos. Para responder a los clamores del pueblo, de acuerdo con las narraciones de Tácito, muchos cristianos fueron perseguidos, torturados y ejecutados.

Aunque Tácito no aprueba la crueldad y actitud oportunista del emperador hacia los cristianos, entiende que ese grupo está compuesto primordialmente por malhechores, criminales y villanos, que merecen el castigo extremo que recibieron. Los presenta como personas que odian la raza humana, pues al igual que la comunidad judía, no aceptan las normas sociales y culturales que imponía el imperio romano. Y además, añade Tácito, que los cristianos profesan una serie de creencias perniciosas y nocivas para la humanidad, pues rechazan abiertamente la adoración a los dioses romanos. Esa actitud desafiante, les convertía en un serio peligro para la seguridad nacional del imperio.

Al explicar por qué ese grupo se denominaba cristiano, indica Tácito, que el nombre proviene de *Christus* o Cristo, que en la época del emperador Tiberio fue condenado a muerte por el procurador Poncio Pilatos. Y añade que el grupo, aunque fue suprimido momentáneamente, surgió de nuevo en Judea, que identifica como la cuna del mal, y llegó con el tiempo hasta la misma capital del imperio, Roma (*Anales* 15.44).

P. Suetonius Tranquillus (70-130 d.C.), otro historiador romano, se une a la evaluación adversa de Tácito en torno al cristianismo, pues describe el movimiento como una superstición nueva, adversa y maléfica. En su obra biográfica en torno a los doce césares o emperadores (*De vita Caesarum*), entre Julio Cesar y Domiciano (120 d.C.), Suetonio presenta la expulsión de los judíos de Roma decretada por Claudio (49 d.C.), a la que se alude en el libro de los Hechos de los apóstoles (Hch 18.2). Y la justificación que se expone, es que el emperador los expulsó a causa de los continuos disturbios provocados por *Chresto*, que es, en efecto, una referencia directa a Cristo (*Vida de Claudio* 25).

La evaluación de Suetonio denota una crasa falta de información o un grave error en sus fuentes, pues no era Cristo el que estaba en Roma instigando ninguna rebelión. Sin embargo, esta referencia directa pone en clara evidencia que ya para esa época, a solo veinte años desde la muerte de Jesús, ya había grupos de creyentes en Roma, y eran conocidos por los líderes del imperio. Posiblemente, esta expulsión de los judíos de Roma revela las diversas reacciones de esa comunidad religiosa a las enseñanzas y los mensajes de Jesús.

Un tercer testimonio romano en torno a Jesús, que en estas fuentes se identifica como Cristo, proviene de Plinio el Joven (61-120 d.C.), que había sido enviado por el emperador Trajano a la provincia de Ponto y Bitinia, en el Asia Menor (c.111-113 d.C.). Plinio comparte la evaluación negativa del cristianismo que tienen Tácito y Suetonio, pues entiende que esa nueva religión era una superstición perversa y extravagante.

Como las denuncias contra los cristianos eran constantes y estaban en aumento, el representante de Roma creyó que era su deber informar del asunto oficialmente a Trajano. Ya para esa época se condenaba a los cristianos solo por el hecho de ser seguidores de las enseñanzas de Jesús. Para el emperador, sin embargo, no era delito ser cristiano y ordenaba a su representante a ser justo con el grupo y a seguir los procesos legales dispuestos por el imperio para este tipo de casos.

En medio de la correspondencia entre Plinio y Trajano, el primero cita en tres ocasiones, aunque de paso, a *Christos* (Libro X, Carta 96, *Cartas*). En la primera ocasión, indica que los cristianos se niegan a ofrecer sacrificios a los dioses y al emperador; en la segunda, alude a algunos creyentes que apostataron y hace referencia a dos mujeres servidoras que fueron torturadas. Finalmente, describe algunas de las prácticas antiguas de los cristianos de esa región: Se reunían el día acordado, antes de salir el sol, y elevaban un cántico a Cristo como si fuera Dios; además, se comprometían a no hacer nada malo, ni a robar, ser malhechores o adúlteros; afirmaban la importancia de mantener la palabra dada, y a no rechazar guardar el dinero que se les confiaba (*Cartas* 10,96).

Estas referencias romanas confirman la presencia de grupos cristianos en el imperio romano temprano en la historia, luego de la muerte de Jesús y la resurrección de Cristo. Además, nos confirman que Jesús fue un personaje histórico, que fue ejecutado por el gobernador de Judea, Poncio Pilatos, en la época de Tiberio, y que fundó un grupo de seguidores que se fueron diseminando por diversas partes del imperio, hasta llagar a su capital, Roma. Además, de estas referencias se descubre que los creyentes primitivos adoraban a Cristo como si fuera Dios.

Fuentes helenísticas y musulmanas

El resto de los testimonios literarios que provienen del mundo helenístico en torno a Jesús de Nazaret no es mucho, y el valor histórico que tienen esos documentos, es tenue, pues son esencialmente referencias indirectas. En general, se alude al Señor como el sabio rey de los judíos o como el crucificado. Y los dos autores a los que se hace referencia provienen de la misma ciudad, Samosata, en Siria.

La primera referencia nos llega del filósofo estoico Mara bar Sarapión, que, desde su celda en Roma, escribe a su hijo una exhortación a vivir fundamentado en los valores de la sabiduría. Para destacar sus recomendaciones, al parecer, Mara alude y ubica, al lado de Sócrates y Pitágoras, a Jesús. En su discurso, pregunta de qué le valió a los judíos matar a su rey sabio, pues desde ese momento todo les ha ido mal, pues perdieron su reino, sufrieron una masacre y están dispersos en el exilio.

Estas palabras deben ser ubicadas históricamente luego del año 70, cuando se produjo la derrota judía a manos del general romano Tito, y el posterior exilio de los combatientes que sobrevivieron a la guerra. Además, este testimonio recoge la afirmación cristiana que Jesús era rey, y que «vive» en sus enseñanzas y en los valores que promulgó.

De la misma ciudad siria, a mediados del siglo 2 d.C., otro autor helenista se expresa en torno a Jesús en términos similares. En su obra, *De norte Peregrini* (11,13), presenta el caso de un hombre que fue «empalado», que es una posible referencia a la crucifixión, en Palestina, acusado de haber introducido un nuevo culto en el mundo. De acuerdo con Luciano, sus seguidores observaban todavía la ley que les había enseñado su maestro, que es una referencia al evangelio.

Esos dos testimonios helenísticos coinciden en que Jesús sufrió una muerte violenta. Y en esa misma tradición literaria y temática, a mediados del primer siglo de nuestra era, un escritor griego, o quizá samaritano, redactó una historia universal en tres volúmenes, en la cual menciona a Jesús en una ocasión.

El testimonio de Thallus, nos llega a través de Julio Africano. De acuerdo con esta nueva obra del siglo tercero, un eclipse solar en el año 29, estaba asociado directamente con la muerte de Jesús. Respecto a esas referencias cosmológicas a la crucifixión de Jesús, se pueden estudiar también las narraciones evangélicas (Lc 23.44-45).

Las alusiones a Jesús desde la óptica islámica, no están ausentes, aunque provienen de una época tardía (luego del siglo 7 d.C.). En el Corán se alude con cierta insistencia a Jesús, y esas narraciones se fundamentan en fuentes judías y cristianas, tanto canónicas como apócrifas. En efecto, para el mundo islámico Jesús es el hijo de María, a quien Alá le dio la capacidad de hacer milagros y lo constituyó en un santo profeta (sura 2,253). De acuerdo con el Corán, el poder que tenía Jesús para hacer milagros, era el resultado de haber nacido de una madre virgen.

El Corán, aunque reconoce que Jesús hacía prodigios, no ignora el hecho que sus adversarios lo acusaban de mago (sura 5.110). En este sentido, las tradiciones islámicas aceptan y afirman la santidad de Jesús, pero no lo reconocen como Hijo de Dios, pues es inconcebible para el Corán aceptar que Dios tenga hijos, pues según indican esas tradiciones religiosas (sura 19.35), la divinidad no puede tener hijos.

De gran importancia teológica y aprecio doctrinal en el Corán es el reconocimiento islámico que Jesús era *Al-Masih* o Mesías, el Cristo de Dios; sin embargo, ese gran reconocimiento espiritual se articula junto a la afirmación de que Jesús fue creado, como Adán, por el mismo Dios.

En efecto, en el Islam Jesús es un enviado de Dios al quien Alá le enseñó las Sagradas Escrituras, tanto judías como cristianas, y quien no dejó de anunciar la venida de otro profeta y ungido de Dios, en una referencia directa a Mahoma (sura 61.6).

Para nuestro análisis, las referencias a Jesús en el Corán solo confirman lo que previamente se ha señalado en otra literatura cristiana: Que fue un personaje histórico, que vivió en la Palestina antigua, y que el grupo de simpatizantes que le siguió, no puede ignorarse. Esas afirmaciones, que se fundamentan en la literatura cristiana y romana, helenística y musulmana, se desprenden de los diversos testimonios literarios antiguos, que corroboran la realidad histórica de nuestro personaje.

En efecto, Jesús de Nazaret fue una persona histórica que vivió en la Galilea en los inicios del siglo primero de nuestra era, en medio de la ocupación romana. Sabemos, también, que era un maestro ejemplar y que su predicación era desafiante y contextual; además, estamos conscientes de que hacía milagros. Esa información histórica en torno a Jesús se completa, al reconocer que fue crucificado por las autoridades romanas, a instancias de los líderes judíos, luego de un juicio ilegal e injusto.

De acuerdo con el testimonio del apóstol Pedro, en su mensaje el día de Pentecostés, a ese Jesús que fue asesinado, Dios lo constituyó en Señor y Cristo, mediante el poder de la resurrección (Hch 2.26). Toda la información histórica que proviene de literatura no cristiana nos permite identificar el contexto general en el cual se desarrolló la cristología del Nuevo Testamento, que es el objetivo primordial de nuestro estudio.

02
Cristología del Reino

Le harán la guerra al Cordero,
pero el Cordero los vencerá,
porque es Señor de señores y Rey de reyes,
y los que están con él son sus llamados,
sus escogidos y sus fieles.

Apocalipsis 17.14

El tema del Reino

Las percepciones y teologías que los creyentes y las iglesias desarrollaron se fundamentan principalmente en los discursos y las actividades de Jesús. Esas enseñanzas y acciones del Señor se constituyeron en la base primordial del desarrollo de la cristología. Para las personas que ejercían los ministerios educativos en las congregaciones, y también para los líderes eclesiásticos, los discursos y la teología de Jesús eran la fuente más importante para sus reflexiones teológicas respecto las implicaciones de su ministerio.

Al descubrir la importancia de los discursos y las actividades de Jesús en el desarrollo de la cristología del Nuevo Testamento, debemos tomar muy seriamente en consideración que el tema del Reino de Dios o de los cielos juega un papel protagónico en su ministerio docente. Además, no podemos subestimar, que esas enseñanzas del Reino se transmitían, entre otras formas, en parábolas.

En las parábolas encontramos el corazón del mensaje de Jesús, y en esas narraciones se ponen claramente de manifiesto los temas teológicos prioritarios, los asuntos misioneros fundamentales y los elementos educativos primordiales. Desde la perspectiva histórica es incuestionable que el tema recurrente y más importante de Jesús de Nazaret era el Reino de Dios o de los cielos; y desde la dimensión teológica, ocupa el sitial prioritario.

En ese mundo docente y teológico, las parábolas del Reino articulan una comprensión de Dios, y de sus intervenciones redentoras en medio de la historia, que rebasa los entendimientos tradicionales en el Oriente Medio de las divinidades antiguas y sus acciones. El Dios del Reino, en las parábolas de Jesús, y en la importante tradición relacionada con Moisés (Ex 3), ve los dolores, escucha los clamores y desciende para responder con autoridad a esos cautiverios, aflicciones y necesidades del pueblo.

El Reino, para Jesús de Nazaret, era la manifestación extraordinaria y concreta de la soberanía divina en medio de la historia. Y esa revelación del Dios soberano no solo tenía importancia en la vida y las acciones del joven rabino galileo, y también en la comunidad que le rodeaba, sino llegaba al futuro, a las dimensiones escatológicas. Esas compresiones teológicas fueron alimentando el desarrollo de una cristología de autoridad y poder.

La manifestación del Reino de Dios era una acción divina que no se ajustaba a los patrones teológicos de la época, pues manifestaba el compromiso divino y de Jesús con la gente en necesidad y las comunidades en dolor. Esa irrupción especial del Señor de la vida en la historia tiene la capacidad de orientar a la gente cautiva y moverla al mañana, al porvenir y a la vida abundante que propicia sanidad espiritual, mental, social, económica y política.

Las palabras "reino", "reinado", "gobierno" e "imperio", transmiten ideas básicas que se relacionan con poder y dominio. El concepto incluye también las esferas semánticas de la autoridad y potestad. En los evangelios canónicos se utiliza la expresión como en un centenar ocasiones. La gran mayoría de las veces el término alude al Reino de Dios, aunque en Mateo ese concepto se presenta como el Reino de los cielos, para evitar la posibilidad de usar el nombre de Dios en vano, en una muy fuerte tradición judía de abstenerse de pronunciar el nombre divino.

Este singular tema del Reino en las enseñanzas de Jesús, por alguna razón, no aparece con frecuencia en el resto del Nuevo Testamento ni se explora con intensidad en los escritos de las primeras comunidades cristiana. En las Cartas de Pablo, el Reino se expone solo de forma esporádica (1 Ts 2,12; Gal 5.21; 1 Cor 4.20; 6.9-10; 15.24,50. En el Apocalipsis de Juan, solo hay tres pasajes que utilizan directamente la expresión (Ap 1.9; 11.15; 12.10). Y en el Libro de los hechos, la frase que predomina es "heredar el Reino de Dios", que es una referencia a la vida eterna, aunque el tema del Reino se usa en la predicación en varias ocasiones (véanse Hch 8.12; 19.8; 20.25; 28.23,31).

Una lectura inicial de las narraciones evangélicas en torno al Reino descubre que su existencia y manifestación histórica no depende de esfuerzos o programas humanos, sino de la voluntad y las iniciativas divinas. Las personas no pueden crear, levantar, adelantar, construir o extender el Reino, que ciertamente es patrimonio divino; solo lo reciben, aprecian, comparten y celebran.

La manifestación real e histórica del Reino depende directamente de la soberanía de Dios. Y esa soberanía, que lo ha movido a intervenir de forma especial en medio de la historia y la naturaleza, se revela una vez más en medio del pueblo, pero en esta ocasión como monarca universal para establecer un Reino, sin fronteras geográficas, diferencias étnicas, escalafones sociales ni niveles económicos.

Esa dimensión profética en el mensaje de Jesús fue, posiblemente, uno de los componentes más importantes que propiciaron su éxito ministerial. Luego de un tipo de silencio profético en el pueblo por años, y posiblemente siglos, el Señor retoma esa vocación antigua, que ya Juan el Bautista en su época había comenzado, y le brinda su peculiar estilo pedagógico al utilizar las parábolas como su más importante vehículo de comunicación.

Ese retomar de las antiguas tradiciones proféticas debe haber conmocionado al pueblo, que estaba necesitado de escuchar la revelación divina independientemente de las estructuras religiosas del Templo. En Jesús de Nazaret, las antiguas comunidades judías de las regiones de Galilea y Judea escucharon nuevamente una voz profética que traía la voluntad divina a las esferas humanas.

El estilo pedagógico efectivo de Jesús, unido a la autoridad profética con su presentación de los temas desafiantes del Reino, junto a sus extraordinarias capacidades de comunicación prepararon el ambiente para su ministerio transformador y exitoso. Esas virtudes educativas, teológicas y oratorias, tomaron fuerza, de acuerdo con las narraciones evangélicas, con el poder del Espíritu e hicieron que las contribuciones del joven maestro de Nazaret rompieran los parámetros del tiempo y el espacio, para llegar a otras latitudes con diferentes idiomas en diversas épocas.

La cristología del Nuevo Testamento se fundamenta en gran parte en la enseñanza del Reino, pues ubica a Jesús en una cercanía especial con el Dios de la Biblia hebrea. Y esa cercanía inspiró a los teólogos neotestamentarios en la comprensión y explicación de las implicaciones redentoras y liberadoras del mensaje de Jesús a través de la historia.

En el Reino, Dios es rey

Para tener una comprensión amplia de las parábolas de Jesús, debe entenderse que, en el Reino anunciado, Dios es el monarca. Y esa importante afirmación teológica está anclada muy fuertemente en las tradiciones bíblicas. El Dios que se revela en la Biblia hebrea es creador de los cielos, la tierra y la humanidad; es libertador del pueblo de Israel que estaba cautivo en Egipto; es revelador de la Ley a Moisés, que brindaba al pueblo las normas y ordenanzas para propiciar la fidelidad y fomentar las relaciones sociales saludables y justas; es conocido como el Señor Todopoderoso y de los Ejércitos, pues salía a las batallas con su pueblo para darle la victoria contra sus enemigos; es el Señor de la poesía hebrea, pues se identifica en el Salterio como Pastor, Roca, Altísimo, Omnipotente y Rey; y es el Dios que promete y tiene la capacidad y el compromiso de cumplir sus promesas.

A través de la historia, y a la medida que Israel obedece y es fiel al Pacto, el Reino se hace realidad en medio de las vivencias del pueblo. Sin embargo, como los israelitas de forma reiterada desobedecían la revelación divina, hay elementos del Reino que van manifestado de forma paulatina en la historia hasta llegar al porvenir. Ese componente futuro del Reino se revelará plenamente en los tiempos finales, en la era escatológica. En la presentación de sus parábolas, Jesús revela esa doble perspectiva del Reino, tanto las manifestaciones históricas en el presente como sus dimensiones escatológicas en el futuro.

Posiblemente uno de los entornos iniciales del concepto del Reino se relaciona con los encuentros del rey David y el profeta Natán (2 Sam 7.12-16). El mensaje del profeta al famoso monarca israelita es el fundamento de una promesa divina excepcional. Y esa singular promesa, rompió los linderos del tiempo y la historia para incursionar con fuerza en el mundo de lo escatológico y llegar con autoridad a los tiempos finales. Esta profecía está muy cerca de los inicios del concepto del Reino de Dios y del Señor como monarca soberano.

> *"Pues bien, dile a mi siervo David que así dice el Señor Todopoderoso:*
> *Yo te saqué del redil para que, en vez de cuidar ovejas,*
> *gobernaras a mi pueblo Israel.*
> *Yo he estado contigo por dondequiera que has ido,*
> *y por ti he aniquilado a todos tus enemigos.*
> *Y ahora voy a hacerte tan famoso como los más grandes de la tierra.*
> *También voy a designar un lugar para mi pueblo Israel,*
> *y allí los plantaré para que puedan vivir sin sobresaltos.*
> *Sus malvados enemigos no volverán a humillarlos*
> *como lo han hecho desde el principio,*
> *desde el día en que nombré gobernantes sobre mi pueblo Israel.*
> *Y a ti te daré descanso de todos tus enemigos.*
>
> *...*

*Tu casa y tu reino durarán para siempre delante de mí;
tu trono quedará establecido para siempre."*

2 Sam 7.6-8,16

La promesa del profeta al rey es la siguiente: Dios levantará un monarca especial de la casa de David que reinará para siempre sobre el pueblo de Israel. Con los años, como respuesta a esa esperanza profética y como resultado de las continuas dificultades históricas, problemas éticos y conflictos morales de los monarcas israelitas, ese Reino, o reinado de Dios, se mueve de los niveles terrenales a las esferas celestiales. El tiempo y las realidades de la vida en el mundo israelita transformó la teología del Reino de un espacio geográfico específico y un entorno político concreto, a una comprensión amplia del señorío y la soberanía de Dios en el mundo y el cosmos en la figura de un Mesías venidero.

Informado por esa singular tradición profética y mesiánica, llega a la historia Jesús de Nazaret con el mensaje que afirmaba que el Reino prometido se hacía realidad en su vida, ministerio y mensajes. Y esas enseñanzas en torno al Reino, tenían implicaciones personales, componentes nacionales, expresiones en la naturaleza y repercusiones en el cosmos.

En el joven rabino galileo el tema del Reino deja de ser anuncio profético ideal para un futuro indeterminado, para convertirse en la actualización histórica de la voluntad de Dios y en vivencias concretas del Señor soberano en medio de las realidades de su pueblo. La cristología que identifica a Jesús como el Cordero que se transforma en Rey de reyes y Señor de señores de asocia a estas comprensiones del Mesías que viene de la casa de David.

La prioridad e importancia del tema del Reino se pone de relieve, entre otras formas, en una serie de preguntas introductorias que hace Jesús antes de comenzar la narración de alguna de esas parábolas. Eran formas imaginativas de iniciar los diálogos e incentivar la reflexión, pues motivaban el análisis y fomentaban la reflexión crítica: ¿A qué es semejante el Reino de Dios? (Lc 13.18) ¿A qué compararé el Reino de Dios? (Lc 13.20).

Ese singular estilo retórico nos permite identificar sin mucha dificultad la importancia del tema, sin embargo, no indica que el significado del concepto y las implicaciones de las enseñanzas en los discursos de Jesús sean tareas sencillas o fáciles. El Reino es un tema determinante en la teología de Jesús, pero el contenido ético, moral y espiritual de la expresión es denso, complejo, profundo, elusivo y polivalente. En sus presentaciones, Jesús incentivaba la creatividad y fomentaba la imaginación, y presuponía que había comunicación efectiva.

45

De singular importancia al explorar el tema es notar que, cuando Jesús afirma que "el tiempo se ha cumplido y el Reino de Dios se ha acercado" (Mc 1.14,15), no está interesado en presentar una definición precisa y detallada del concepto. El Señor presupone que sus audiencias judías entienden bien su mensaje. Para esas comunidades el término Reino de Dios les era familiar, pues se incluye con cierta frecuencia en la Biblia hebrea. Inclusive, las narraciones bíblicas afirman de forma directa y sin inhibiciones que el Dios del pueblo de Israel es Rey (Sal 103.19; Is 43.15). Además, en la teología de los profetas se incluye la idea de un futuro glorioso en el cual Dios va a gobernar, mediante las intervenciones extraordinarias de un tipo de rey ideal.

Referente a las parábolas y el Reino, Jesús hizo un comentario interesante que no debemos subestimar ni ignorar. En medio de uno de sus discursos sobre el tema, el Señor alude a que estaba predicho en las Escrituras que el Mesías le hablaría al pueblo en parábolas (Mt 13.34-35). De esa forma aludía a los Salmos y se apropiaba de una importante afirmación teológica para el futuro indeterminado (Sal 78.2). Era una manera exegética de afirmar que su estilo pedagógico estaba anunciado, como una especie de confirmación de su teología.

Inclusive, ese antiguo mensaje poético y profético incluye el tema del contenido de las parábolas, pues hace referencia a "cosas que estaban escondidas desde la creación". Jesús de Nazaret está en esa tradición poética y profética, pues presenta su mensaje del Reino como la revelación divina, que desde la perspectiva teológica, se fundamenta en los comienzos mismos de la historia.

Aunque esa teología real se vio frustrada por las acciones de reyes históricos, que no vivieron a la altura de los valores éticos que se desprenden de la Ley de Moisés y de los reclamos espirituales y morales que se incluyen en los libros proféticos, la esperanza mesiánica nunca murió, por el contrario, fue creciendo y desarrollándose con el tiempo, especialmente en el período postexílico. Esa esperanza mesiánica se nutrió considerablemente de la literatura que se encuentra, por ejemplo, en los libros de Ezequiel y Daniel. Y en la época de Jesús, las realidades políticas, sociales y espirituales del pueblo estaban listas para la materialización histórica de esa esperanza escatológica.

El pueblo, y sus líderes espirituales, no pusieron sus esperanzas en alguna figura real que llegara a la historia para transformar sus expectativas ideales en un proyecto histórico vivible en el judaísmo. Por el contrario, el judaísmo en los tiempos de Jesús desarrolló una singular teología de la esperanza que afirmaba que sería Dios mismo quien iba a traer el juicio sobre los enemigos del pueblo y propiciaría un nuevo orden político, social y espiritual, que estaba fundamentado en la paz y la justicia.

El Reino en la historia y la escatología

En medio del contexto de las intervenciones políticas y militares del imperio romano, a la luz de las acciones teológicas de las instituciones rabínicas y como resultado de las decisiones religiosas de las autoridades en el Templo de Jerusalén, Jesús articuló el tema del reinado de Dios y afirmó la inminencia del Reino en medio de la historia nacional.

Para Jesús, el Reino significaba la victoria definitiva de Dios contra los poderes espirituales, políticos, religiosos e históricos que se oponían, de forma directa o indirecta, a la revelación e implantación de la voluntad divina en medio de la sociedad. Frente a un imperio inmisericorde y una administración judía violenta, Jesús anuncia el Reino como una alternativa eficaz a los modelos que proyectaban las autoridades judías y romanas. Ante la injusticia humana, Jesús "anunciaba el año agradable del Señor" (Lc 4.18-19), que representaba la buena noticia de salvación a los pobres, la libertad de los presos, la recuperación de la vista a los ciegos, la liberación de los oprimidos, y la llegada del año de la gracia divina y la paz.

Desde las perspectivas teológicas y pedagógicas, el Reino era el triunfo definitivo de Dios contra todas las fuerzas satánicas que atentaban contra la revelación de la paz y la justicia en medio del pueblo y de la historia. ¡Era el rechazo público a la desesperanza, a la desolación, a las lágrimas, al cautiverio espiritual, al dolor del alma y al discrimen social! ¡Era la manifestación plena del amor, la misericordia, el perdón y la dignidad!

El Reino era un tipo de transformación extraordinaria que tenía implicaciones históricas, personales, nacionales y cósmicas. Era la irrupción de lo eterno en el tiempo, la revelación de la integridad en medio de las injusticias y los cautiverios de la vida, la manifestación de la paz en una sociedad de violencia y angustias, y la afirmación de la esperanza en un mundo sin sentido de dirección y sin dignidad.

El Señor del Reino llega y se manifiesta, de acuerdo con las enseñanzas de Jesús, en medio de la humanidad, no para repetir las teologías que provienen de los caminos trillados de la religión tradicional, sino para descubrir nuevos senderos espirituales y articular noveles posturas éticas en torno a Dios y referente a sus reclamos a los individuos, las comunidades, los líderes y las naciones.

El Reino es un tipo de encuentro transformador con el Dios creador, redentor y libertador, que se ha manifestado de manera extraordinaria en las realidades de la historia y en el corazón de las vivencias humanas. El Reino, en las enseñanzas de Jesús de Nazaret, no era un tema teológico más, sino el centro espiritual de sus enseñanzas, el corazón de los valores éticos que promulgaba y el fundamento de su prioridad teológica.

Las manifestaciones del Reino se hacían realidad en la sanidad de los enfermos y en la liberación de los endemoniados; también en las predicaciones en los montes, los llanos, frente al lago y en Jerusalén. El Reino, según las enseñanzas de Jesús, se encarnaba en las respuestas que le daba el Señor a las mujeres, los leprosos, los niños, y las personas llamadas "pecadoras" de la comunidad. Era un Reino con ramificaciones históricas e inmediatas, y escatológicas y eternas. Rechazaba, ese singular Reino, las cadenas y los cautiverios, los prejuicios y los rechazos sociales, las cárceles y los esfuerzos por detener el paso firme y decidido de la voluntad divina en medio de las esferas humanas.

En el entorno religioso de Jesús, la teología ocupaba un sitial de honor entre los fariseos, saduceos y publicanos. Y en ese singular mundo judío, la teología apocalíptica tenía gran influencia en el pensamiento de los líderes religiosos y en el pueblo. Esa realidad social y religiosa se manifiesta claramente en las parábolas. Esos grupos pensaban que el Reino de Dios se manifestaría al final de los tiempos en medio de catástrofes y juicios divinos. Pensaban que la escatología se asociaba principalmente con la manifestación de los juicios finales de Dios en la historia.

Jesús entiende y atiende esas preocupaciones escatológicas, pero destaca la intervención inmediata del Reino en la historia, que representa la buena noticia de paz, bienestar y sanidad, aunque ciertamente tiene implicaciones futuras y eternas. El énfasis del Señor en la teología del Reino estaba en sus repercusiones directas y contextuales, y en la afirmación y aceptación de sus valores, pero no ignoró ni rechazó las dimensiones apocalípticas y escatológicas del tema.

De singular importancia en la teología del Reino es afirmar que el tema incluye dos componentes importantes del tiempo. El Reino ya se manifiesta en la historia; y a la vez, todavía no se revela de forma plena. Esos dos componentes del "ya" y del "todavía no", son indispensables para la comprensión y afirmación adecuada del mensaje de Jesús. Revelan una dinámica en tensión que es fundamental para la comunicación adecuada del tema y para su presentación efectiva y prudente.

Debemos destacar que solo un aspecto de ese dualismo teológico no hace justicia a las enseñanzas amplias de Jesús ni facilita la afirmación del tema. El énfasis desmedido en el "ya" del Reino, puede desilusionar a los oyentes al perder los componentes eternos del mensaje y sus dimensiones en el porvenir. La subestimación de sus aspectos escatológicos cautiva la enseñanza del Reino en la historia inmediata, con sus desafíos y dificultades. Y eliminar la dimensión eterna del evangelio no hace justicia a la amplitud del mensaje de Jesús y puede generar rechazo en los oyentes, al cautivar la efectividad del tema del Reino al presente histórico sin implicaciones al porvenir.

Por otro lado, anunciar y destacar solo el "todavía no" del Reino, puede causar una actitud triunfalista y enajenante, que choca adversamente con las realidades sociales que se viven en las comunidades y que experimentan continuamente los creyentes. Si posponemos las bendiciones del Reino para "el más allá", eliminamos el disfrute de la vida cristiana saludable en la historia. Y posiblemente uno de los secretos de la enseñanza efectiva de Jesús en las parábolas fue mantener un balance efectivo entre las dimensiones históricas del Reino, junto a sus virtudes escatológicas. Ese equilibrio teológico es posiblemente responsable de gran parte del éxito de Jesús de Nazaret.

La prioridad del Reino, de acuerdo con la teología del joven rabino de la Galilea, era la manifestación plena e histórica de los valores que distinguen al Mesías desde las profecías veterotestamentarias, y que se ponen de manifiesto en sus nombres: Admirable Consejero, Dios Fuerte, Padre Eterno y Príncipe de Paz (Is 9.5). Esa percepción teológica incorpora el elemento de la intervención extraordinaria de Dios en la historia y las vivencias del pueblo, pues otro de los nombres mesiánicos es Emanuel, que presenta el núcleo de la revelación divina: "Dios con nosotros" (Is 7.14).

El Reino y Dios

El Reino se relaciona, además, con el descubrimiento siempre nuevo de quién es Dios, cómo se revela a la humanidad y qué requiere de las personas y los pueblos. Es percatarse que lo más importante en la vida es vivir de acuerdo con una serie de postulados nobles y altos que identifican y delatan a la gente distinguida y buena, a las personas responsables y gratas, a los hombres restaurados y redimidos, a las mujeres transformadas y renovadas, a los individuos íntegros y decididos, a los pueblos liberados y reformados. El encuentro íntimo y pleno con la naturaleza y revelación de Dios reclama cambios radicales en el pensamiento y comportamiento de las personas y los pueblos.

El descubrimiento y aprecio de los postulados del Reino también es percatarse de las implicaciones teológicas y pedagógicas en torno a cómo es Dios. Es explorar y comprender las imágenes que se utilizan para describir sus acciones y sentimientos. El Señor actúa como padre y madre, médico y maestro, vecino y amigo, juez y abogado, hermano y hermana, señor y siervo… Dios es como el samaritano que ayuda, el sembrador que labora, la mujer que busca lo perdido, el pastor que no permite que una oveja se pierda… En efecto, Dios es como la persona sabia, que construye su casa sobre la piedra, como la que evalúa sus recursos antes de comenzar algún proyecto de construcción, como la que deja todas sus posesiones para seguir al Maestro, y como el rey que analiza cuidadosamente sus recursos antes de ir a la guerra.

Descubrir el Reino hace desaparecer los temores, superar las ansiedades, olvidar los fracasos... Permite descubrir virtudes, vencer adversidades, revivir sueños... Ayuda a enfrentar la existencia humana con seguridad, fortaleza, valor... Hace que se pueda vivir con dignidad, misericordia, integridad... Motiva a comunicarnos con valor, respeto y humildad con personas de todas las religiones, razas, credos, teologías, culturas, ideologías, posiciones sociales... Incentiva el perdón, la misericordia y la solidaridad... Propicia el ayudar a las personas caídas, apoyar a la gente menesterosa, consolar a los hombres y las mujeres que lloran... Permite vivir de pie ante los grandes desafíos de la vida, ante los retos de la naturaleza, ante lo inconmensurable del cosmos... Y fomenta las manifestaciones plenas de amor ante las inmisericordias humanas, los prejuicios personales y los cautiverios espirituales.

Además, Jesús anuncia la llegada de un singular monarca que irrumpe en la historia de forma novel y definitiva. Esa intervención extraordinaria de Dios se produce en medio de las realidades religiosas, espirituales, sociales y políticas del pueblo. Esas dinámicas que, servían de contexto literario e histórico a Jesús, propician la transformación de las estructuras religiosas y políticas palestinas que generan el cautiverio, la desolación, el dolor, la desesperanza, el llanto y la opresión.

El lenguaje que utiliza Jesús de Nazaret para la predicación del Reino es uno poético de resistencia y rechazo a las políticas, estructuras y vivencias judías y romanas que incentivaban el dolor y el cautiverio de la comunidad. También esa palabra del Reino es de esperanza y futuro, de porvenir grato y liberación próxima, de mañana y vida abundante.

El Reino, las parábolas y la cristología

Y como el Reino es así, amplio, inclusivo, desafiante, grato y pertinente, para estudiar las parábolas que articulan ese tema, se deben utilizar como fundamento metodológico los valores y las enseñanzas que esas narraciones presentan, los asuntos que discuten y las teologías que articulan. La base fundamental de nuestro estudio es permitir que las parábolas nos hablen, pues deseamos escuchar la voz del joven rabino galileo que decidió invertir toda su vida en la presentación de un Reino que llegó a la historia para transformar y redimir personas, comunidades, culturas y estructuras.

El Reino de Dios en el mensaje de Jesús, aunque presentaba la extraordinaria oportunidad divina de redención histórica y escatológica, recibió la oposición pública de algunos sectores de la comunidad judía. Para los líderes religiosos, y también para los sectores que ostentaban el poder político y económico, Jesús representaba una amenaza a la hegemonía de autoridad y poder que tenían. El estilo abierto, imaginativo y dialogal del Señor estaba en clara oposición a las estructuras rígidas y tradicionales de los sectores religiosos y militares del Templo de Jerusalén. Y esos grupos de poder religioso judío estaban de acuerdo con las autoridades políticas y militares del imperio romano, que era la potencia real que gobernaba en la región. La finalidad era mantener un tipo de orden social que fuera conveniente a sus intereses.

Lo que comenzó con una serie de desafíos teóricos, discusiones hermenéuticas y conflictos teológicos, de parte de los grupos fariseos y publicanos, prosiguió con una serie continua de amenazas privadas y públicas, que continuamente aumentaban de tono e intensidad. Ese ambiente de tensión religiosa y sospechas políticas se complicó y se convirtió en el cuadro ideal para organizar el complot para asesinarlo, que llevaron a efecto la semana de celebración de la Pascua judía por el año 30 d.C.

El rechazo directo al mensaje del Reino que anunciaba Jesús fue el contexto amplio de su ejecución. Ante los desafíos que representaba un profeta galileo itinerante al gobierno de los Herodes, a las autoridades del Templo y al imperio romano y sus representantes en Jerusalén y Galilea, se unieron esos sectores de poder y decidieron eliminarlo. El objetivo era callar la voz del profeta que atentaba contra el *statu quo*. La finalidad era eliminar las enseñanzas de un joven maestro galileo e itinerante que tenía gran éxito con sus palabras elocuentes y su doctrina alterna. No ejecutaron al Señor por alguna falta religiosa, por dificultades teológicas o por alguna incomprensión interpersonal: lo crucificaron porque amenazaba la autoridad y hegemonía política de Roma en Palestina.

Mientras las autoridades oficiales del Templo y del imperio rechazaban abiertamente el mensaje del Reino anunciado por Jesús en sus parábolas, la "buena noticia" del evangelio era muy bien recibida por los sectores más necesitados y dolidos de la sociedad. Para la gente enferma, rechazada, desposeída, cautiva y oprimida, esas predicaciones de Jesús significaban esperanza, sanidad, salvación y futuro. Las enseñanzas del Reino le devolvían los deseos de vivir a quienes ya no tenían fuerzas, energías ni apoyo ¡para llegar las aguas del estanque de Betesda y ser sanados! (Jn 5)

Sin embargo, para los sectores que se aprovechaban de esas injustas estructuras sociales, económicas, religiosas y políticas, las "buenas noticias" del evangelio del Reino no eran tan "buenas". La predicación de Jesús significaba la terminación de los privilegios que mantenía a un pequeño sector de la sociedad en control de la vida del pueblo. La teología del Reino rechazaba las políticas públicas que traían la desesperanza y el dolor a individuos y comunidades. Las enseñanzas del Señor en sus parábolas no estaban acordes con la política oficial del judaísmo de la época, pues desafiaban las interpretaciones de la Ley que propiciaban o permitían que el pueblo anduviera "como ovejas que no tenían pastor".

Las enseñanzas del Señor presentaban una alternativa teológica y ética que brindaba esperanza y futuro, no solo a las personas heridas y marginadas del pueblo, sino para la humanidad entera, independientemente de las realidades geográficas, históricas, étnicas, sociales, religiosas, políticas y espirituales. El mensaje de Jesús proclamaba un Reino que era capaz de transformar las estructuras de poder, para implantar sistemas que permitieran a las personas explotar todo el potencial espiritual e intelectual y vivir en ambientes de seguridad, prosperidad y esperanza. El Reino era el ambiente necesario para vivir una espiritualidad feliz, sana, responsable y fructífera. Las parábolas de Jesús anunciaban ese Reino que era capaz de devolverle la paz, la salud y la felicidad al pueblo, que ciertamente es la voluntad divina para la humanidad.

La cristología del Nuevo Testamento se fundamenta en las enseñanzas y actividades de Jesús de Nazaret. Y su teología del Reino juega un papel fundamental en las comprensiones que desarrollaron sobre el Señor las primeras comunidades cristianas. ¡Jesús de Nazaret anunciaba la llegada del Reino de Dios! Y en un momento de crisis política, social, económica y espiritual, esa enseñanza constituyó un elemento extraordinario de esperanza y futuro.

03
Milagros y cristología

Al atardecer, le llevaron muchos endemoniados,
y con una sola palabra expulsó a los espíritus,
y sanó a todos los enfermos.
Esto sucedió para que se cumpliera
lo dicho por el profeta Isaías:
«Él cargó con nuestras enfermedades
y soportó nuestros dolores».

Mateo 8.16-17

Cristología, enseñanzas y milagros

La cristología no solo se fundamenta en los discursos y las enseñanzas de Jesús, sino que toma en consideración sus actividades, especialmente su ministerio de milagros. Esas acciones especiales del Señor eran experiencias que bendecían a las personas y mensajes que respondían a las necesidades más hondas de gente en dificultades mayores. Y esos milagros se manifestaban en las esferas físicas y emocionales, y también irrumpían en el mundo de la naturaleza hasta llegar a las fronteras de la vida y la muerte. Las enseñanzas y los milagros constituyeron el fundamento para el desarrollo de la cristología en los escritos evangélicos y apostólicos.

El Sermón del monte (Mt 5.1—7.29) es posiblemente el discurso más importante de Jesús de Nazaret. En ese mensaje se incluyen los valores morales, los principios éticos y las virtudes espirituales que caracterizan la vida y las acciones del Señor. Además, en esa gran enseñanza, se presentan los reclamos básicos que el Señor hace a sus seguidores y discípulos. Este discurso ha sido el texto que, a través de la historia, académicos y creyentes han utilizado para estudiar, comprender y aplicar las enseñanzas y los desafíos del ministerio del famoso rabino de la Galilea.

De singular importancia, al estudiar este singular mensaje de Jesús, es que inmediatamente antes y después de esa narración, en la cual se pone de manifiesto el corazón de su teología, se incluyen relatos que destacan la importancia de los milagros en su ministerio. Las actividades milagrosas del Señor, en efecto, se relacionan íntimamente con su fundamento teológico y misionero, y son parte integral de su vocación de servicio, sus prioridades pedagógicas y de su mensaje profético en torno al Reino de Dios.

En primer lugar, se indica en el Evangelio de Mateo (Mt 8.16-17) que Jesús, con solo su palabra, liberaba a los endemoniados de los espíritus que los atormentaban, y que sanaba a todos los enfermos. Además, la narración, que se ubica inmediatamente antes de esa enseñanza básica del Señor, alude a las diversas liberaciones y sanidades que llevaba a efecto (Mt 4.23-25). Ese detalle literario y estructural en Mateo, que tiene ciertamente serias implicaciones pedagógicas y teológicas, puede ser una indicación que, para el evangelista, los milagros eran una especie de extensión del mensaje de las Bienaventuranzas, en el cual se presentaba la prioridad del mensaje del Señor referente al Reino de Dios o de los cielos (Mt 6.10).

Al leer con detenimiento el mensaje de Jesús en el Evangelio de Mateo, es importante descubrir que sus sanidades se asocian directamente a las antiguas profecías de Isaías (Is 52.13—53.12). La predicación del Reino incluía una serie de demostraciones del poder divino, que incluía las intervenciones milagrosas de Dios en las actividades de Jesús. Y esas acciones prodigiosas se denominan en los evangelios como *milagros*, que pueden manifestarse en términos de sanidades físicas, liberaciones emocionales y espirituales, resurrección de muertos, e intervenciones sobrenaturales en la naturaleza.

Los milagros de Jesús eran una especie de corroboración física de sus labores espirituales como el ungido de Dios y Mesías. Además, esas acciones prodigiosas, que se relacionaban con los discursos y las actividades del Señor, indicaban que el Reino de Dios o de los cielos irrumpía con fuerza en medio de la sociedad y la historia. Los milagros, en efecto, eran parte integral del ministerio de Jesús. No constituían actividades aisladas o secundarias que se realizaban independientemente o al margen de la presentación del mensaje profético y transformador del Señor.

Las narraciones de milagros eran una especie de corroboración de la presencia de Dios con Jesús, que atendía responsablemente las necesidades físicas y los clamores espirituales de su pueblo. En su tarea docente y profética, Jesús incorporó el elemento milagroso como parte de su programa ministerial y espiritual. Y de acuerdo con los evangelistas, el pueblo esperaba de Jesús esas acciones milagrosas. Jesús era visto, en efecto, como el predicador de las sanidades, el agente de las liberaciones y el Señor de las transformaciones.

En nuestra comprensión de los milagros relacionados con Jesús, debemos tomar seriamente en consideración los comentarios y las percepciones que el libro de los Hechos tiene de Jesús y su obra:

> *Ustedes conocen este mensaje que se difundió por toda Judea,*
> *comenzando desde Galilea, después del bautismo que predicó Juan.*
> *Me refiero a Jesús de Nazaret:*
> *cómo lo ungió Dios con el Espíritu Santo y con poder,*
> *y cómo anduvo haciendo el bien*
> *y sanando a todos los que estaban oprimidos por el diablo,*
> *porque Dios estaba con él.*
> *Nosotros somos testigos*
> *de todo lo que hizo en la tierra de los judíos y en Jerusalén.*
> *Lo mataron, colgándolo de un madero,*
> *pero Dios lo resucitó al tercer día*
> *y dispuso que se apareciera, no a todo el pueblo,*
> *sino a nosotros, testigos previamente escogidos por Dios,*
> *que comimos y bebimos con él después de su resurrección.*

Hechos 10.37-41

De acuerdo con el testimonio bíblico, la comprensión de Pedro en torno al ministerio de Jesús era que se dedicaba a hacer el bien; además, el apóstol entendía que el Señor hacía milagros al sanar a todos los que estaban oprimidos por el diablo. ¡Y el bien que hacía Jesús incluía sus actividades de milagros! ¡La bondad teológica del Maestro se manifestaba físicamente en las sanidades que hacía! De esa forma se unían las virtudes educativas y proféticas del Señor a sus intervenciones extraordinarias en la sociedad para responder a las necesidades más hondas del alma humana.

Desde la perspectiva teológica del libro de los Hechos, Jesús unía en su ministerio el actuar con bondad y la acción milagrosa, que eran signos de que Dios lo había ungido con el Espíritu Santo y los había dotado del poder divino. Se fundían, en el programa teológico y misionero del Señor, lo evangelístico y lo profético, lo educativo y lo espiritual, la sanidad física y la liberación emocional. Y esa unión de virtudes personales y poder espiritual prepararon el ambiente para que pudiera llevar a efecto un misterio grato, pertinente y transformador de éxito.

Los milagros en los Evangelios

Para comprender bien la naturaleza de las acciones extraordinarias de Jesús, de acuerdo con los Evangelios sinópticos, debemos definir lo más claramente posible el amplio concepto que constituye lo *milagroso*. Según la Real Academia Española, un *milagro* "es un tipo de suceso o cosa rara, extraordinaria y maravillosa". Para el mundo académico, lo milagroso se asocia a lo extraño, no esperado e inexplicable.

Esa definición básica, sencilla, inicial y general, se puede ampliar cuando el acto extraordinario se relaciona con lo divino. Con esa nueva comprensión, que incorpora elementos religiosos, podemos indicar que *milagro* "es un hecho no explicable por las leyes naturales, que puede atribuirse a una intervención especial y sobrenatural de origen divino".

Un milagro, desde la perspectiva amplia de la experiencia religiosa, es un evento que acontece que no necesariamente responde o puede comprenderse de acuerdo con las leyes conocidas de la naturaleza, según con nuestros entendimientos científicos contemporáneos. Se trata de alguna experiencia personal o natural que rompe los patrones entendibles del conocimiento humano. Y como el hecho o la acción no puede entenderse y explicarse de forma adecuada, según el conocimiento científico actual, se denomina *milagro*.

En la Biblia, sin embargo, el milagro es lo inhabitual, inexplicado, inconcebible, desconcertante, inesperado y asombroso. Es el acto divino que mueve a los seres humanos a sacar la mirada de sus adversidades y angustias para dirigirla a Dios. El milagro intenta mover la disposición temporal y humana, para relacionarla con la dimensión eterna y divina. El milagro es una manera de poner de manifiesto la especial voluntad divina en medio de alguna situación de crisis histórica, personal o comunitaria.

En el Evangelio de Juan, para aludir al ministerio milagroso del Señor, se utiliza una doble expresión griega que se ha traducido tradicionalmente como "señales y prodigios" (Jn 4.48). Además, es posible que la expresión griega, que se ha vertido tradicionalmente al castellano como "hacer el bien", esté también relacionada con el mundo de lo milagroso asociado a las actividades educativas y misioneras de Jesús.

Esas palabras hebreas, latinas y griegas nos ubican en el ámbito de lo especial, de lo extraordinario, de lo milagroso, de lo prodigioso… El milagro, desde esta perspectiva multilingüe y multicultural, y también desde una comprensión teológica, es un tipo de intervención sobrenatural en la historia, el mundo, la sociedad, el cosmos y los individuos que contribuye positivamente a la afirmación, comprensión y celebración del poder divino. Lo milagroso es el encuentro de lo divino y lo humano que propicia la sanidad, liberación y resurrección de alguna persona. Y esos actos milagrosos son también mensajes, enseñanzas y signos de las virtudes divinas que llegan para satisfacer las necesidades humanas.

Las narraciones de milagros en los Evangelios se relacionan directamente con las acciones de Jesús –y también de algunos de sus discípulos. En esos relatos, el Señor responde a algún problema mayor o alguna adversidad seria que afecta a los individuos, los grupos y la naturaleza. Y ante un desafío formidable, los evangelistas presentan a un Jesús lleno de autoridad espiritual y poder divino que es capaz de superar esos infortunios de salud física y emocional, y vencer las complejidades y los problemas en la naturaleza.

Para los evangelistas cristianos, Jesús no solo era rabino, maestro y profeta, sino taumaturgo, que es la expresión técnica que describe a una persona que hace cosas prodigiosas, maravillosas y milagrosas. Las sanidades divinas sin intervenciones médicas y profesionales se incluyen en el mundo de la taumaturgia. Esos milagros de sanidades se explican desde la perspectiva de las intervenciones sobrenaturales de Dios en medio de la historia humana, a través del ministerio profético y pedagógico de Jesús. Y constituyen una fuente muy importante para el desarrollo de la cristología.

Los problemas a los que el Señor responde de forma milagrosa y sobrenatural son de doble índole: de salud física, emocional y espiritual, y de superación de varios desafíos físicos y meteorológicos. La dinámica general para responder a esas adversidades es directa y clara. Tradicionalmente traían ante el Señor –o se encontraban en el camino– alguna persona enferma, poseída por espíritus o muerta, o debía enfrentar situaciones de la naturaleza que podían detener su paso firme para cumplir la voluntad divina. Ante esos desafíos físicos, mentales, espirituales y cósmicos, respondía con autoridad y virtud para superar la crisis y adversidad.

El énfasis teológico de los evangelistas al presentar las narraciones de milagros es destacar que el Señor atendía con sentido de prioridad a la gente en necesidad. Además, esos relatos eran maneras de indicar que Jesús respondía a los reclamos reales de las personas. De singular importancia es comprender que los milagros no eran parte de un programa de relaciones públicas o algún esfuerzo de mercadeo del programa misionero de Jesús.

Los milagros son respuestas elocuentes y contextuales a las necesidades más hondas e íntimas de las personas y las comunidades. Formaban parte de la labor profética, docente y transformadora de Jesús en la Palestina antigua. Y el análisis de esas acciones portentosas del Señor le daban contenido al crecimiento de la cristología.

Enfermedades y sanidades

Cada cultura tiene sus comprensiones específicas de las enfermedades. Pues esas dificultades de salud no son solo realidades biológicas y condiciones físicas y mentales, pues se interpretan a la luz de la cultura y la sociedad. Las personas enfermas no solo experimentan las calamidades y dolencias corporales, sino que están expuestas y reciben las interpretaciones que hacen sus comunidades de sus realidades físicas.

En la Palestina del primer siglo, las personas enfermas sufrían las dificultades asociadas a comunidades pobres y subdesarrolladas. Muchas de esas personas padecían enfermedades y condiciones complejas y posiblemente insuperables, que les movía aún más en el mundo de la pobreza social y económica que los llevaba de manera inmisericorde a mundo de lo paupérrimo y la mendicidad. Por la carencia de infraestructuras de salud adecuadas, quedaban abandonadas a su propia suerte que los hería aún más y los llevaba finalmente a la miseria, el abandono y la desesperanza.

Las personas enfermas percibían sus condiciones desde una doble perspectiva: las dimensiones biológicas y las comprensiones teológicas. A la vez, experimentaban las dolencias de cuerpo y entendían que estaban abandonadas por Dios. Vivían un infortunio continuo e intenso, pues el dolor no solo era físico sino espiritual. A la inhabilidad visual, auditiva, de comunicación o de movilización, se unía un sentido hondo de dolor, angustia, impotencia, rechazo, discrimen... En efecto, las personas enfermas se preguntaban el porqué de sus angustias y condiciones, sin encontrar respuestas satisfactorias a una serie intensa de dolores, interrogantes e insatisfacciones.

Esa multitud de personas enfermas, que vivían en un intenso cautiverio físico, emocional y espiritual, constituyeron un sector de gran importancia en el proyecto misionero de Jesús de Nazaret. Las preguntas existenciales eran complejas. ¿Por qué estoy maldito con esta enfermedad? ¿Por qué a mí? ¿Por qué ahora? ¿Por qué nadie me ayuda? ¿Por qué estoy solo? Y esas preguntas eran extremadamente difíciles de responder, pues, para los enfermos, sus calamidades no solo se entendían desde la dimensión médica sino desde una muy profunda percepción religiosa, emocional y espiritual.

De acuerdo con el pensamiento semita antiguo, en Dios está el origen de la salud y la enfermedad; el Señor era el agente que propiciaba el bienestar o enviaba la calamidad. Esa era una sociedad que entendía que el origen de la vida y la muerte se asociaba con lo divino. Y en el medio del proceso se encuentra la enfermedad. La salud se relacionada con la bendición divina y la enfermedad, con la maldición.

A ese mundo herido por las enfermedades físicas y mentales, a las que se unía la dimensión espiritual, llegó Jesús de Nazaret con una palabra de esperanza y un mensaje de sanidad. En su anuncio del proyecto del Reino de Dios a la sociedad judía del primer siglo, el Señor no olvidó ni ignoró ni rechazó este sector social de grandes necesidades. A esa comunidad de personas heridas físicamente y angustiadas emocionalmente les faltaba salud, apoyo social, atención médica, comprensión comunitaria y solidaridad espiritual. ¡Además, vivían el abandono inmisericorde de las instituciones religiosas y políticas!

Jesús de Nazaret llega con el proyecto del Reino que incluye una singular y muy importante dimensión de lo milagroso, inesperado, espectacular y prodigioso. Con su verbo elocuente, sus enseñanzas sabias y mensajes pertinentes, contribuyó a que resucitara la esperanza en las personas más dolidas y heridas de la comunidad. Y en medio de las interminables soledades y las incertidumbres eternas de la comunidad enferma, comenzó a escucharse, en las ciudades, los caminos, las aldeas y los montes, que los ciegos veían, los sordos escuchaban, los cautivos eran liberados y a los pobres se les anunciaba el evangelio…

Milagros de Jesús de Nazaret

Al estudiar con detenimiento los milagros que se atribuyen a personajes de la antigüedad, se descubre una serie importante de características singulares en las actividades que llevaba a efecto Jesús. En primer lugar, Jesús no hacía milagros para exhibir sus poderes o para hacer un espectáculo de su autoridad espiritual. Por el contrario, siempre las narraciones de milagros asociadas con las actividades del Señor responden a los clamores humanos más hondos y sentidos. El milagro es un acto para manifestar la misericordia y el amor de Dios.

El propósito de Jesús en su tarea milagrosa es eliminar las dolencias, enfermedades o condiciones que le impedían a las personas vivir vidas liberadas, autónomas, gratas y bendecidas. No había honorarios ni los milagros se llevaban a efecto para castigar personas, que son detalles que se descubren al estudiar las narraciones generales de milagros en las sociedades griegas y romanas de la antigüedad.

El buen modelo de Jesús como rabino, maestro, profeta y sanador se descubre y afirma en los evangelios canónicos. Para Jesús, su tarea docente y profética incluía lo milagroso, para afirmar desde diferentes ángulos la llegada del Reino. Los milagros y las sanidades eran parte integral de la comprensión misionera y programática de Jesús.

En los evangelios apócrifos, sin embargo, se presenta una imagen de la infancia del Señor que no concuerda con los relatos bíblicos. Estos evangelios apócrifos presentan a un Jesús niño que hace milagros para exhibir sus poderes o para castigar a alguien. Y esa no es la intensión misionera del Jesús adulto, de acuerdo con las narraciones canónicas que están a nuestra disposición.

En las narraciones de milagros que se encuentran en los evangelios canónicos, se puede identificar una serie recurrente de temas de importancia o de motivaciones para llevar a efecto las sanidades. La finalidad de este tipo de relato de milagro de sanidad es responder a los reclamos de alguna persona necesitada, además de glorificar a Dios.

El estudio de los evangelios canónicos descubre que Jesús de Nazaret lleva a efecto varios tipos de acciones milagrosas. Y esas acciones están íntimamente relacionadas con su anuncio y afirmación del Reino de Dios. Son milagros que no solo responden a las necesidades humanas, sino que transmiten valores y enseñanzas, de acuerdo con la finalidad teológica y educativa de cada evangelista.

Las narraciones de milagros en los Evangelios presentan cuatro tipos generales de prodigios. El primer tipo de acción milagrosa de Jesús son las sanidades. Y esas sanidades incluyen, varias condiciones de salud: por ejemplo, curaciones de ciegos, sordos, paralíticos y leprosos. Esas acciones del Señor son signos claros de misericordia divina que destacan el poder de Dios sobre el cuerpo, la mente y el espíritu.

El segundo tipo de milagro son las liberaciones de demonios o espíritus impuros. Y con las liberaciones se pone de relieve el poder de Jesús sobre el mundo espiritual, sobre los poderes demoníacos que quieren quitarle la paz y la tranquilidad a la humanidad. Las resurrecciones constituyen el tercer tipo de acción milagrosa. Eso actos de resucitar difuntos son signos del poder divino sobre la vida y la muerte. Y para completar esas acciones extraordinarias y portentosas del Señor, se descubren los milagros sobre la naturaleza, que son formas teológicas de afirmar que Jesús tiene el poder divino sobre el cosmos y la creación.

Esas acciones milagrosas ponen de manifiesto el poder de Dios en medio de las realidades humanas; además, revelan la misericordia de Jesús ante las necesidades de individuos y comunidades. Esos relatos de milagros ponen de relieve el compromiso de Jesús con la gente en necesidad y reiteran su comprensión de la voluntad divina que se hacía realidad en medio de la historia humana. El propósito del ministerio de Jesús era restaurar la comunicación de Dios con las personas, y para lograr ese objetivo unía su ministerio docente y profético a sus labores llenas de señales milagrosas y signos de Dios.

La evaluación amplia de todas las narraciones de los milagros de Jesús descubre que un segmento importante de esos recuentos de intervenciones divinas portentosas se relaciona con la sanidad de mujeres. En una sociedad patriarcal, donde las mujeres no eran vistas con mucho prestigio social, el Señor separó tiempo de calidad para atender a sus necesidades espirituales y para sanarlas físicamente y liberarlas espiritualmente.

Inclusive, las narraciones de este tipo de sanidad ubican a Jesús respondiendo con libertad a los reclamos de las mujeres. Los relatos de sanidades indican que en el proceso el Señor interactuaba con las mujeres, y hasta las tocaba, rompiendo de esta forma las regulaciones religiosas de la época. Para Jesús de Nazaret, más importante que las regulaciones religiosas y las interpretaciones rabínicas de la Ley, estaban los seres humanos y sus necesidades.

Al estudiar las narraciones de milagros se descubre que no eran actos improvisados. Por el contrario, las sanidades incluyen un tipo de proceso que revela orden y sentido de dirección. Esos procesos incluyen una lista de detalles que demuestran que no se trata de una actividad momentánea del Señor, pues se pueden distinguir elementos recurrentes en los relatos de las sanidades y los milagros.

Entre esas dinámicas que circundan las acciones milagrosas del Señor, se encuentran las siguientes acciones o declaraciones:

- Identificación de la duración de la enfermedad
- Peligrosidad de la calamidad
- Frustración de los médicos
- Dudas de las personas que rodean a la persona necesitada
- Llegada del Señor al enfermo o cautivo
- Alejamiento de los espectadores
- Jesús el sanador toca al enfermo o al cautivo
- Se afirma una palabra de sanidad y liberación
- Se produce el milagro, la sanidad o liberación
- Se describe el resultado de la acción divina
- Corroboración del resultado o del milagro
- Salida de la persona sanada o liberada
- Impacto del milagro en la comunidad

No todos los elementos de esta lista de acciones necesariamente se incluyen en todas las narraciones de milagros; sin embargo, exponen el cuadro amplio de los procesos y sus propósitos fundamentales. Esta lista es una corroboración de que esas narraciones milagrosas en los Evangelios canónicos estaban muy bien pensadas y redactadas, pues tenían serias implicaciones teológicas y pedagógicas en el ministerio de Jesús. Los milagros no solo eran acciones portentosas del poder del Señor, sino transmitían mensajes de vida, liberación y esperanza.

Aunque en la antigüedad había personas taumaturgas, que se conocían por hacer actos mágicos y prodigiosos, la revisión de las narraciones de los milagros que se relacionan con Jesús muestra ciertas características que no debemos obviar ni subestimar.

En primer lugar, el Señor nunca recurrió a la magia para llevar a efecto sus acciones milagrosas. No utilizó amuletos ni empleó raíces mágicas ni incentivó la repetición de frases fantásticas o hipnóticas. Por el contrario, Jesús se presentó ante la crisis con la autoridad espiritual y fuerza moral que provenía directamente de Dios. El objetivo de sus sanidades y liberaciones era doble: poner de manifiesto el poder y la gloria de Dios y responder a las angustias mayores que impedían que alguna persona disfrutara la vida a plenitud.

De singular importancia al estudiar los relatos que presentan los milagros de Jesús es el papel que juega la fe en esos procesos. Ese fundamental componente de confianza en Dios, y de seguridad de que el Señor tiene la capacidad y el deseo de liberar a alguna persona de sus calamidades físicas, emocionales y espirituales, no se pone en evidencia en las narraciones de milagros en la antigüedad, fuera del ámbito de los milagros bíblicos en general y en especial los que lleva a efecto Jesús.

Es de notar, además, que los milagros de Jesús de Nazaret, de acuerdo con las narraciones evangélicas, no tienen como objetivo básico ensalzar su figura o requerir reconocimientos especiales de su labor. Por el contrario, siempre sus milagros estaban relacionados con las necesidades de la gente.

Sanidades y cristología

Los milagros del Señor no formaban parte de un programa de relaciones públicas que realzaban la figura del que llevaba a efecto el prodigio. El propósito era sanar y liberar personas en diversos tipos de cautiverios, para que pudieran reintegrarse a la sociedad como ciudadanos independientes. Nunca el Señor utilizó su ministerio de milagros para enfatizar su persona, solo deseaba glorificar a Dios y bendecir a la humanidad. Y esa actitud ministerial del Señor fue un elemento fundamental para el desarrollo de una cristología contextual y pertinente.

Para Jesús, su ministerio de sanidades era la continuación de sus mensajes elocuentes y sus enseñanzas desafiantes. Los milagros era parte de un ministerio integral que debía ser oportuno y relevante. Un pueblo con dificultades en la comprensión y aplicación de los valores religiosos que procedían de los rabinos y los maestros de la Ley en Jerusalén y que, además, estaba sumido en un mundo complejo de enfermedades físicas, cautiverios espirituales y calamidades emocionales, necesitaba que Jesús presentara un mensaje de desafío a las instituciones religiosas y políticas de la época, además de responder a los dolores continuos del pueblo. Los milagros de Jesús eran la traducción física de sus enseñanzas espirituales, éticas y morales.

Las sanidades, las liberaciones, las resurrecciones y los milagros de Jesús eran componentes indispensables en su ministerio, pues un pueblo enfermo, cautivo, desorientado y muerto lo seguía. Y ante una sociedad con angustias en el alma, dolores en el corazón, cautiverios sociales, opresiones políticas y enfermedades en el cuerpo y el alma, el Señor Jesús llegó con la palabra profética y las acciones milagrosas que hacían falta.

La lectura de las narraciones de milagros, generaron grandes expectativas mesiánicas en las comunidades de fe cristianas antiguas. En sociedades cautivas por enfermedades físicas y emocionales, que no podían explicarse ni curarse efectivamente con la información y las medicinas disponibles en la época, la esperanza en intervenciones divinas aumenta. Y en el singular caso de Jesús, la esperanza no quedaba cautiva en las expectativas, pues las narraciones de las intervenciones milagrosas de Jesús en la historia se diseminaron ampliamente con el anuncio de la buena noticia del Reino. Esas narraciones de milagros nutrieron las comprensiones cristológicas en torno a Jesús.

Los primeros evangelistas y maestros de las comunidades de fe cristianas presentaron la figura de Jesús no solo como el Salvador de la humanidad, sino que destacaron su ministerio de milagros. Y esas narraciones de las actividades extraordinarias del Señor llenaron de esperanza a las iglesias incipientes y los nuevos creyentes. Además, esos recuentos de fe se convirtieron en parte integral del fundamento teológico que, con el tiempo, desarrollaron las más importantes directrices cristológicas neotestamentarias.

La afirmación de un Jesús misericordioso, que era capaz de responder a las necesidades más hondas de las personas, como las enfermedades físicas, emocionales y espirituales, fue la base para la predicación efectiva del Cristo que, además de ser el Mesías, cumplías las expectativas del pueblo como sanador (Sal 103). Y esas convicciones son las que informaron los procesos teológicos que desarrollaron la cristología que se pone de manifiesto en el Nuevo Testamento.

04
La resurrección de Cristo

El primer día de la semana,
muy de mañana, vinieron al sepulcro,
trayendo las especias aromáticas que habían preparado,
y algunas otras mujeres con ellas.
Y hallaron removida la piedra del sepulcro;
y entrando, no hallaron el cuerpo del Señor Jesús.
Aconteció que estando ellas perplejas por esto,
he aquí se pararon junto a ellas dos varones
con vestiduras resplandecientes;
y como tuvieron temor,
y bajaron el rostro a tierra, les dijeron:
¿Por qué buscáis entre los muertos al que vive?
No está aquí, sino que ha resucitado.

Lucas 24.1-6a

Las noticias de la resurrección

Cuando llegamos a los relatos de la resurrección encontramos el corazón del mensaje cristiano. Las comprensiones referentes al Jesús maestro, profeta y predicador de la Galilea, una vez se conocen las noticias de la resurrección, cobran dimensión nueva. Las interpretaciones teológicas abundan, las reflexiones espirituales aumentan y la creatividad literaria llega a su expresión máxima.

Como los episodios que se incluyen en torno al evento de la resurrección de Cristo transmiten valores éticos, enseñanzas espirituales y principios morales de tan grande significación e importancia, debemos proceder con gran cautela metodológica y con sobriedad exegética. La resurrección de Cristo es un componente fundamental e indispensable del desarrollo de la cristología del Nuevo Testamento.

De la lectura de los documentos bíblicos y extrabíblicos se desprende que la resurrección de Jesús no parece haber sido una alucinación colectiva, causada por el trauma y el pesar de la crucifixión. Los materiales estudiados indican que personas serias, inteligentes, independientes y sobrias dieron testimonio fidedigno de lo que había acaecido. Luego que se descubre que la tumba donde habían puesto el cadáver de Jesús apareció vacía, se reportan apariciones repetidas a diversos grupos de personas de manera individual y colectiva. Y la evaluación sobria de toda esa información tiende a indicar que el fundamento de todos estos relatos tiene una buena base histórica. Los detalles de cómo las narraciones evangélicas presentan cómo se produjeron los procesos de la resurrección, la tumba vacía y las apariciones de Jesucristo son argumentos muy concretos y fuertes en favor del evento.

Según los documentos evangélicos, y también de acuerdo con otros relatos antiguos, Jesús de Nazaret fue una figura intensa, que provocaba simultáneamente admiración y rechazo, amor y odio, sobriedad y hostilidad, paz y violencia, adhesión y desconfianza. Las multitudes desposeídas, en necesidad y oprimidas le seguían y aclamaban, y los líderes políticos le temían. Los enfermos y endemoniados le apreciaban y celebraban, y las autoridades religiosas le perseguían. Los discípulos y amigos celebraban y disfrutaban sus enseñanzas liberadoras, y los enemigos lo rechazaban. Y las mujeres y los niños admiraban la deferencia y el respeto de sus palabras y acciones, y los poderosos desafiaban sus mensajes.

En medio de toda esa gama de reacciones positivas y negativas, se lleva a efecto la crucifixión de Jesús que mantuvo en vilo a la comunidad. Los discípulos estaban aturdidos con la pérdida de su maestro; el grupo de mujeres que lo apoyaban estaban desconsoladas con la ejecución; los líderes judíos estaban preocupados por el rechazo popular a sus gestiones en contra del rabino galileo; y las autoridades romanas estaban atentas a cualquier brote de insurrección política y expresión de nacionalismo popular. Ese cúmulo de experiencias sociales y políticas, y esas expectativas espirituales y religiosas, hizo que Poncio Pilatos enviara un grupo de soldados a custodiar la tumba de Jesús y a proteger el cadáver.

Aunque esos soldados no habían abandonado sus puestos de seguridad y sus lugares de observación, de acuerdo con las narraciones bíblicas, el primer día de la semana, es decir, el domingo en la mañana, el cuerpo de Jesús había desaparecido. Y junto a esa realidad escueta y comprobable, comenzaron a diseminarse en la comunidad algunas historias de apariciones del que había sido asesinado hacía solo unos días.

La primera explicación de los ancianos al hecho de que el cuerpo de Jesús no aparecía, es que los soldados se habían quedado dormidos y los discípulos sigilosamente habían llegado, en el anonimato de la noche, y lo había robado. Una segunda versión, que también interpretaba los acontecimientos, era que efectivamente Jesús había resucitado, como anteriormente lo había predicho (Mt 20.17-19; Mc 10.32-34; Lc 18.31-34).

Las explicaciones de la resurrección de Cristo se fundamentaban en varias evidencias: por ejemplo, el descubrimiento del sepulcro vacío, y también en una serie de visitas que el resucitado había hecho a varios amigos y colaboradores, de acuerdo con los informes recibidos de algunas mujeres y diversos discípulos. De esa forma comenzó a propagarse la gran noticia evangélica: ¡El Cristo de Dios había resucitado! Los creyentes y las iglesias lo afirmaban de forma unánime e inequívoca: Jesús de Nazaret era el Mesías, y por el poder de Dios, también era Jesucristo, el Señor de la iglesia y de la historia.

En efecto, la evidencia literaria estudiada y el análisis teológico de las comunidades cristianas coinciden en que Jesús de Nazaret resucitó de entre los muertos. Si ese es el caso, como evidentemente se expone en los evangelios canónicos y se presupone en todo el Nuevo Testamento, entonces Jesús, aunque era un personaje histórico real, concreto y definido, no era una persona común. Se trata de un hombre que tenía poder sobre la vida y la muerte. Y ese tipo de persona es ejemplar en la historia.

Por estas razones, que incluyen la evaluación sosegada de los documentos evangélicos, el análisis detallado de los testimonios bíblicos y extrabíblicos de sus actividades y enseñanzas, y el estudio sobrio de las narraciones que presentan los episodios de la resurrección, los creyentes, desde muy temprano en la historia, comenzaron a reconocerlo como Señor, y a referirse a él como el Cristo de Dios, el Mesías, el Hijo de Dios, el Hijo de David, y Dios. Esos títulos cristológicos ponen de relieve las diversas comprensiones que tenían de Jesús las primeras comunidades cristianas de fe.

No podemos perder de vista que el fundamento de estas declaraciones, es decir, la resurrección de una persona que había sido ejecutada a la vista de toda la comunidad es muy difícil de creer, entender, comprobar y asimilar. Lo sucedido en Jerusalén con Jesús de Nazaret aquel fin de semana, excedía por mucho el nivel de comprensión de los discípulos, sobrepasaba ampliamente la imaginación del liderato cristiano inicial, y desbordaba con mucha facilidad los límites del conocimiento que tenían las comunidades primitivas de fe. Y el caso de la respuesta de Tomás (Jn 20.24-29) ante la resurrección de Jesús, pone en clara evidencia la complejidad de la noticia, las dificultades de comprensión que tenían esos sucesos, y las reacciones naturales de las personas ante lo sucedido: ¡Es necesario ver para creer!

Previo a los sucesos que se relacionan con Jesús, no hay evidencia histórica de persona alguna que, antes de morir, haya dicho que posteriormente resucitaría, y que luego hiciera lo predicho. El caso de Jesús es aún más complejo, pues su muerte tenía implicaciones sociales y religiosas muy serias: los crucificados eran vistos como malditos de parte de Dios. Había un gran estigma social, moral y religioso que impedía presuponer o esperar algún tipo de intervención positiva de Dios.

Desde la perspectiva teológica, sin embargo, la explicación de los sucesos estaba en consonancia con la historia bíblica. Una vez más, el Señor del pueblo de Israel, que se especializaba en liberaciones extraordinarias y espectaculares (véase, p.ej., Ex 3—15), había sorprendido a la humanidad. El Dios de los patriarcas y las matriarcas, y de Moisés, Miriam y los profetas, había intervenido una vez más en medio de la historia humana de forma redentora, al levantar de entre los muertos a Jesús, para poner de manifiesto su plan redentor y demostrar su compromiso con las personas que están heridas por las diversas fuerzas que ofenden la imagen divina que tienen los seres humanos.

Una magnífica interpretación teológica de todos estos eventos se pone en boca del apóstol Pedro el día de Pentecostés. En su discurso explicativo de los milagros relacionados con el descenso del Espíritu Santo dijo:

> *Pueblo de Israel, escuchen esto:*
> *Jesús de Nazaret fue un hombre acreditado por Dios*
> *ante ustedes con milagros, señales y prodigios,*
> *los cuales realizó Dios entre ustedes*
> *por medio de él, como bien lo saben.*
> *Este fue entregado según el determinado propósito*
> *y el previo conocimiento de Dios;*
> *y por medio de gente malvada,*
> *ustedes lo mataron, clavándolo en la cruz.*
> *Sin embargo, Dios lo resucitó,*
> *librándolo de las angustias de la muerte,*
> *porque era imposible que la muerte*
> *lo mantuviera bajo su dominio.*

Hechos 2.22-36

En efecto, el poder de Dios, de acuerdo con Pedro, transformó la muerte de Jesús en la resurrección de Cristo. Se pasa de esta forma del Jesús histórico que vivió en la Palestina del primer siglo al Cristo viviente cuya presencia no está confinada por el espacio ni cautiva por el tiempo.

La desaparición del cuerpo de Jesús

Lo que parece innegable, desde el punto de vista histórico y teológico, es que el cuerpo de Jesús desapareció de la tumba. Lo que sabemos muy bien, según los documentos que poseemos, es que cuando llegó el domingo en la mañana y las mujeres fueron al sepulcro para continuar con las costumbres funerarias judías, que se habían interrumpido por la llegada del sábado, el cuerpo de Jesús no estaba en el lugar que lo habían dejado inerte hacía solo unos días.

De acuerdo con Mateo, el sábado en la mañana los líderes judíos, tanto sumos sacerdotes como fariseos, preocupados por lo que podía suceder, se allegaron a Poncio Pilatos para solicitar que se protegiera de forma especial el sepulcro de Jesús (Mt 27.62). El argumento básico para la solicitud, que se incluye solo en el Evangelio de Mateo, era evitar que se robaran el cuerpo y sus seguidores dijeran que había resucitado, como anteriormente había predicho. El procurador romano accede a la petición (Mt 27.65).

En los sinópticos, las narraciones de la resurrección destacan la labor de las mujeres, que llegan preocupadas pues no saben cómo acceder al cuerpo y cumplir con sus responsabilidades funerarias, pues no tenían quién les quitara la piedra del sepulcro. Para responder a ese dilema, Marcos indica que se experimentó un gran terremoto y un ángel habían movido la piedra. Ante esa manifestación extraordinaria de poder divino, los soldados quedan aterrorizados (Mt 28.2-4). Y las mujeres comprueban que el sepulcro estaba vacío y reciben la visita de otros seres angelicales que les confirman la resurrección de Jesús. En estas narraciones, estos mensajeros divinos cumplen funciones especiales: anuncian la resurrección, orientan a las mujeres y a los discípulos en torno a la significación del evento, y explican lo que debían hacer.

Esa presencia de ángeles y mensajeros divinos en medio de las narraciones brinda a los relatos un sentido especial de teofanía, revelación, misticismo. Esos mensajeros están vestidos de blanco, que era un signo tradicional que delataba la presencia divina (Mt 28.3; Mc 16.5; Lc 24.4; Jn 20.12). De acuerdo con Mateo y Marcos, son esos ángeles los que instruyen a las mujeres para que indiquen a los discípulos que Jesús se encontraría con ellos en Galilea. Lucas presenta las apariciones del resucitado solo en los alrededores de Jerusalén. Mateo añade que cuando las mujeres se encuentran con Jesús (Mt 28.9), se postran a adorarle, como hicieron posteriormente en Galilea los discípulos.

En el Evangelio de Juan, quien recibe la encomienda específica de anunciar la noticia de la resurrección a los discípulos es María Magdalena, que cumple sus responsabilidades a cabalidad. Por su parte, Marcos presenta a las mujeres con reacciones de temor y espanto, frente al evento de la resurrección, y como consecuencia de sus preocupaciones y miedos, no hablan con nadie de los acontecimientos (Mc 16.8).

Para algunos especialistas, el Evangelio de Marcos concluye en 16.8, con la actitud temerosa y medrosa de las mujeres. Ese gesto de temor, entonces, tiene la intensión de afirmar que la resurrección de Jesús era definitivamente la llegada del tiempo del fin que, según las creencias populares judías, tiene como respuesta humana la alarma y la preocupación intensa.

La sección que sigue en el Evangelio de Marcos, tiene el singular propósito de completar o complementar ese final, pues añade elementos de gran significación teológica: la aparición del resucitado a María Magdalena (Mc 16.9-11; Jn 20.11-18), la revelación a dos de sus discípulos (Mc 16.12-13), la comisión misionera a los apóstoles (Mc 16.14-18), y finalmente, la ascensión de Jesús al cielo (Mc 16.19-20). Es una especie de resumen de las actividades de Jesús luego de la resurrección, que también aparecen en los otros evangelios y en el libro de los Hechos.

Juan presenta las narraciones de la resurrección con una finalidad teológica sofisticada y específica: destaca el tema del sepulcro vacío. María Magdalena es la única persona que se allega a la tumba temprano en la mañana, para corroborar que la piedra ha sido removida y que el cuerpo de Jesús ha desaparecido (Jn 20.8). En su asombro, ella le comunica a Pedro la noticia, quien, como de costumbre, se apresura a confirmar la información y se percata de las implicaciones especiales de los acontecimientos.

María Magdalena se convierte de esta forma en la figura central en esta sección final de los relatos. Aunque al principio confundió a Jesús con el que cuidaba el huerto, finalmente lo reconoce como su maestro. Inclusive, la Magdalena hasta trató de sujetar al Jesús resucitado, cuya respuesta es que no lo haga, *porque todavía no he vuelto al Padre* (Jn 20.16-17). De esa forma el evangelio comienza las enseñanzas sobre la nueva naturaleza espiritual del Jesús resucitado, el Cristo.

Las apariciones del Cristo resucitado

Para los evangelios canónicos, las apariciones del Jesús resucitado son realidades comprobables, verificables y palpables. Los textos que exponen el tema enfatizan que los testigos no veían un fantasma, se trataba realmente del Jesús que había sido previamente crucificado. La naturaleza literaria y teológica de estos relatos es objeto de continuos y profundos análisis, pues los estudiosos deben separar rigurosamente los aspectos históricos de las narraciones, de las interpretaciones teológicas de los evangelistas.

De singular importancia en los relatos de las apariciones de Jesús está la información que proviene del apóstol Pablo en su mensaje a la comunidad cristiana de Corinto. Según el apóstol, luego de su resurrección, y de acuerdo con las Escrituras, Jesús se le apareció a Pedro y a los Doce, y posteriormente, a más de quinientas personas a la vez (1 Co 15.4). Esas declaraciones son solo la introducción para indicar que Jesús también se le apareció a él. Según Pablo, las apariciones del Jesús resucitado a los discípulos, luego de la crucifixión, y la que él experimentó posteriormente, camino a la ciudad de Damasco, son de la misma naturaleza.

El problema central que plantea estas afirmaciones paulinas es que sus experiencias con el Cristo resucitado fueron de naturaleza espiritual. Inclusive, el mismo apóstol claramente indica en el libro de los Hechos, que le rodeó un resplandor de luz y que escuchó una voz del cielo (véase Hch 9.1-19; 22.6-16; 26.12-18). El encuentro con Cristo en Pablo fue de naturaleza mística, espiritual, interna y emocional, mientras que lo que se desprende de la lectura atenta de los evangelios, es que los discípulos tuvieron encuentros físicos con el mismo Jesús que había muerto, pero que había regresado a la vida. Además, el apóstol no menciona en ninguna de sus alusiones del Cristo resucitado, el importante detalle de la tumba vacía.

La reacción de Tomás al anuncio de la resurrección es un magnífico ejemplo del interés por presentar los aspectos físicos del Jesús resucitado que tenían los evangelistas (Jn 20.24-29): ¡Jesús le invita a tocar literalmente su cuerpo y sus heridas! Además, la narración de Mateo referente a la actitud de las Marías al verlo, revela que le abrazaron los pies a Jesús (Mt 28.9). Los discípulos que iban camino a la aldea de Emaús, ¡caminaron con él! Al principio no lo reconocieron, pero sus ojos se abrieron posteriormente, cuando Jesús partió el pan entre ellos (Lc 24.13-31). Esas no son experiencias emocionales, visuales o auditivas, sino eventos físicos, reales y táctiles.

Lucas incluye en su evangelio un episodio significativo referente a la reacción de los discípulos al ver a Jesús: ¡Pensaron que se trataba de un fantasma! Y para cerciorarse que no era un espectro, les invita a tocarlo para salir de la duda; añade, además, que los espíritus no tienen carne ni huesos (Lc 24.39). Inclusive, para salir de toda posibilidad de confusión, Jesús le pide al grupo que le hagan algo de comer… ¡Y comió con ellos! (Lc 24.41-43).

De las narraciones evangélicas se desprende claramente lo siguiente: las apariciones del Jesús resucitado no eran experiencias espirituales, emocionales o visuales, eran encuentros físicos y reales con una persona que había sido crucificada y había muerto, pero que posteriormente había vuelto a la vida. No eran visiones de imágenes fantasmagóricas ni ilusiones ópticas producidas por algún estado alterado de la conciencia o de ánimo.

71

Inclusive, para reforzar la naturaleza física de estas experiencias, una lectura cautelosa de las fuentes evangélicas revela que de primera instancia los discípulos no estaban inclinados a creer en la resurrección de Jesús (Mt 26.21-23; Mc 8.31-33). ¡La verdad es que era una declaración extremadamente difícil de creer! Y aún más: de acuerdo con Mateo, luego de los discípulos haber visto a Jesús resucitado en la Galilea, algunos continuaron con sus dudas (Mt 28.17).

La lectura detenida de las fuentes evangélicas en torno a estos temas, revela que los evangelistas creían firmemente que Jesús había resucitado de manera física, que la tumba se había quedado vacía, y que el maestro de Nazaret se había aparecido a diversos grupos de sus seguidores en los alrededores de Jerusalén (Lc 24.13-31) y en Galilea, muy cerca del Lago de Genesaret, que había sido un foco central en sus enseñanzas y ministerio (Jn 20.29). En el apóstol Pablo, la revelación divina fue diferente: de naturaleza espiritual, visual y auditiva, aunque tenía el mismo poder de persuasión y similar virtud transformadora.

La ascensión de Jesús al cielo

Las narraciones de la ascensión de Jesús al cielo no son muchas, pero son significativas. De acuerdo con el Libro de los hechos de los apóstoles (Hch 1.3), luego de la resurrección, Jesús habló repetidamente a los discípulos sobre el reino de Dios, tema que en su ministerio previo había tenido gran importancia teológica y pedagógica. Esa es una manera de afirmar que había continuidad teológica entre los dos componentes del ministerio de Jesús, antes y después de la resurrección.

El Evangelio de Mateo no incluye ninguna narración de la ascensión, pues finaliza su obra con la gran comisión. Y ese mandamiento del Jesús resucitado, incluye, entre otros asuntos, el mandato a hacer discípulos a todas las naciones, no solo entre judíos, afirma que el bautismo es una celebración clave en la misión cristiana, e incorpora la afirmación trinitaria de la iglesia cristiana (Mt 28.16-20).

En Marcos, el tema de la ascensión se trata de forma directa. Se indica claramente que Jesús fue elevado al cielo y que está sentado a la diestra de Dios (Mc 16.19), que es una manera de destacar y afirmar su divinidad y su naturaleza mesiánica. Posiblemente, detrás de este relato evangélico, están los recuerdos y las imágenes de la ascensión del profeta Elías al cielo, en medio de un torbellino extraordinario (2 R 2.11).

Ese singular caso de Elías es el único que se incluye en la Biblia hebrea de alguien que haya ascendido al cielo con vida. El testimonio bíblico en torno a Enoc, solo indica que desapareció, porque Dios se lo llevó (Gn 5.24), que pudiera insinuar alguna ascensión, pero no se indica de forma explícita. Sin embargo, el tema de las ascensiones de figuras prominentes no está ausente en la literatura judía extrabíblica (p.ej., Adán, Abrahán, Moisés, Isaías, entre otros personajes). Y ese mismo tema general de la ascensión a los cielos, está presente en las culturas griegas y romanas, pues pensaban que sus monarcas se deificaban al morir.

El evangelista Lucas es el que explora el tema de la ascensión de Jesús al cielo con algún detenimiento. Indica que su deseo es presentar todo lo que hizo Jesús, y también lo que enseñó, hasta *el día que fue llevado al cielo* (Hch 1.1-2), en una clara alusión a la ascensión. De acuerdo con la narración que describe el evento, la ascensión de Jesús es el preámbulo del descenso del Espíritu Santo, que se produce cincuenta días después de la celebración de la fiesta de Pascua, en Pentecostés. Pero antes de esos eventos de gran significación teológica y espiritual, Jesús se apareció a los discípulos durante cuarenta días. Esa cifra simbólica de «cuarenta» tiene gran importancia bíblica, pues puede ser un indicador de un período educativo fundamental para el pueblo (véase otras referencias al número «cuarenta» en Gn 7.12; Ex 24.18).

El entorno literario y teológico de la narración de la ascensión de Jesús, está lleno de significado: Jesús es elevado al cielo en medio de una nube, que es un símbolo tradicional de la presencia de Dios en la Biblia (p.ej., Hch 1.9; cf. Ex 13.21; 24.15; 33.9). Los discípulos son testigos de la ascensión, como lo fue Eliseo de la experiencia final del profeta Elías (2 R 2.9-10). Y el evento se lleva a efecto en el Monte de los Olivos, que evoca la antigua profecía de Zacarías en torno al último día del Mesías en ese mismo Monte (Zac 14.4).

El mensaje central de la ascensión, según la teología de Lucas, es que, aunque Jesús es llevado al cielo, mientras él sube a la presencia divina desciende el Espíritu Santo, que representa sus acciones y su voluntad en la tierra. Esa relación íntima entre la ascensión de Jesús y la manifestación del Espíritu se pone en evidencia también en el Evangelio de Juan. En la última cena, Jesús prometió la venida del Espíritu cuando él regresara al Padre (Jn 16.7-13). Y posteriormente, Jesús, en un acto de gran simbolismo espiritual y profundidad teológica, sopla sobre los discípulos para que reciban de forma anticipada el don del Espíritu de Dios (Jn 20.22).

Estas narraciones de las apariciones del Jesús resucitado y de la ascensión, son expresiones claras y seguras de la fe de la iglesia y sus líderes. Esa es una fe madura, reflexiva, ponderada, sobria, meditada y pensada. No es producto de la improvisación del momento ni resultado de la desesperanza. El propósito teológico de estos relatos es indicar que la muerte de Jesús no detuvo el programa redentor de Dios, pues su autoridad moral, virtudes éticas, poder espiritual y naturaleza mesiánica, le permitieron a Jesús desafiar los poderes tradicionales de la muerte y trascender sus leyes naturales, según la teología cristiana.

No pueden leerse estos relatos evangélicos como eventos históricos comunes y llanos, en efecto, son profundas declaraciones de fe y afirmaciones espirituales intensas. La virtud mayor de estas narraciones no se relaciona necesariamente con la pulcritud redaccional ni con la certeza de los detalles históricos: lo fundamental e indispensable del mensaje cristiano es que la cruz y la tumba no son las palabras finales de Dios para la humanidad: ¡la muerte de Jesús de Nazaret abrió las puertas de la resurrección del Cristo de Dios!

La llegada del Espíritu Santo a los creyentes el día de Pentecostés (Hch 2.1-42) es una forma teológica de reiterar ese mensaje cristiano de esperanza. El Espíritu vino para que las iglesias y los apóstoles pudieran seguir con efectividad la tarea de predicación, educación, liberación y servicio que había comenzado con el ministerio del Jesús histórico. Y esas manifestaciones extraordinarias, a personas de diferentes lugares del mundo conocido, era un signo importantísimo y determinante de lo que sucedería con el testimonio y la misión de las iglesias cristianas. El mensaje cristiano tiene implicaciones internacionales y universales.

El mandato del Cristo resucitado es claro y firme: ser testigos del mensaje divino en Jerusalén, Judea, Samaria y hasta lo último de la tierra. En efecto, las narraciones evangélicas desean destacar de forma contundente, que las enseñanzas y los valores que caracterizaron el ministerio de Jesús de Nazaret no van a quedar cautivas y estáticas en una esquina pequeña y rincón insignificante del gran imperio romano.

La resurrección de Cristo es una demostración del poder divino que ayudará a los creyentes a cumplir esas encomiendas salvadoras, la ascensión de Jesús al cielo es una forma de garantizar que la voluntad divina no se va a olvidar, y el descenso del Espíritu es una manera de afirmar que Dios mismo se mantendrá presente en las iglesias y en medio de los creyentes. Y esas afirmaciones teológicas se convirtieron en el fundamento de la cristología del Nuevo Testamento.

05
Títulos cristológicos

Pablo, Silvano y Timoteo,
a la iglesia de los tesalonicenses
que está en Dios el Padre y en el Señor Jesucristo:
Gracia y paz a ustedes.
Siempre damos gracias a Dios por todos ustedes
cuando los mencionamos en nuestras oraciones.
Los recordamos constantemente delante de nuestro Dios y Padre
a causa de la obra realizada por su fe,
el trabajo motivado por su amor,
y la constancia sostenida
por su esperanza en nuestro Señor Jesucristo.

1 Tesalonicenses 1.1-3

Nombres, títulos y teología

En la Biblia los nombres revelan la naturaleza profunda e íntima de una persona, no son solo designaciones convenientes para identificar a algún individuo en un grupo. Expresan la esencia misma de la gente y ponen de manifiesto la realidad más profunda de los hombres y las mujeres. En el nombre se presentan las características personales o los propósitos fundamentales en la vida. En efecto, los nombres son detalles de gran importancia al estudiar la teología y las narraciones bíblicas, especialmente cuando exploramos el tema de la cristología.

De acuerdo con las tradiciones judías, a los ocho días de nacidos se imponían los nombres a los niños (Mt 1.22-23; Lc 1.31,63). Sin embargo, ese singular nombre posteriormente podía cambiarse al recibir alguna encomienda divina especial y significativa (Gn 17.5; Mt 16.18). Y ese cambio está en consonancia con el propósito fundamental de esas identificaciones en las narraciones bíblicas, pues al modificar sus propósitos en la vida, las personas necesitaban nombres noveles que pusieran de manifiesto la nueva realidad.

El nombre de Dios es singular en la Biblia, pues conocer esa designación e identificación es ciertamente descubrir su naturaleza santa, extraordinaria y única (Ex 3.13; 23.21; Dt 5/11). El nombre de Dios, entre otros atributos y descripciones, se relaciona con las ideas de supremo, único (Zac 4.1), santo (Lv 20.3; Sal 103.1), glorioso, extraordinario, poderoso, grande (Neh 9.5; Sal 72.19; Prov 30.4), formidable, terrible (Dt 28.59; Sal 99.3), altísimo y omnipotente (Dt 18.19; Jer 11.21; Jn 17.11-12). En efecto, el nombre divino es sobre todo nombre, pues su naturaleza es extraordinaria y especial.

El nombre propio de Dios, representado en el Tetragrama (YHWH) es la revelación mayor de su esencia y su especial naturaleza divina. Ese nombre indica, además, que tiene la capacidad de acompañar a su pueblo en medio de las realidades de la vida (Ex 22.19-21; Job 1.21; Ez 20.44; Am 2.7). Y como el nombre divino es como él mismo y su naturaleza única, habita en el Templo (Dt 12.5,12; 1 R 3.2) y en el monte de Sión (Is 14.7; Jer 7.12-14; 34.15), y debe ser reconocido, alabado y glorificado (Is 52.9; Rom 2.24).

Jesús de Nazaret vivió en ese singular ambiente judío en el hogar, la comunidad, la Galilea, la sinagoga de Nazaret y el Templo en Jerusalén. Su educación básica en la sinagoga se desprende del mundo de la Biblia hebrea y su cultura. Y en esa tradición teológica, cuando comenzó su ministerio, puso de manifiesto todas esas enseñanzas y comprensiones sobre el nombre divino. Fundamentó su ministerio en el nombre de Dios (Mt 21.9), revela a sus seguidores el nombre del Padre celestial (Jn 17.6), y todo lo que hace lo lleva a efecto en el nombre de Dios (Jn 17.6; 17.17; Ap 19.11-13).

En esa tradición de intimidad del nombre y la persona de Jesús de Nazaret, según las narraciones bíblicas, los cristianos deben orar en su nombre, que es una manera de afirmar su poder para responder a las peticiones de los creyentes (Mt 7.22; Hch 3.6,16; 4.7,12,17,18,30). Además, en continuidad con el mensaje profético de Isaías, Jesús es el Emanuel y, junto al resto de títulos cristológicos, su nombre es sobre todo nombre (Flp 2.9), que es una manera de destacar y afirmar su poder y autoridad en medio de la historia humana y la sociedad.

Respecto al nombre de Jesús debemos destacar dos componentes teológicos de importancia capital. En primer lugar, el perdón de los pecados de la humanidad se lleva a efecto en su nombre (Lc 24.27; 1 Jn 2.12), que destaca un componente fundamental e indispensable de su poder espiritual. Y en esa misma tradición de misericordia, redención y perdón, se afirma con seguridad que no hay otro nombre en el cual podamos ser salvos (Hch 4.12), que es una forma de reafirmar el poder de salvación espiritual que manifiesta Jesús, que ciertamente sobrepasa los linderos de la comprensión humana.

Los títulos pueden ser sustantivos o adjetivos que contienen las comprensiones y respuestas humanas a las personas, sus responsabilidades y sus acciones. Los reyes y los sacerdotes llevan esos títulos por las actividades que llevan a efecto y las responsabilidades que tienen en la sociedad. Expresiones como "honorable", "eminencia" y "distinguido" aluden al respeto que esas personas se han ganado, o las comunidades le han brindado, por sus responsabilidades, acciones y decisiones. Se relacionan con las interpretaciones de las actividades, las acciones, las decisiones y los pensamientos que la comunidad brinda a las personas que están en eminencia o que han actuado de forma ejemplar en algún momento en la vida. Y esos títulos pueden ser de distinción positiva o peyorativa, dependiendo de quién los presente y afirme.

Los títulos que los primeros discípulos y seguidores de Jesús le dieron al Señor revelan las percepciones y los entendimientos de sus dichos, enseñanzas y hechos. Esos primeros títulos ponen en clara evidencia la prioridad que el Señor le brindaba a la gente en necesidad. Y con el tiempo, especialmente, luego de la resurrección, los creyentes ampliaron el catálogo de títulos cristológicos al percatarse que Jesucristo era el Señor para la gloria de Dios.

Al estudiar los títulos cristológicos no solo nos percatamos en la naturaleza especial de Jesús de Nazaret, sino que descubrimos las comprensiones teológicas que tenían del Señor sus seguidores y la comunidad. Este análisis nos abre las puertas para descubrir la amplitud teológica e importancia transformadora de las enseñanzas que esos títulos cristológicos ponen de relieve.

La identificación y el análisis de los nombres y títulos que se relacionan con Jesús de Nazaret nos brindan pistas teológicas y hermenéuticas, que nos permiten ampliar nuestra comprensión del ministerio del Señor. Esos títulos y nombres nos permiten explorar las cristologías que se ponen de manifiesto en las comunidades cristianas antiguas e incipientes.

El Mesías y el Cristo

Uno de los términos que se utiliza con más frecuencia en el Nuevo Testamento es *jristos*, que es un adjetivo griego que aparece unas 531 veces. La mayoría de las veces se relaciona con Jesús y lo describe como un personaje singular en las narraciones de los evangelistas cristianos y los escritores neotestamentarios. La palabra griega es la traducción del arameo *masiha* y del hebreo *masiah*, que transmiten la idea de "ungido", que en términos religiosos identifica a alguna persona separada y comisionada para alguna labor especial.

La primera carta del apóstol Pablo a la comunidad de Tesalónica es posiblemente el testimonio literario canónico más antiguo que poseemos en la actualidad. Se trata de las enseñanzas y recomendaciones apostólicas a la iglesia que se reunía en esa antigua ciudad griega, que además era la capital de la provincia romana de Macedonia. La ciudad gozaba de una economía floreciente, gracias a su ubicación y su puerto, que permitía el importante comercio entre Roma y el Asia Menor. Y entre sus habitantes se puede identificar a una comunidad judía de importancia, pues tenía su propia sinagoga (Hch 17.1).

El mensaje a la iglesia de Tesalónica es claro y directo. Además de recordar su ministerio en la ciudad (1 Ts 2.1-16), el apóstol brinda las razones por las cuales debió enviar a Timoteo para continuar el ministerio en la ciudad (1 Ts 2.17—3.5), y finalmente da gracias a Dios por las buenas noticias del testimonio de la iglesia que el joven enviado le transmitió al regresar (1 Ts 3.6-13). La carta de Pablo también incluye una serie de exhortaciones a vivir en paz y fidelidad a Dios (1 Ts 4.3-12) y afirma que los creyentes deben estar alertas para el regreso del Señor (1 Ts 4.13—5.11), que vendrá "como ladrón en la noche" (1 Ts 5.2).

Ese importante mensaje apostólico se fundamenta en "la esperanza en nuestro Señor Jesucristo" (1 Ts 1.1). Desde el comienzo mismo de sus cartas apostólicas y educativas a las iglesias neotestamentarias, Pablo relaciona su autoridad ministerial con la revelación de Jesucristo, que afirma el reconocimiento de Jesús como el Mesías y el Cristo de Dios. Esta carta del apóstol, escrita unos 20 años después de la crucifixión de Jesús y resurrección de Cristo, revela cuán temprano en la historia del pensamiento las iglesias y sus líderes estaba el reconocimiento claro y pleno de que Jesús era el Ungido, según las expectativas mesiánicas de la época.

Para algunos estudiosos de la literatura paulina, la introducción a la epístola escrita a la iglesia en Roma contiene una de las afirmaciones cristológicas más antiguas que poseemos. El estudio de esta sección, basada en la estructura y los temas expuestos, revela que la redacción de esta sección de la carta posiblemente incorpora algún himno u oración que previamente utilizaban las iglesias y los creyentes en sus reuniones. Inclusive, se podría pensar que este importante himno que declara que Jesucristo, el Hijo de Dios, es el Señor, pudo haberse utilizado antes de la conversión del apóstol.

Este evangelio habla de su Hijo,
que según la naturaleza humana era descendiente de David,
pero que según el Espíritu de santidad
fue designado con poder Hijo de Dios por la resurrección.
Él es Jesucristo nuestro Señor.

Rom 1.3-4

La declaración teológica es clara en el mensaje a los creyentes que vivían en el corazón del imperio romano, Roma. El evangelio que predicó Jesús de Nazaret, que es una alusión directa a sus enseñanzas y actividades, se fundamenta en la naturaleza especial del Señor como Hijo de Dios que se confirma en la experiencia de la resurrección y que motiva a los creyentes a reconocerlo como Hijo de Dios y Cristo.

La afirmación de que Jesucristo es el Señor es tan importante en Pablo que solo en muy pocas ocasiones se refiere a Jesús sin el distintivo de Cristo o Señor (Rom 3.26; 4.24; 1 Cor 11.23). En su Carta a los romanos, el apóstol indica, al comienzo mismo de su epístola, que él es siervo de Jesucristo, y reitera de forma directa que quien resucitó de entre los muertos es Jesucristo nuestro Señor. Y fundamentado en esas convicciones teológicas, desarrolla sus enseñanzas a la comunidad de fe en Roma.

Ese reconocimiento temprano de que Jesús era el Cristo de Dios es posiblemente la razón por la cual se identificó a los seguidores de su vida y ministerio como "cristianos" (Hch 11.26). La comunidad no creyente, al tratar de describir al nuevo grupo religioso con algún adjetivo efectivo, pensaron que "cristianos" era mejor que, quizá, "jesuístas". El elemento singular del grupo, que acuerdo con esa designación, es que ese grupo reconocía a Jesús como el Cristo de Dios, pues tomaban en consideración las expectativas mesiánicas de la época y la comunidad. Esa misma racionalidad debe haber estado en la mente del historiador romano Tácito, pues en el segundo siglo identificó al grupo como que seguían a alguien llamado *Crestos* (Anales 15.44).

Expectativas mesiánicas en el primer siglo d.C.

Las expresiones hebreas y arameas asociadas al griego *jristos*, transmiten la idea de unciones. En el Antiguo Testamento las unciones estaban reservadas para los profetas (1 R 19.16; Is 61.1), sumos sacerdotes (Lev 4.3,5,16; 6.15) y, especialmente, para los reyes (1 Sam 9.6; 10.1; 16.3,12; 1 R 1.3, 34-39). Y en el singular caso de las unciones de monarcas, estaban prioritariamente asociadas con las ceremonias de consagración de Saúl y David, y también de los reyes que le sucedieron.

La teología bíblica asociada a la "esperanza mesiánica" se relaciona directamente con la dinastía de David. De acuerdo con estas comprensiones de la historia, y también con sus interpretaciones teológicas, la monarquía davídica superará los límites del tiempo, pues uno de sus descendientes heredará la promesa profética al rey David.

Esa singular esperanza en el Mesías o Ungido de Dios se fundamenta en el mensaje del profeta Natán al rey David (2 Sam 7.8-16), que indica al monarca:

"Cuando tu vida llegue a su fin
y vayas a descansar entre tus antepasados,
yo pondré en el trono a uno de tus propios descendientes,
y afirmaré su reino.
Será él quien construya una casa en mi honor,
y yo afirmaré su trono real para siempre.
Yo seré su padre, y él será mi hijo.
Así que, cuando haga lo malo, lo castigaré con varas y azotes,
como lo haría un padre.
Sin embargo, no le negaré mi amor, como se lo negué a Saúl,
a quien abandoné para abrirte paso.
Tu casa y tu reino durarán para siempre delante de mí;
tu trono quedará establecido para siempre".
Natán le comunicó todo esto a David,
tal como lo había recibido por revelación.

2 Samuel 7.12-17

La promesa del profeta a David fue directa y clara. Además, la narración bíblica indica que el fundamento de la palabra profética fue la revelación divina. Y ese mensaje de Natán se convirtió en la base de la esperanza mesiánica del pueblo. Ese futuro descendiente de David, que como monarca oficial de Israel debía ser ungido, se convertirá en el singular Ungido de Dios, que vendría a implantar la voluntad divina en medio de la historia.

La experiencia exílica de Israel en Babilonia fue doble. Por un lado, el destierro produjo crisis y dolor; pero también fue un tiempo de oportunidades, creatividad y esperanza. Durante ese período, tanto en Jerusalén como en Babilonia, las comunidades judías continuaron sus vidas en medio de las nuevas realidades bajo el nuevo imperio. Y los profetas y poetas del pueblo respondieron a las vivencias de esas comunidades (p.ej., Sal 122—127).

La figura del rey de Israel bajo el imperio babilónico perdió sentido de realidad, pues el monarca invasor cobró hegemonía, poder, reconocimiento y autoridad. Nabucodonosor y sus descendientes representaban la ley, el orden, el gobierno y la administración de las realidades políticas, sociales y económicas. En ese período, el rey de Israel dejó de ser una realidad histórica y se convirtió en una esperanza para el futuro indeterminado. De forma gradual, la idea de un monarca histórico en Israel con poder administrativo real, se fue transformando, fundamentado en la profecía de Natán, en un personaje mesiánico e ideal que llegará en un porvenir indeterminado (2 R 25.1-22,23-26,27-30; Jer 39.1-7; 52.3-11).

Al culminar el exilio las realidades políticas, sociales, económicas y religiosas del Oriente Medio cambiaron a raíz de la llegada del imperio persa (2 Cr 36.22-23). Esa nueva autoridad imperial, permitía cierta autonomía en sus colonias, pero era muy firme contra quienes rechazaran su hegemonía o se revelaran contra el extraordinario poder persa.

En ese nuevo contexto ideológico y político, las esperanzas mesiánicas en Israel fueron paulatinamente cambiando. Las expectativas del Mesías venidero fundamentadas en la profecía de Natán fueron moviéndose de los niveles históricos y reales a las expectativas escatológicas e ideales. Se desarrolló un mesianismo teocéntrico, pues la esperanza se fundamentaba en una intervención extraordinaria de Dios.

De manera gradual la teología mesiánica respondió a las nuevas dinámicas políticas y sociales bajo el imperio persa. Los profetas, en efecto, confiaban en la llegada del Mesías de la casa de David, pero relacionaron sus expectativas no solo con las esperanzas teológicas sino con las nuevas realidades y circunstancias que vivía el pueblo bajo la hegemonía del imperio persa. Por ejemplo, el Mesías esperado traerá la paz a las naciones, pero es pobre y humilde (Zac 9); además, se relaciona directamente con la figura del sumo sacerdote (Zac 4.1-4a,10b-14), ya no con la imagen tradicionalmente importante del rey, con sus características políticas, económicas y sociales.

Ese mundo amplio de teologías, escatologías, políticas, prácticas religiosas y expectativas mesiánicas, imperaba en la época de Jesús de Nazaret. El judaísmo del primer siglo después de Cristo estaba inmerso en un mundo de dinámicas complejas que propiciaban el comprender la sociedad y las actividades religiosas a la luz de la milicia, las políticas y la administración del imperio romano. De un lado, estaban los diversos grupos judíos que debían interpretar las tradiciones religiosas a la luz de las nuevas realidades romanas; y del otro, estaba un imperio inmisericorde y agresivo que no permitía la disidencia ni mucho menos la insurrección, y esperaba sumisión política y recibir recursos económicos a través de la presencia militar y la recolección de los impuestos.

De acuerdo con los evangelios canónicos, los grupos judíos se dividieron en sectores religiosos diferentes, cuyos líderes tenían diversas relaciones con las autoridades locales y regionales del imperio. Y Jesús estaba consciente de esas dinámicas políticas y religiosas, tanto en Jerusalén, el centro de la vida judía alrededor del Templo, y en el resto de las comunidades judías, como en la Galilea, donde llevaba a efecto gran parte de su ministerio educativo.

Referente a su comprensión de esas importantes expectativas mesiánicas, según el Evangelio de Mateo, el Señor aludió a esas creencias. Indicó que, en los días finales, o en la escatología, llegarán falsos "cristos", que intentarán engañar "hasta a los escogidos" (Mt 24.23-24), que es una manera de afirmar la esperanza mesiánica a la vez que indica la posibilidad de engaños y confusiones. Y el mensaje de Jesús, que alerta a la comunidad de creyentes referente a los cristos engañadores, es una clara afirmación de que la esperanza mesiánica en el judaísmo del primer siglo estaba viva.

En ese mundo de ideas y contextos teológicos y mesiánicos es que debemos analizar y comprender la importante afirmación evangélica del apóstol Pedro. Cuando Jesús pregunta sobre la percepción que tenía la comunidad en general y sus discípulos en particular referente a su identidad, Pedro respondió con seguridad: "Tú eres el Cristo" (Mc 8.27-30); y en Mateo se añade la expresión, "el Hijo del Dios viviente" (Mt 16.13-20). Lucas, al presentar la narración referente a la identidad de Jesús, responde de una forma bíblica más directa: "Tú eres el Cristo de Dios" (Lc 9.20). En efecto, ya los evangelistas canónicos veían la relación directa entre las enseñanzas y los milagros de Jesús y las esperanzas mesiánicas del pueblo.

El Señor

En el Nuevo Testamento, "Señor" es uno de los términos más utilizados. De tanta importancia es la palabra que a ese componente estadístico (¡unas 719 veces!) debemos añadir que en la gran mayoría de los casos la expresión se relaciona directamente con Jesús de Nazaret. Esa identificación neotestamentaria es un buen indicador de que, luego de la resurrección de Cristo, "Señor" se convirtió en una de las primeras comprensiones teológicas amplias de la vida y las acciones del famoso rabino y predicador de la Galilea.

Esas referencias directas a Jesús como Señor se pueden encontrar, por ejemplo, en dos cartas paulinas tempranas (1 Cor 12.3; Rom 10.9). Esas narraciones apostólicas afirman que la declaración "Jesús es el Señor" es una de las confesiones de fe más antiguas de la incipiente y novel comunidad de seguidores de Jesús. Además, ese reconocimiento claro de que Jesús es el Señor se asocia al extraordinario evento de la resurrección y a la expectativa de su pronto retorno (1 Cor 16.22). La afirmación, también incentiva que los creyentes proclamen que, ante el nombre del Señor, se doble toda rodilla en el cielo, la tierra y debajo de la tierra (Fil 2.10). La finalidad es que toda lengua confiese que Jesucristo es el Señor para la gloria de Dios Padre (Fil 2.11). Y esas percepciones teológicas destacan el elemento extraordinario asociado a Jesús.

Por eso Dios lo exaltó hasta lo sumo
y le otorgó el nombre que está sobre todo nombre,
para que ante el nombre de Jesús se doble toda rodilla
en el cielo y en la tierra y debajo de la tierra,
y toda lengua confiese que Jesucristo es el Señor,
para gloria de Dios Padre.

Filipenses 2.9-11

La gran afirmación teológica, que Jesucristo es el Señor, era una manera de relacionar al Mesías cristiano directamente con Dios. Esa singular exaltación cristológica era muy importante, pues se constituyó en una forma clara y directa de equiparar a Jesús con Dios. Esa confesión de fe se convirtió en un componente importante del culto cristiano primitivo.

Respecto a este tema cristológico es importante entender que desde el siglo segundo a.C. las comunidades judías en la antigua Palestina habían comenzado a relacionar directamente el nombre divino (en hebreo, *YHWH*) con "el Señor" (en arameo, *mare* o *mara*; en hebreo, *adon* o *adonay*; y el griego *kurios*). Esa práctica se asocia a la teología judía tradicional que evita pronunciar el nombre divino, para impedir la posibilidad de mencionarlo en vano.

De singular importancia teológica es descubrir que la palabra *kurios* se utiliza con frecuencia en el Nuevo Testamento griego para referirse directamente a Dios, no solo en las citas directas a porciones de la Biblia hebrea (p.ej., Mt 3.3; 4.7,10; Jn 12.13,38) sino en referencias a su esencia y naturaleza divina (p.ej., Mt 1.20,22,24; 2.13; 15.19; 28.2; Mc 5.19; 13.20; Lc 1.6,9,11,15; 17.25). En efecto, en el Nuevo Testamento Dios es el *kurios*, que ciertamente significa Señor y lo describe de manera especial, digna y única.

Esa misma palabra, *kurios*, que describe a la divinidad de manera inequívoca, también se utiliza para identificar directamente a Jesús. Y se describe al rabino nazareno como *kurios* o Señor, sin inhibición o dificultad. Desde muy temprano en la historia de las iglesias primitivas, los creyentes comenzaron a reconocer a Jesús de Nazaret con el *kurios* o Señor, que era una manera clara de relacionarlo directamente con Dios. Y en esa singular comprensión teológica es determinante señalar que el nombre Jesús alude a la figura histórica, que al entenderlo como *kurios* o Señor comienza a ser objeto de adoración humana y reconocimiento divino (p.ej., 1 Tes 1.10; 2 Cor 4.10,11,14; Gal 3.17; Rom 8.11).

La expresión "Jesucristo es el Señor", de esta forma, se convirtió en el reconocimiento y aprecio de su esencia divina; además, era la afirmación de una confesión de fe que reconoce que Jesús de Nazaret es digno de adoración en los cultos y en las vidas de sus seguidores. Era una manera de ubicar a Jesús en el nivel único de divinidad y eternidad.

Ese aprecio y reconocimiento, sin embargo, no significa que la comunidad cristiana se haya distanciado de la tradición judía monoteísta. En la carta a los Corintios (1 Cor 8.6), el sabio apóstol afirma: "para nosotros no hay más que un solo Dios, el Padre, de quien todo procede y para el cual vivimos; y no hay más que un solo Señor, es decir, Jesucristo, por quien todo existe y por medio del cual vivimos". En la misma enseñanza referente al monoteísmo histórico, también se incluye la declaración de que Jesucristo en el Señor, que nos brinda las pistas necesarias para descubrir y apreciar la singular dimensión divina de Jesús.

Un componente de importancia en nuestro estudio del título Señor aplicado a Jesús de Nazaret se desprende del análisis de los evangelios canónicos. Cuando se alude a Jesús con el apelativo Señor (en griego, *kurie*) en las narraciones evangélicas, se relaciona con el trato de cortesía y respeto que debe darse a un rabino distinguido que tiene autoridad ética, moral y espiritual en la comunidad. Y es de señalar de que ese reconocimiento público hacia Jesús provenía de la comunidad en general, tanto de judíos (Mc 8.2) como de no judíos (Mc 7.28) y adversarios (Jn 3.1-15) como también de sus discípulos y colaboradores más cercanos (Mc 8.25; 14.28,30).

Ese aprecio a las enseñanzas de Jesús, y el reconocimiento público de autoridad asociado a la naturaleza ética, moral y espiritual de sus enseñanzas, prepararon el camino lingüístico y teológico para el viaje del aprecio humano al reconocimiento de su naturaleza divina. El entendimiento de que Jesús es el Señor, en el sentido de respeto ministerial y dignidad profética, preparó el camino para afirmar sin dudas, después de la crucifixión y la resurrección, que Jesucristo es el Señor como el reconocimiento pleno y absoluto del componente divino de su esencia, naturaleza y majestad.

Hijo de Dios

La confesión que Jesús es el Hijo de Dios es una afirmación teológica de gran importancia en el estudio de la cristología. Es una manera directa de reconocer la relación íntima entre Jesús y Dios, además de poner en evidencia que el Señor es el agente divino para implantar la voluntad del Eterno en medio de la historia de la humanidad. Y esta significativa comprensión de la naturaleza de Jesús se revela temprano en la literatura neotestamentaria (Rom 1.4; Hch 13.33).

El apóstol Pablo inicia su carta a los romanos, con una afirmación teológica contundente y firme:

> *Este evangelio habla de su Hijo,*
> *que según la naturaleza humana era descendiente de David,*
> *pero que según el Espíritu de santidad*
> *fue designado con poder Hijo de Dios por la resurrección.*
> *Él es Jesucristo nuestro Señor.*

Rom 1.3-4

De acuerdo con el texto bíblico, la predicación del evangelio presenta las dos naturalezas de Jesús. Desde la perspectiva humana e histórica, Jesús era descendiente de David; pero según el Espíritu de santidad, que puede ser una referencia a la extraordinaria intervención divina que propició su resurrección, fue designado Hijo de Dios. En ese contexto literario y pedagógico se reitera la importante afirmación de que Jesucristo es el Señor. Para el apóstol, hay una relación estrecha entre la resurrección de Cristo, la declaración de Jesús como Hijo de Dios y la afirmación cristológica de que Jesucristo es el Señor.

Respecto al mismo tema, Pablo presenta su mensaje a las comunidades de fe en Antioquía de Pisidia. Y en su discurso, que ciertamente alude a la historia de la salvación del pueblo de Israel, presenta a Jesús como el Salvador a quien Dios levantó de entre los muertos (Hch 13.30). Además, el sabio apóstol afirma que Jesús es el cumplimiento de las promesas divinas hechas a los antepasados de Israel (Hch 13.32-33). Indica también que las buenas nuevas de salvación son el cumplimiento pleno de esas promesas antiguas, pues Dios resucitó a Cristo y, además, lo declaró Hijo de Dios.

En esta ocasión, Pablo fundamenta su teología en el Salterio (Sal 2.7).

> *Nosotros les anunciamos a ustedes las buenas nuevas*
> *respecto a la promesa hecha a nuestros antepasados.*
> *Dios nos la ha cumplido plenamente a nosotros,*
> *los descendientes de ellos, al resucitar a Jesús.*
> *Como está escrito en el segundo salmo:*
> *"Tú eres mi hijo; hoy mismo te he engendrado".*
> *Dios lo resucitó para que no volviera jamás a la corrupción.*

Así se cumplieron estas palabras:
"Yo les daré las bendiciones santas y seguras prometidas a David".
Por eso dice en otro pasaje
"No permitirás que el fin de tu santo sea la corrupción".

Hechos 13.32-34

Una vez más el mensaje paulino revela la relación directa entre la resurrección de Cristo y la importante afirmación de que Jesús es el Hijo de Dios. El corazón del mensaje es que el Dios bíblico cumple sus promesas. En ese entorno pedagógico, el apóstol declara que Jesús es el mejor testimonio de esas declaraciones teológicas, pues es el cumplimiento pleno y directo del mensaje del segundo Salmo con su resurrección. Y como continuación teológica de su discurso, el apóstol Pablo claramente afirma que Dios constituyó a Jesús su Hijo.

Es revelador el uso del título Hijo de Dios en los evangelios canónicos. Esa expresión, y sus equivalentes y derivados (p.ej., Hijo del Altísimo, de Dios Altísimo y del Bendito), no solo aparece en los labios de Jesús, sino que se le incluye en las afirmaciones de diversos personajes y líderes en circunstancias y contextos variados.

De gran importancia son los contextos teológicos de las afirmaciones relacionadas con el Hijo de Dios asociadas a Jesús.

- El ángel que presenta el anuncio del nacimiento lo identifica de esa manera (Lc 1.32)
- La voz del cielo que se escucha en las narraciones del bautismo también lo declara Hijo de Dios (Mc 1.11)
- La revelación divina en el monte de la transfiguración sigue el mismo patrón teológico (Mc 9.7)
- Inclusive, el diablo (Mt 4.3,5; Lc 4.3,9) y los endemoniados lo reconocen claramente como Hijo de Dios (Mc 5.7)
  Personajes específicos también hacen la misma declaración teológica:
- Los discípulos (Mt 14.33)
- Pedro (Mt 16.16)
- Caifás (Mc 14.61; Mt 26.63)
- El centurión romano (Mc 15.39; Mt 27.54)
- Y el grupo infame que lo insultaba en la cruz, también lo reconocía como Hijo de Dios (Mt 27.40,43).

En efecto, ese reconocimiento público de Jesús como Hijo de Dios era también una gran declaración teológica. De esa forma se unen los discursos y las actividades de Jesús con la revelación divina, que era un reconocimiento explícito de su singular naturaleza y su particular relación con el Dios que se reveló a Israel, de acuerdo con las narraciones de la Biblia hebrea.

En su Carta a los gálatas, el apóstol Pablo desarrolla aún más el tema de Jesús como Hijo de Dios. En su argumento afirma que los creyentes se constituyen hijos de Dios mediante la fe en Cristo y por el bautismo. A través de la ceremonia bautismal se superan las diferencias humanas, que incluyen las peculiaridades étnicas, sociales, raciales y de género. La afirmación de pertenecer a Cristo los constituye herederos de la promesa a Abraham.

Todos ustedes son hijos de Dios
mediante la fe en Cristo Jesús,
porque todos los que han sido bautizados en Cristo
se han revestido de Cristo.
Ya no hay judío ni griego, esclavo ni libre, hombre ni mujer,
sino que todos ustedes son uno solo en Cristo Jesús.
Y si ustedes pertenecen a Cristo,
son la descendencia de Abraham
y herederos según la promesa.

Gálatas 2.26-29

Las declaraciones teológicas en torno a Jesús como Hijo de Dios llegan a un punto culminante en el Evangelio de Juan. Para afirmar la naturaleza extraordinaria del amor de Dios, el evangelista afirma lo siguiente:

Como levantó Moisés la serpiente en el desierto,
así también tiene que ser levantado el Hijo del hombre,
para que todo el que crea en él tenga vida eterna.
Porque tanto amó Dios al mundo,
que dio a su Hijo unigénito,
para que todo el que cree en él no se pierda,
sino que tenga vida eterna.
Dios no envió a su Hijo al mundo para condenar al mundo,
sino para salvarlo por medio de él.

Juan 3.14-17

En este mensaje, el evangelista relaciona los títulos Hijo de Dios e Hijo del hombre y declara que el amor divino es de tal magnitud que ha enviado a su Hijo unigénito para salvar a la humanidad. Además, se afirma el propósito teológico de la misión de Jesús: salvar a las personas que creen para que no se pierdan pero que reciban la vida eterna. La finalidad de la revelación divina en Jesús como Hijo de Dios es la salvación.

Esa comprensión teológica de Jesús como Hijo de Dios se muestra nuevamente y con mucha fuerza al final de ese singular evangelio (Jn 20.31). De acuerdo con el evangelista, el propósito de su mensaje es que la comunidad en general crea que Jesús es el Cristo, el Hijo de Dios. La declaración de fe clara y directa es que Jesús es el Cristo y el Hijo de Dios, que son ideas que afirman y recuerdan los temas del cumplimiento de las antiguas profecías mesiánicas y destacan la singular relación paterno-filial de Dios y Jesús.

Hijo del hombre

La expresión que tradicionalmente se ha traducido en las Biblias castellanas como "hijo de hombre", proviene del arameo (*bar nashá* o *bar enasá*) cuyo sentido literal debe ser "hombre, persona, individuo o ser humano". Una de las narraciones bíblicas que refleja ese posible sentido original de la frase se ubica en boca de Pilatos, cuando presenta a Jesús para ser crucificado (Jn 19.5). Una vez lo exhibe, dice "¡Aquí tienen al hombre!", en el sentido directo de persona común o individuo.

En efecto, esta expresión "hijo de hombre" es una especie de sustituto del pronombre personal "yo", pues se utilizaba en arameo como una alternativa para la identificación propia, por razones de modestia o alguna reserva. La frase bíblica es una manera genérica de referirse a la "persona", en el sentido de un individuo de la especie humana. Puede utilizarse no solo en sustitución de un "yo", sino como una referencia al "usted o tú". De acuerdo con las narraciones en los cuatro evangelios canónicos, Jesús utilizó la expresión de forma reiterada para referirse a sí mismo.

Para algunos estudiosos esa referencia continúa a la designación "hijo de hombre" para autoidentificarse, revela que era una forma preferida de Jesús para presentarse a la comunidad. Únicamente en los evangelios sinópticos la utiliza en sesenta y nueve ocasiones. Era una manifestación adicional de su sencillez y humildad. Jesús era "hijo de hombre"; es decir, un ser humano. Otros analistas relacionan la expresión con el libro de Daniel y descubren percepciones apocalípticas y escatológicas en la expresión que no debemos subestimar ni ignorar.

La importante promesa divina que se incluye en el capítulo 7 de Daniel afirma que al final de los tiempos vendrá un representante de Dios, con aspecto humano (en arameo, como "hijo de hombre"), para establecer el Reino de Dios en medio de la historia. En ese singular contexto teológico y escatológico del libro de Daniel, la figura no alude a alguna persona genérica o común, sino que identifica a alguien específico, un singular agente divino, que llega a la tierra de entre las nubes del cielo, que es una expresión que apunta a una figura especial con una determinada encomienda divina. Y ese mensaje se convirtió en fundamento teológico para el desarrollo de la apocalíptica judía.

Una vez los cristianos y las iglesias se percatan y afirman la resurrección de Cristo, comienzan a revisar los títulos que pueden describir adecuadamente su naturaleza y sus acciones en el ministerio. Además, esas incipientes comunidades de fe trataban de comprender las implicaciones futuras de los mensajes y las actividades de Jesús. En el libro de los Hechos de los apóstoles se afirma que "Dios lo resucitó, librándolo de las angustias de la muerte, porque era imposible que la muerte lo mantuviera bajo su dominio" (Hch 2.24). En efecto, la intervención divina finalizó el poder de la muerte sobre el cuerpo de Jesús, pues Dios mismo lo resucitó.

Esa firme convicción apostólica, de que la muerte no tenía poder ni autoridad sobre Jesucristo, preparó el camino para relacionar la expresión general de "hijo de hombre" con la esperanza del retorno de esa figura escatológica de Daniel a la tierra, conocida como el "Hijo del hombre". De esa forma la expresión se convirtió en un muy importante título escatológico, pues se entendía que Jesucristo era ese singular Hijo del hombre, anunciado en el libro de Daniel, que era el enviado de Dios que llegaba a la tierra a traducir la voluntad divina en categorías concretas y específicas, la inauguración del Reino de los cielos en la tierra.

Esa singular teología apocalíptica llega a un punto culminante en los Evangelios de Mateo y Lucas (Mt 24; Lc 17.20-37). En el contexto amplio del discurso de las señales antes del fin, Jesús declara: "Porque, así como el relámpago que sale del oriente se ve hasta en el occidente, así será la venida del Hijo del hombre" (Mt 24.27; véase también Mc 13.26; Lc 17.24). Para los evangelistas, Jesús era ese Hijo del hombre que regresaría a la tierra de forma singular y extraordinaria. En ese contexto, la expresión ya no alude a una persona común sino al enviado divino que tendría la misión de traer paz a la tierra. La antigua teología que se incluye en el libro de Daniel se hace realidad en la figura de Jesús de Nazaret, que era reconocido como el cumplimiento de los antiguos anuncios mesiánicos, sino de la profecía de Daniel.

El diálogo de Jesús y el sumo sacerdote, en el contexto del juicio previo a su crucifixión (Mc 16.61-62), es muy revelador en torno a los títulos cristológicos en general al del Hijo del hombre en particular.

Poniéndose de pie en el medio,
el sumo sacerdote interrogó a Jesús:
—¿No tienes nada que contestar?
¿Qué significan estas denuncias en tu contra?
Pero Jesús se quedó callado y no contestó nada.
—¿Eres el Cristo, el Hijo del Bendito?
—le preguntó de nuevo el sumo sacerdote.
—Sí, yo soy —dijo Jesús—.
Y ustedes verán al Hijo del hombre
sentado a la derecha del Todopoderoso,
y viniendo en las nubes del cielo.

Marcos 14.60-62

Este es un diálogo de gran valor teológico. Se lleva a efecto previo a la muerte de Jesús y el encuentro es entre las autoridades religiosas, representadas en el sumo sacerdote, y Jesús. El interrogatorio era intenso, pues se acusaba al Señor de blasfemia. El líder judío indicó a Jesús que respondiera a las serias acusaciones que tenía en su contra, pero el rabino nazareno no respondió. Entonces, en ese ambiente de alta tensión y legalidad, el representante del Templo y las tradiciones judías aludió los títulos mesiánicos tradicionales. Preguntó directamente a Jesús si era el Cristo o el Hijo del Bendito. Y la respuesta del Señor fue firme, clara y directa, según el Evangelio de Marcos: "Sí, yo soy".

La respuesta de Jesús es reveladora e importante. En primer lugar, aceptó directamente los títulos cristológicos. Además, añadió un componente escatológico singular: afirmó que verían al Hijo del hombre "sentado a la derecha del Todopoderoso y viniendo en las nubes", en una alusión clara a la profecía de Daniel. Y la referencia a estar "a la derecha de Dios" es una imagen de cercanía divina, autoridad y poder.

En ese momento crucial del juicio, según las narraciones del Evangelio de Marcos, Jesús no solo acepta que es el Mesías esperado por los judíos, identificado como el Cristo e Hijo del Bendito, en referencia a Dios, sino que afirma que regresará en las nubes, que es una imagen de la revelación divina, pues estaba sentado a la derecha del Todopoderoso, que destaca que su autoridad proviene directamente de Dios.

Es importante notar en esta narración de Marcos, que se incluyen tres formas de identificar a Jesús, pues es el Cristo, el Hijo del Bendito o de Dios, y el Hijo del hombre. En una sola narración, en una sola oración se incluyen tres títulos cristológicos de gran importancia teológica, para afirmar que Dios mismo seleccionó a Jesús para implantar la voluntad divina en medio de la humanidad. En palabras de los evangelistas canónicos, la vida y el mensaje de Jesús de Nazaret era la predicación y enseñanza de la llegada del Reino de Dios o de los cielos en la tierra.

Al estudiar el titulo Hijo del hombre en Jesús, descubrimos que también lo utiliza cuando predice su arresto, muerte y resurrección. En Marcos (8.31), en el contexto del anuncio de la pasión y la negación de Pedro, Jesús indica que es necesario que el Hijo del hombre sufra, sea rechazado por los ancianos y las autoridades religiosas, sea asesinado para, finalmente, resucitar al tercer día.

En ocasiones, Jesús se identifica como Hijo del hombre cuando lleva a efecto alguna señal milagrosa (Mc 2.1-12). Para Jesús de Nazaret, de acuerdo con las narraciones evangélicas, su identidad como Hijo del hombre transmitía sentidos milagrosos, no solo en referencia a su resurrección sino en relación con otras señales y prodigios que llevó a efecto.

Hijo de David

El título Hijo de David (en griego, *huios Dauid*) es una referencia directa a Jesús como el Mesías que proviene de la casa del rey David. Y se relaciona directamente a la promesa que hizo el profeta Natán al famoso rey de Israel (2 Sam 7). La importante promesa profética fue en torno a su reinado, pues no tendría fin y proseguiría en la vida y las acciones de sus descendientes. De esa importante profecía, en las comunidades judías antiguas, surge la esperanza mesiánica en un monarca de esa dinastía que llegaría al mundo para establecer un reino eterno e implantar la voluntad divina en la tierra.

En los libros de Samuel se incluyen varios poemas que presentan la figura de David idealizada. Identifican características singulares del famoso monarca, que preparan su nombre para identificar al futuro Mesías. Se trata de tres cánticos de Samuel (1 Sam 2.1-10; 2 Sam 22.1-51; 23.1-7) que revelan varias percepciones de David que destacan elementos de calidad ética, moral y espiritual: David es el rey escogido por Dios, además de ser piadoso, guerrero y justo. Es una especie de idealización del David histórico, que destaca los elementos positivos de su vida y sus actividades.

Las expectativas mesiánicas referentes a David prosiguen y se desarrollan aún más en la literatura profética. En las profecías pre-exílicas (Is 9.6-7; 11.1-9; Os 3.5; Am 9.11), el futuro rey de la dinastía de David era fuente de esperanza, pues el pueblo anhelaba la reunificación de la monarquía dividida en los reinos de Judá e Israel.

En los mensajes postexílicos, el futuro rey mesiánico también era fuente de esperanza, pues el pueblo esperaba el fin del destierro y el regreso a Jerusalén. Un elemento en común en todas esas profecías es la realidad histórica de dificultades políticas, sociales y espirituales del pueblo, además de tener reyes y líderes corruptos. En medio de esas realidades, la llegada del Mesías de la casa de David era fuente de esperanza, pues era una vuelta al período ideal de un reino próspero, triunfante y respetado por sus vecinos en la región.

El ambiente político, social, económico y espiritual en la Palestina del primer siglo d.C. era ideal para el florecimiento de las expectativas mesiánicas relacionadas con la casa de David. Con un imperio romano fuerte y agresivo, una administración local inmisericorde por Herodes, y un ambiente religioso legalista e impertinente, florecieron en el pueblo las antiguas esperanzas mesiánicas respecto al Hijo de David.

Respecto al título mesiánico, es de señalar, que esa identificación subraya el elemento político de la cristología asociada a la vida y el ministerio de Jesús de Nazaret. El Hijo de David esperado debía restaurar la independencia de Israel de las autoridades no judías y de los imperios foráneos. Ese fue el mundo al cual llegó Jesús y esas fueron las dinámicas sociopolíticas, económicas y religiosas que vivió. Un Israel cautivo necesitaba un David liberador que implantara la voluntad divina en las esferas humanas.

Las referencias a Jesús como Hijo de David se incluyen solo en dos ocasiones en el Evangelio de Marcos (Mc 10.46-52; 12.33-35). Sin embargo, es de señalar, que la percepción de que Jesús es el Mesías de la casa de David está presente en todo el evangelio, tanto en la primera sección del libro (Mc 1.16—8.21) como en la segunda (Mc 8.22-10.22).

La sección inicial de Marcos destaca la autoridad y el poder de Jesús sobre los poderes demoníacos y sobre la esclavitud satánica (Mc 3.20-30). Esas virtudes del Rabino galileo se fundamentan en su identificación con el rey David (Mc 2.23-28). Y esa auto-identificación con el famoso rey judío inclusive se supera, pues Jesús tiene más autoridad que David y, sobre todo, es el Señor.

Posteriormente en el Evangelio (Mc 8.22—10.52), se indica que Jesús, camino a Jerusalén, tiene la capacidad y la voluntad de sanar a los espiritualmente ciegos, que son incapaces de comprender la naturaleza y extensión del discipulado y las enseñanzas del Reino. Esa narración se incluye entre dos curaciones de ciegos (Mc 8.22-26; 10.46-52), y es el contexto para identificar directamente a Jesús de Nazaret como el Hijo de David (Mc 10.47-48).

En la sección final de Marcos (Mc 11.1—16.8), que es el más antiguo de los evangelios canónicos, Jesús llega a la antigua ciudad de Jerusalén con la autoridad de un rey. Y mientras entraba triunfalmente a la ciudad, el pueblo lo aclamaba y exclamaba:

Tanto los que iban delante como los que iban detrás, gritaban:
—¡Hosanna!— ¡Bendito el que viene en el nombre del Señor!
—¡Bendito el reino venidero de nuestro padre David!
—¡Hosanna en las alturas!

Marcos 11.9-10

En medio de esa narración de triunfo y declaraciones teológicas, que estaban llenas de simbologías, Jesús es reconocido como el que viene en el nombre de Dios y que representa el reino de David, al cual reconocen como padre. En el contexto de un evento singular, en el cual Jesús entra a la ciudad con una serie de acciones proféticas, el evangelista asocia la figura de Jesús con las expectativas mesiánicas del pueblo. Esas esperanzas en torno a la llegada del Hijo de David eran determinantes para culminar la presencia opresora del imperio romano en la ciudad de Jerusalén y para finalizar la administración romana sobre las comunidades judías en la región.

Luego de la llamada "Entrada triunfal" de Jesús a Jerusalén, las referencias a Jesús como el Hijo de David se relacionan directamente con tres salmos. El Salmo 118 se cumple claramente en su llegada a Jerusalén, pues llegó como rey davídico y comienza el peregrinar hacia el sufrimiento y la pasión. En referencia al Salmo 110.1, Jesús explora el tema de que el Cristo es Hijo de David, pero que, además, el monarca lo llama Señor (Mc 12.35-37). De esa forma se indica que Jesús es Hijo de David desde la perspectiva genealógica pero que, desde la dimensión teológica, es Señor del famoso monarca israelita. Parte de los sufrimientos de Jesús en la cruz se asocian al Salmo 22, donde su presenta a una persona de la casa de David en medio de sufrimientos.

El Evangelio de Lucas sigue el patrón teológico y narrativo de Marcos en referencia a las afirmaciones de que Jesús era el Hijo de David. Sin embargo, esa comprensión mesiánica amplia del título cristológico y la figura de Jesús se pone en evidencia clara desde las narraciones del nacimiento. En ese contexto inicial del Evangelio, donde se quiere destacar que quien había nacido era una persona especial, se indica que Jesús es el hijo de José, que ciertamente era parte de la casa de David (Lv 1.27). Esa asociación con David se reitera en la presentación de la genealogía de Jesús en Lucas, donde se indica que era, de acuerdo con las comprensiones naturales de las personas, hijo de José, que también era hijo de David, hijo de Adán e hijo de Dios (Lc 3.23-38).

Esas afirmaciones de Jesús como Hijo de David también se presentan en el Evangelio de Mateo, que es el que más utiliza este título cristológico. Y esas declaraciones teológicas comienzan en las narraciones del nacimiento, por ejemplo, en la genealogía (Mt 1.1) y prosiguen hasta en varios importantes relatos de sanidades. Para el evangelista, el Jesús sanador fundamentaba sus milagros en el cumplimiento de las profecías de la Biblia hebrea, particularmente en los oráculos del profeta Isaías (Is 35.5-6; 42,1-4; 53.4; 61.1).

Sumo Sacerdote

Los sacerdotes en la historia del pueblo de Israel han jugado un papel protagónico. Sus funciones básicas consistían en dar culto a Dios a través de los sacrificios en el Templo e impartir a la comunidad en general las enseñanzas necesarias para cumplir con la Ley de Moisés y las tradiciones judías. El corazón de sus responsabilidades se relacionaba con las actividades cúlticas y educativas, que estaban íntimamente relacionadas con los sistemas sacrificiales, las percepciones religiosas de la vida y las diversas prácticas de la espiritualidad.

Las primeras narraciones de la Biblia hebrea parecen indicar que los israelitas no poseían un sistema sacerdotal oficialmente organizado o institucionalizado. La gente podía ofrecer sacrificios a Dios, aunque generalmente el acto era dirigido por el líder de la familia, el clan, la tribu o la nación (Gn 12.7; 13.18; Jue 6.19; 13.19; 1 Sam 7.1-9; 2 Sam 8.18; 20.26; 1 Rey 12.31). Sin embargo, con el paso del tiempo las funciones sacerdotales adquirieron estructura y se identificaron con familias específicas que ejercían esas importantes funciones religiosas en el pueblo. Varias porciones bíblicas identifican algunas de estas familias sacerdotales, que entendían ese ministerio desde una perspectiva hereditaria (Jue 18.30; 1 Sa, 22.11; 18.20-23).

Una de esas familias fue la de Sadoc, que ejerció labores sacerdotales en el Templo de Jerusalén por siglos. De los documentos bíblicos no se desprende que los sadoquitas fueran parte de la tribu de Leví, pero ejercían esas responsabilidades sacerdotales sin dificultad ni oposición. Con el tiempo, sin embargo, los grupos levitas fueron adquiriendo las responsabilidades sacerdotales hasta convertirse en la tribu que dominaba las dinámicas cúlticas y sacrificiales asociadas al Templo de Jerusalén (Dt 23.8-11; Jue 17.13).

Para la consagración de los sacerdotes no tenemos documentos bíblicos que nos permitan identificar ceremonias o procesos de consagración. Solo sabemos que los sacerdotes eran reconocidos en sus labores cuando comenzaban a ejercer sus funciones y responsabilidades cúlticas (Jue 17.5-13). Posteriormente, cuando se seleccionaba a un sacerdote, los textos bíblicos indican que se "consagraba" a una persona (1 Sam 7.1) para que llevara a efecto las responsabilidades cúlticas, pues debían "ser santos" (Lev 21.6). En relación con los sacerdotes, los temas de la consagración y la santidad constituyen elementos teológicos, espirituales y sociales de importancia capital.

El caso de los sumos sacerdotes era diferente, en términos de los protocolos de ordenación y las ceremonias de consagración. De acuerdo con las narraciones bíblicas, el sumo sacerdote debía participar de un acto especial de investidura. Se trataba de un evento público de consagración que constaba de tres partes básicas y fundamentales: en primer lugar, participaban de un proceso de purificación física; luego venía la investidura oficial con su ceremonia; y finalmente se procedía con la unción de la persona (Ex 29.4-7; Lev 8.6-8). En efecto, el programa incluía componentes de limpieza física, vestiduras que representan simbólicamente la dignidad del oficio, para finalmente llegar a la unción del sacerdote, que directamente alude a la presencia y la aprobación divina.

Cuando evaluamos la vida y las responsabilidades del sumo sacerdote desde la perspectiva religiosa, descubrimos que es la figura de más importancia en la vida del pueblo de Israel. Y con el tiempo, especialmente cuando la monarquía sucumbió ante el imperio babilónico, los sumos sacerdotes adquirieron de forma paulatina un muy importante reconocimiento, aprecio y poder político.

En el primer siglo d.C., en la época de la vida y ministerio de Jesús de Nazaret, el sumo sacerdote gozaba de un prestigio extraordinario en las comunidades judías; además, era visto por el imperio romano como la voz representativa del pueblo. El sumo sacerdote era el interlocutor entre el imperio colonizador, Roma, y las comunidades colonizadas en la Palestina antigua.

Por siglos, los judíos recibieron la ministración a través de sacrificios y enseñanzas en el Templo de Jerusalén por sumos sacerdotes, que también cumplían responsabilidades políticas. Esas dinámicas cambiaron radicalmente en la época de Herodes, pues como rey absoluto y también representante de Roma tomó todo el poder político. Y en ese contexto, despojó al sumo sacerdote de esa autoridad política y social, respaldado por la inmisericorde infraestructura militar romana.

En medio de esos cambios, el rey Herodes eliminó el componente político y disminuyó el poder de los sumos sacerdotes al tener la capacidad y potestad de destituirlos y eliminar el importante componente hereditario y de sucesión. Al introducir esos cambios, el sumo sacerdote judío quedó directamente bajo el poder del rey Herodes que, a su vez, respondía fielmente a las autoridades romanas de la región. De esa forma las labores del sumo sacerdote quedaron confinadas a la esfera cúltica; en las dinámicas políticas, estaba sujeto a la autoridad superior de Herodes.

Con el nacimiento de la iglesia cristiana, luego de la resurrección de Cristo, la nueva comunidad de creyentes en Jesús eliminó los sacrificios y transformó su comprensión del sacerdocio. Los nuevos grupos de seguidores del famoso rabino galileo entendieron que el mayor de los sacrificios fue el de Cristo en la cruz. Y fundamentados en esa nueva teología del culto, los sacrificios y el Templo, los nuevos creyentes afirmaron que el verdadero Sumo Sacerdote era Jesucristo, pues había sido ordenado según el orden de Melquisedec (Heb 5.6).

Es la Epístola a los hebreos la que explora con profundidad el tema del Sumo Sacerdocio de Jesucristo. De singular importancia en la presentación del tema es que, para destacar la singularidad de Jesús, en la Epístola se unen varios títulos cristológicos: Hijo de Dios, Cristo y Sumo Sacerdote. De esa manera se destacan los nuevos elementos teológicos en la tradicional figura del líder sacerdotal de los judíos.

Por lo tanto, ya que en Jesús, el Hijo de Dios,
tenemos un gran sumo sacerdote que ha atravesado los cielos,
aferrémonos a la fe que profesamos.
Porque no tenemos un sumo sacerdote
incapaz de compadecerse de nuestras debilidades,
sino uno que ha sido tentado en todo
de la misma manera que nosotros, aunque sin pecado.
Así que acerquémonos confiadamente al trono de la gracia
para recibir misericordia y hallar la gracia
que nos ayude en el momento que más la necesitemos.

Hebreos 4.14-16

Nadie ocupa ese cargo por iniciativa propia;
más bien, lo ocupa el que es llamado por Dios,
como sucedió con Aarón.
Tampoco Cristo se glorificó a sí mismo
haciéndose sumo sacerdote,
sino que Dios le dijo: «Tú eres mi hijo;
hoy mismo te he engendrado».
Y en otro pasaje dice:
«Tú eres sacerdote para siempre,
según el orden de Melquisedec».

Hebreo 5.4-6

De acuerdo con la lectura y el análisis de la Epístola, Jesús es el Hijo de Dios y el Sumo Sacerdote por excelencia, pues tiene la capacidad y el deseo de compadecerse de las debilidades humanas. La afirmación teológica destaca la misericordia divina manifestada en las acciones de Jesús. Además, según esta singular enseñanza, Jesús como Sumo Sacerdote revela su gracia en el momento de necesidad óptima de los creyentes y las iglesias. La teología de Jesucristo como Sumo Sacerdote se articula como contextual y pertinente, pues responde de forma concreta a las realidades humanas.

El componente teológico en torno a Jesús como Sumo Sacerdote se afirma en la Epístola de manera firme y contundente: Cristo fue seleccionado por Dios para ejercer tan importante oficio eterno. ¡Nadie se hace sumo sacerdote por cuenta propia! ¡Dios es quien llama y comisiona al sumo sacerdote para ejercer ese tan importante oficio nacional! Y ese proceso de selección divina proviene desde los tiempos de Aarón.

La ceremonia de ordenación de Jesucristo como Sumo Sacerdote se asocia directamente a una figura antigua y especial que representa la implantación de la voluntad divina en medio de la historia, desde los tiempos de los patriarcas y matriarcas de Israel (Gen 14.17-20): Jesucristo es el Sumo Sacerdote eterno según el orden de Melquisedec.

En torno a Melquisedec la Biblia no brinda detalles abundantes. Su nombre transmite la idea de que se trata de un monarca que imparte justicia. Era rey de la ciudad cananea de Salem, que muchos estudiosos asocian con Jerusalén. A este rey, del cual tenemos poca información genealógica e histórica, Abraham entregó sus diezmos y recibió la bendición (Heb 7.1-3). Para la Epístola a los hebreos, ese particular antiguo "rey de Salem" y "rey de justicia" era una figura de Cristo, que permanece sacerdote para siempre. Y con esa comprensión teológica, Jesucristo es declarado por la voluntad divina el Sumo Sacerdote eterno, pues provenir de la antigua e importante tradición y del orden de Melquisedec.

Los sacrificios que ofrecían los antiguos sumos sacerdotes eran muchos, repetidos e ineficaces. Sin embargo, de acuerdo con la teología cristiana, el sacrificio de Jesucristo como Sumo Sacerdote fue uno, eficaz y eterno. Ese especial sacrificio produjo la salvación y redención que supera los linderos del tiempo (Heb 9.12; 10.12), pues el Señor entró de una vez y por todas al Lugar Santísimo y derramó su sangre para el perdón de los pecados de la humanidad. Lo que la sangre de los machos cabríos y los becerros no pudieron hacer, lo llevó a efecto por medio del Espíritu, el sacrificio de Jesús, descrito en la Epístola como la sangre de Cristo derramada en la cruz (Heb 9.14).

De acuerdo con la Epístola a los hebreos, mediante el sacrificio de Jesucristo, el verdadero y eficaz Sumo Sacerdote, se purifican las conciencias humanas que llevan a la muerte, pues la finalidad es servir al Dios viviente (Heb 9.14). El Sumo Sacerdote de Dios, según el orden de Melquisedec, trae salvación a la humanidad pues cumple con la voluntad divina de liberarnos de las ataduras que el antiguo pacto no podía superar. La gran afirmación teológica de Jesucristo como Sumo Sacerdote indica:

> *Por eso Cristo es mediador de un nuevo pacto,*
> *para que los llamados reciban la herencia eterna prometida,*
> *ahora que él ha muerto para liberarlos de los pecados*
> *cometidos bajo el primer pacto.*

Hebreos 9.15

El Segundo Adán

La afirmación de Jesús como el Segundo Adán pone de manifiesto otro indispensable e importante componente de la cristología. De acuerdo con las enseñanzas de Pablo a la iglesia en Corinto (1 Cor 15.1-58), en el contexto de la afirmación de la resurrección de Cristo y la posterior resurrección de los creyentes, el sabio apóstol afirma que, como en Adán la humanidad sucumbió ante las tentaciones de la desobediencia, en Cristo recupera la esperanza de vida. En Adán la humanidad muere irremisiblemente, pero en Cristo esa misma humanidad tiene el potencial de vida, pues con su resurrección el Señor se convirtió en la destrucción o "la muerte de la muerte" (1 Cor 15.26).

El uso de las imágenes y el tema de la desobediencia de Adán y Eva es muy importante en la teología bíblica. Desde el análisis mismo del nombre (p.ej., en hebreo *adam*, es decir, que proviene de la tierra), se enfatiza el elemento humano, el componente terrenal del famoso personaje bíblico. Ese primer Adán necesitó el aliento de vida de parte de Dios para vivir (Gen 1.26); posteriormente en los relatos de la creación, llega Eva (Gen 2.18-25), como "ayuda adecuada o idónea", que es una especie de complemento necesario para poder cumplir con las encomiendas divinas.

Las muy importantes narraciones del libro de Génesis afirman que Dios puso a esa primera pareja en el paraíso para ser los señores de todo lo creado. Además, el mismo Dios preparó el camino para que pudieran responder con obediencia y responsabilidad ante las tentaciones y adversidades de la vida. Lamentablemente, de acuerdo con el testimonio bíblico, Adán y Eva no estuvieron a la altura de los reclamos divinos de obediencia y tuvieron que pagar las consecuencias de sus decisiones y actos (Gen 3). Las narraciones del

Pentateuco (Gen 1—3) afirman que ese acto de desobediencia inicial es el responsable de la pecaminosidad humana que trajo destrucción, caos, infidelidad y muerte al mundo.

El Primer Adán representa, desde esta perspectiva bíblica, la desorientación, muerte y destrucción de la humanidad. En el Adán original, los hombres y las mujeres heredaron el potencial de la desobediencia y la naturaleza pecaminosa. Y cuando las personas sucumben ante las tentaciones de la desobediencia a la voluntad de Dios, perecen. En efecto, la muerte es el resultado del rechazo a las directrices divinas. Esa muerte se asocia, en las narraciones del libro de Génesis, con las decisiones impropias y desobedientes de la primera pareja, Adán y Eva.

Las comunidades cristianas respondieron a esa comprensión teológica con una afirmación de fe extraordinaria: Jesús es el Segundo Adán, pues revierte esas dinámicas de muerte en el mundo. El Señor representa la vida, la vida abundante, la esperanza y la liberación plena del cautiverio de la muerte. El Primer Adán simboliza la muerte; Jesús, como Segundo Adán, representa la vida.

Referente a este tema, las enseñanzas del apóstol Pablo a los creyentes en Roma son muy importantes.

> *Pues si por la transgresión de un solo hombre reinó la muerte,*
> *con mayor razón los que reciben en abundancia*
> *la gracia y el don de la justicia*
> *reinarán en vida por medio de un solo hombre, Jesucristo.*
> *Por tanto, así como una sola transgresión*
> *causó la condenación de todos,*
> *también un solo acto de justicia*
> *produjo la justificación que da vida a todos.*
> *Porque, así como por la desobediencia de uno solo*
> *muchos fueron constituidos pecadores,*
> *también por la obediencia de uno solo*
> *muchos serán constituidos justos.*

Romanos 5.17-19

Como la humanidad toda es descendiente de Adán (Hch 17.26), sufre las consecuencias de ese pecado inicial de desobediencia. Y Pablo, para responder a esa naturaleza humana y pecaminosa, presenta un contraste serio entre Adán y Cristo (Rom 5.12-21). El apóstol afirma que, de la misma manera que el pecado entró a la humanidad a través de una persona –y que ese pecado adámico genera la muerte–, a través de Jesucristo se manifiesta la gracia y el don divino de la justificación.

De acuerdo con la teología paulina, las claras demostraciones de gracia y misericordia divinas a través de Jesucristo son las que producen vida para la humanidad. Es decir, el Primer Adán es símbolo de muerte y el Segundo Adán, signo de vida. La desobediencia del Primer Adán generó la destrucción y la obediencia al Segundo Adán, gracia, justificación y vida abundante.

Esa contraposición entre el Primer y el Segundo Adán se pone claramente de manifiesto en el Evangelio de Lucas. En medio de las tentaciones del desierto, de acuerdo con el evangelista, Jesús no sucumbió ante las artimañas de Satán, como Adán en el Paraíso, pero mantuvo su obediencia y fidelidad a la palabra de Dios (Lc 3.38). La obediencia a la palabra de Dios fue el elemento fundamental para vencer la tentación.

El Verbo o la Palabra

Una de las afirmaciones cristológicas más apreciadas y utilizadas por los creyentes y las iglesias a través de la historia es que Jesús es el Verbo o la Palabra de Dios (Jn 1.1; 1 Jn 1.1; Ap 19.13). Para algunos estudiosos, esta declaración constituye una de las expresiones fundamentales que describe y afirma la naturaleza mesiánica de Jesús; además, el título pone de relieve la profundidad y extensión de la cristología. El *logos* se hizo persona, es una manera poética de afirmar que el Dios eterno se hacía historia en la vida de Jesucristo.

Al estudiar la expresión del Verbo o Palabra (en griego, *logos*) en relación con Jesús, de singular importancia es descubrir que, aunque es un título cristológico muy popular y apreciado, solo aparece en la literatura joanina del Nuevo Testamento, y dentro de esa tradición literaria, no se utiliza con mucha frecuencia. Sin embargo, el lugar donde se ubica en el Evangelio de Juan, junto a sus referencias a Dios, pone de manifiesto su importancia teológica: el término presenta la relación que existe entre la revelación divina y la vida y las acciones de Jesús. Inclusive, la expresión transmite un elemento de eternidad que no puede ignorarse, pues añade un componente singular de permanencia al título que supera las limitaciones del tiempo.

El evangelista Juan no comienza su escrito en Belén, como es el caso de Mateo y Lucas (Mt 1.1—2.23; Lc 1.1—52), ni Juan el Bautista constituye el elemento inicial y primordial, como se presenta en Marcos (Mc 1.1-8). Para Juan, el Verbo de Dios (que es la Palabra, el *logos*) estaba en el principio con Dios. Y esa percepción, de que Jesús está acompañado continuamente por Dios, es la que se presupone en todo en Evangelio. Esa continuidad entre Dios y el

Verbo se destaca en las señales milagrosas y, especialmente, en la presentación de los grandes "Yo soy".

Las auto-identificaciones de Jesús en el Evangelio de Juan como el "Yo soy" se fundamentan en la revelación de Dios a Moisés en el desierto del Sinaí (Ex 3.1-14). En la narración de esa extraordinaria teofanía en el libro de Éxodo, se introduce el nombre divino "Yo soy el que soy" (Ex 3.14). Ese singular nombre revela la naturaleza única e irrepetible del Dios bíblico. Fundamentado en esa intervención liberadora del Señor para sacar al pueblo de Israel de Egipto, Juan presenta a Jesús con siete grandes "Yo soy" (p.ej., Jn 8.12; 9.5; 10.7,9; 10.11.14-15; 11.25; 14.6; 15,1,5), que destacan no solo un muy importante elemento de preexistencia y eternidad, sino que afirma la amplitud de la revelación divina en Jesús. En efecto, el Cristo de Juan rompe los linderos del tiempo y se revela con una relación única, íntima y especial con Dios.

Al analizar el título cristológico, no podemos ignorar el trasfondo helenista del término *logos*. El término era importante en la filosofía griega, pues se concebía como una especie de palabra o ley suprema, que tenía la responsabilidad y autoridad de regir al universo, pero que también se manifestaba en la razón e inteligencia humana. En el judaísmo, sin embargo, el *logos* se relaciona principalmente con la palabra divina, desde las primeras revelaciones en el libro de Génesis (Gen 1.1), y con la comunicación de la voluntad de Dios.

Con esos trasfondos griegos y judíos, Juan relaciona el término con las enseñanzas y señales milagrosas de Jesús. Para el evangelista, Jesús era el *logos*, que se ha traducido como Verbo o Palabra, porque transmitía la palabra y la voluntad divina, que no solo afectaba a las personas sino a la humanidad en pleno y hasta el universo.

En la literatura joanina, el *logos* es personificado y se manifiesta en la vida y las acciones de Jesús el Cristo. Ese logos es el portador de la revelación de Dios que trae la salvación a la humanidad.

Otras designaciones mesiánicas

Además de los títulos mesiánicos que describen directamente las actividades extraordinarias de Jesucristo, el Nuevo Testamento incluye una serie amplia de designaciones que expanden el horizonte hermenéutico de su ministerio. Se trata de nombres y adjetivos que afirman algún componente teológico singular de su tarea educativa o misionera. Los escritores neotestamentarios presentaban sus comprensiones del ministerio de Jesús con imágenes que transmitían elementos singulares de sus enseñanzas e ilustraban las implicaciones de sus actividades.

Esas denominaciones son importantes para comprender la amplitud teológica relacionada con la vida y obra del gran predicador nazareno. Además, nos permiten descubrir las reflexiones teológicas de las iglesias primitivas después de la resurrección de Cristo. La identificación de estos nombres nos permite estudiar la imaginación y creatividad teológica de las iglesias al tratar de comprender y presentar el mensaje en torno a Jesucristo el Señor, que además era el Cristo de Dios, el Hijo de Dios, Hijo del hombre, Hijo de David, el Sumo Sacerdote, el Segundo Adán y el Verbo de Dios.

Entre esas designaciones mesiánicas están las siguientes:

- Alfa y Omega, Principio y Fin: Ap 1.8
- Amén, Testigo Fiel y Verdadero: Ap 3.14
- Cabeza del cuerpo: Col 1.18
- Cordero de Dios: Jn 1.29; Ap 5.6
- El esposo: Jn 3.29
- El que bautiza con el Espíritu Santo: Jn 1.33
- El que da testimonio de sí mismo: Jn 8.18
- El que habría de venir: Mt 11.3
- Emanuel: Mt 1.23
- Escogido por Dios: Lc 9.35; Heb 1.9
- Imagen del Dios invisible: Col 1.15
- Misterio y esperanza del ser humano: Col 1.27
- Pastor: Mt 26.31; Jn 10.1-21
- Paz: Ef 2.14
- Plenitud de la deidad: Col 2.9
- Primicia: 1 Cor 15.20
- Primogénito: Col 1.15; Heb 1.6
- Profeta: Jn 1.21; Hch 7.37
- Redentor y Libertador: Rom 11.26-27
- Rey: Mt 21.5; 25.34
- Roca espiritual: 1 Cor 10.4
- Santo: Lc 1.35
- Santo y Justo: Hch 3.14
- Señal: Lc 2.34
- Testigo fiel y verdadero: Ap 1.5; 19.11
- Vida: Col 3.3-4

06
Los grandes "Yo soy"

Pero Moisés le dijo a Dios:
—¿Y quién soy yo para presentarme ante el faraón
y sacar de Egipto a los israelitas?
—Yo estaré contigo —le respondió Dios—.
Y te voy a dar una señal de que soy yo quien te envía:
Cuando hayas sacado de Egipto a mi pueblo,
todos ustedes me rendirán culto en esta montaña.
Pero Moisés insistió:
—Supongamos que me presento ante los israelitas y les digo:
"El Dios de sus antepasados me ha enviado a ustedes".
¿Qué les respondo si me preguntan: "¿Y cómo se llama?"
—YO SOY EL QUE SOY —respondió Dios a Moisés—.
Y esto es lo que tienes que decirles a los israelitas:
"YO SOY me ha enviado a ustedes".

Éxodo 3.11-14

El clamor humano y la respuesta divina

Las narraciones de la liberación de los israelitas de la opresión del faraón son fundamentales en toda la Biblia. Esos antiguos relatos de la salida del cautiverio de las tierras de Egipto ponen de relieve afirmaciones teológicas de gran importancia teológica. Revelan características divinas que marcaron permanentemente la comprensión de la naturaleza de Dios en las Sagradas Escrituras. Destacan, por ejemplo, que el Dios bíblico está muy seriamente comprometido con la liberación de su pueblo, pues rechaza abiertamente las injusticias, los cautiverios y las opresiones.

El contexto histórico general del libro del Éxodo es el período que los israelitas vivieron en las tierras de Egipto. Y esos años estuvieron matizados por continuas dificultades políticas, sociales, económicas y espirituales. El pueblo, por ejemplo, estaba sometido a la administración opresora del faraón, que fomentaba el trabajo intenso, en medio de malas condiciones laborales y caracterizado por tareas remuneradas de manera injusta. Era un ambiente de cautiverio egipcio continuo y creciente; era una sociología de impotencia y dolor de parte de los israelitas.

Moisés surge como líder de los israelitas en ese ambiente de injusticia, dolor, cautiverio y opresión, desde la perspectiva de los egipcios, y de desesperanzas y angustias, de acuerdo con las vivencias de los israelitas. Los recuentos de esas experiencias están muy bien escritos en el libro de Éxodo; y las figuras de los personajes protagónicos de los relatos bíblicos están bien elaboradas. La intriga juega un papel determinante en los recuentos y las afirmaciones teológicas son claras y directas.

En medio de las realidades políticas y sociales que experimentaban, los israelitas clamaron a Dios. Como respuesta a sus vivencias de dolor y servidumbre, el pueblo entendió la importancia de la oración y la confianza en Dios. ¡Y ese clamor al Dios liberador no pasó desapercibido! ¡La oración sentida del pueblo en necesidad es escuchada por el Señor! ¡El clamor de los israelitas al Dios que cumple sus promesas, es correspondido por un extraordinario acto de liberación divina! ¡Cuando un pueblo en cautiverio clama al Dios liberador, de acuerdo con las narraciones del libro del Éxodo, el resultado es la liberación!

Sin que el pueblo se percatara bien la extensión de su poder y su naturaleza extraordinaria, el Dios bíblico escuchó sus gemidos y se acordó del pacto que había hecho con los antepasados de los israelitas (Ex 2.24-25). Ese escuchar divino estaba fundamentado, según el testimonio bíblico, en las promesas que había hecho a los antiguos patriarcas y las matriarcas de Israel (Gn 12.1-3; 17.1-14; 26.2-5; 28.13-15). Y aunque el pueblo no necesariamente había vivido a la altura de las demandas éticas, morales y espirituales relacionadas a la fidelidad al Señor, el Dios bíblico decidió cumplir sus promesas. De acuerdo con las narraciones del Éxodo, Dios escuchó el clamor intenso de los israelitas en cautiverio, se acordó de su pacto a Abraham, y reconoció que se necesitaba una intervención extraordinaria del poder divino, para terminar de manera permanente con el cautiverio de los israelitas en Egipto.

El llamado de Moisés tiene como trasfondo básico esas dinámicas de servidumbre humana y esperanza divina. Esa singular revelación incluye, no solo la intervención de Dios, sino las dinámicas que rodearon las respuestas de Moisés a ese fundamental reclamo divino. El relato del llamado de Moisés incluye, entre otros temas, su humillación (Ex 3.1-6), la manifestación del propósito divino (Ex 3.7-10) y la afirmación clara de que Dios lo iba a acompañar en el proceso (Ex 3.11-22). La unidad temática y literaria del llamado de Moisés a ser el líder de la liberación de su pueblo, no solo incluye su aceptación, sino que expresa sus reticencias para aceptar la voluntad divina (Ex 4.17).

Los nombres en este relato juegan un papel de importancia. El suegro de Moisés, que anteriormente se había identificado como Reuel (Ex 2.18) –que significa "amigo de Dios"–, ahora se llama Jetro –que alude a la "excelencia", que más que un nombre propio posiblemente es una especie de título honorífico, una expresión de reconocimiento de autoridad. Además, Moisés llevó a las ovejas a un nuevo lugar que supera las fronteras del desierto, llamado Horeb, que también era conocido como el monte de Dios (Ex 3.1).

La narración del llamado divino a Moisés incluye, entre líneas, el siguiente mensaje: un amigo de Dios, que tiene gran reconocimiento público, le permite a Moisés llegar a un monte especial, que se asocia con la presencia divina. Moisés salió de los campos donde tradicionalmente llevaba a pastar sus ovejas, para llegar a un nuevo lugar saturado de presencia divina y significado teológico.

En ese nuevo lugar, Dios se revela a Moisés a través de un ángel o enviado divino, en medio de la zarza del desierto que arde y no se consume. Es importante notar en el relato que, la palabra hebrea para "zarza" es *seneh*, que tiene similitudes de pronunciación con Sinaí. La zarza es posiblemente un tipo de arbusto, que se encuentra en las praderas de la Península del Sinaí, conocido como zarzamora y que se caracteriza por sus espinas.

En esa revelación divina es importante notar la presencia del fuego, que ciertamente alude al poder de Dios en los relatos bíblicos. Y el acto de quitarse las sandalias es una demostración de humildad y reconocimiento delante la autoridad divina y la santidad de Dios. Se manifiesta el poder divino con autoridad y poder, y Moisés demuestra humildad y reconocimiento ante el Señor.

La revelación del nombre divino a Moisés se produce en medio de todas esas señales milagrosas y llenas de significado teológico. ¡Moisés desea saber quién lo está llamando! En medio de esas revelaciones, intenta descubrir quién es la divinidad que le habla. El reconocimiento del nombre era fundamental para comprender la naturaleza del llamado y la extensión de la misión.

La respuesta divina no se hizo esperar, pues quien se revela en el fuego y en la zarza se identifica como el Dios que hizo un pacto con los antepasados de los israelitas: el Dios de Abraham, el Dios de Isaac y el Dios de Jacob (Ex 3.6). Esa gran afirmación teológica es una manera de relacionar la experiencia de Moisés con las antiguas promesas divinas. En efecto, es una manera de afirmar que el Dios bíblico cumple sus promesas. Además, se destaca de esa forma que las promesas hechas a los antepasados de los israelitas en la antigüedad se hacían realidad a través del liderato de un pastor que se llama Moisés, que fue previamente salvado de las aguas por medio de una especial intervención divina en el río Nilo (Ex 2.1-10).

La narración del llamado de Moisés llega a un punto de gran importancia teológica cuando se pone en evidencia una promesa extraordinaria de Dios: ¡Yo estaré contigo! Toda la revelación divina se orienta hacia una afirmación teológica de gran significado histórico y espiritual. ¡El proyecto que Dios le presenta a Moisés tiene la garantía de la presencia divina! Y aunque la voz del ángel y la manifestación del fuego en la zarza eran importantes, la señal divina fundamental y definitiva para Moisés y los israelitas era que Dios mismo los iba a acompañar en ese extraordinario y peligroso proceso de liberación de las tierras que estaban gobernadas por el inmisericorde faraón.

Las preocupaciones de Moisés se fueron disipando con la promesa de la presencia y el acompañamiento de Dios en el proceso. Sin embargo, para emprender un proyecto de la envergadura de la liberación de Egipto, que implicaba una respuesta agresiva y violenta de los ejércitos del faraón, se necesitaba no solo la presencia divina sino el conocimiento de su nombre e identidad. Ese conocimiento era una forma de comprensión de la identidad y naturaleza divina. Moisés necesitada conocer el nombre de Dios, pues sin nombre no hay existencia; y sin existencia no hay autoridad ni poder para llamar y liberar.

Conocer y comprender el nombre de Dios era necesario, pues era una pregunta básica que Moisés debía responder al pueblo. ¿Quién es el que nos libera? ¿Quién es el que se ha revelado? ¿Quién es la fuente de autoridad que diseña este singular proyecto de liberación? ¿Quién es el Dios que nos mueve del cautiverio a la liberación? ¿Quién caminará con nosotros en este fundamental proyecto de vida al porvenir?

En ese contexto de preguntas, incertidumbre y preocupaciones es que se produce, de acuerdo con el relato bíblico, la respuesta divina a Moisés. La revelación incluye el nombre de Dios, que se presenta e identifica en castellano como "Yo soy el que soy". La expresión en hebreo es *'ehyeh asher 'ehyeh*, que es de comprensión difícil, por las diversas posibilidades de sentido que tienen las palabras utilizadas.

Hay estudiosos que entienden que se trata de una forma evasiva del lenguaje, para indicar que "ni Moisés ni el pueblo tienen que saber el nombre propio de Dios". Indican que se trata de un nombre que debe quedar en el misterio, pues las personas no tienen la capacidad de conocerlo, que implica el poder de manipular su voluntad.

Otros eruditos piensan que el nombre está asociado al verbo "ser" y enfatizan la presencia viva y continua de Dios. Enseñan que este singular nombre es la afirmación de la promesa previa hecha a Moisés, que el Señor estará con su pueblo en este importante proyecto de liberación nacional (Ex 3.12).

Inclusive, hay analistas bíblicos que comprenden el nombre divino como "Yo seré lo que seré" o "Yo soy el que causa lo existente", que son maneras de destacar la suficiencia divina para hacer realidad sus promesas en medio de la historia del pueblo. Para este sector académico la idea es transmitir la esencia divina como el creador de todo lo que existe.

Finalmente, la expresión hebrea puede entenderse como "Yo seré lo que era", que es una singular comprensión de la frase para destacar el elemento continuo y eterno de la naturaleza divina. Es una manera de decir que "seré siempre en el presente y el futuro lo que fui en el pasado", que puede interpretarse como que Dios es el mismo en el pasado, el presente y el futuro. Y esa comprensión amplia de la naturaleza divina es la que posiblemente se incorpora en la Carta a los hebreos, cuando se afirma que Dios es el mismo ayer, hoy y por los siglos (Heb 13.8).

Esa declaración de la esencia misma de Dios fue la que se incorporó en el Evangelio de Juan para describir la singular naturaleza divina de Jesús. El gran "Yo soy", que transmite la identidad del Dios que es el mismo a través de la historia, se convirtió en el cuarto evangelio es un singular distintivo de Jesús de Nazaret. Para el evangelista Juan, Jesús de Nazaret no solo era el rabino y maestro de la Galilea, sino el gran "Yo soy", en la tradición teológica del Dios libertador que se reveló a Moisés en la liberación de los israelitas de las tierras y el cautiverio del faraón de Egipto.

Los grandes "Yo soy" en el Evangelio de Juan

El Evangelio de Juan presenta la vida, las actividades y las enseñanzas de Jesús de Nazaret desde una perspectiva abiertamente teológica y evangelística. La obra se escribe para que los lectores crean que Jesús es el Cristo, el Hijo de Dios. El objetivo específico del libro es que al creer tengan vida en su nombre, que es una forma de enfatizar la singular naturaleza divina del Señor (Jn 20.30-31). Y esa singularidad espiritual y misionera se pone de manifiesto de forma reiterada en todo el Evangelio.

Para lograr su objetivo, el evangelista presenta una serie importante de las actividades, los discursos y las enseñanzas de Jesús, que ponen en evidencia su naturaleza mesiánica y su identidad como Hijo de Dios. En su escrito, Juan destaca la razón de ser del ministerio de Jesús, que fue enviado por el Padre para quitar el pecado del mundo (Jn 1.29) y para dar vida eterna a quienes creen en él y en su mensaje transformador (Jn 3.13-17).

El cuarto evangelista canónico presenta a Jesús desde un ángulo diferente al de los primeros tres evangelios sinópticos. Para Juan, Jesús es el enviado de Dios que cumple las expectativas mesiánicas de las comunidades judías y que también llega para llevar el mensaje del Reino de Dios al resto de la humanidad. Y más que una biografía detallada de la vida del Señor, el llamado "discípulo amado" (Jn 13.23; 19.26; 20.2; 21.20) articula una reflexión profunda en torno a la persona y las actividades del Hijo de Dios; especialmente analiza las implicaciones de la revelación que se relacionan con sus actividades salvadoras en medio de las sociedades judías y romanas del primer siglo. Y desde el siglo segundo de la iglesia, ese discípulo amado se identifica con Juan, hermano de Jacobo e hijo de Zebedeo (Jn 21.24; Mc 3.17).

En la presentación de Jesús como el Mesías, Juan desarrolla una estructura temática y teológica diferente a la que se encuentra en los evangelios sinópticos. En este evangelio, la vida de Jesús se asocia a siete señales milagrosas (Jn 2.1-11; 4.46-54; 5.1-18; 6.1-14; 6.16-21; 9.1-12; 11.1-45); veintisiete diálogos o entrevistas con diversos personajes (p.ej., Jn 3.1-15; 4.1-44; 5.1-18), que le permiten al Señor hacer afirmaciones teológicas de importancia. También se destacan sus actividades docentes durante varios días de fiestas judías: la Pascua (Jn 5—7), los Tabernáculos (Jn 7—10) y la Dedicación (Jn 10.22-39), además de las enseñanzas y los milagros que llevó a efecto los sábados (p.ej., Jn 9.13-34).

En esa singular presentación de Jesús como el Cristo de Dios y el Mesías esperado, el Evangelio ubica al Señor en una dimensión teológica especial y única. Además de las señales milagrosas que lleva a efecto y sus discursos liberadores, la identificación del Señor en el cuarto evangelio incorpora elementos teológicos fundamentales del Antiguo Testamento. Esas auto-presentaciones del Señor utilizan un singular nombre divino que hace referencia a las narraciones de la liberación de los israelitas de las tierras de Egipto y del yugo del faraón: el gran "Yo soy" (Ex 3.14).

Para el evangelista Juan, la naturaleza mesiánica de Jesús se ponía de relieve de manera clara cuando se relacionaban sus actividades milagrosas y discursos extraordinarios con Dios, que en su revelación a Moisés se identificó como el gran "Yo soy". Y esa identidad extraordinaria se incorporó con fuerza en la teología de Juan que presenta a Jesús en siete ocasiones como continuidad del Dios que se manifestó en el Sinaí para finalizar con el cautiverio egipcio sobre los israelitas (Jn 6.35,41,48,51; 8.12; 10.7,9; 10.11,14; 11.25; 14.6; 15.1,5).

De singular importancia es notar que de las lecturas cuidadosas del Evangelio de Juan se descubren dos afirmaciones adicionales de Jesús como el "Yo soy", que lo relacionan directamente con el nombre divino. La primera ocasión es en el revelador diálogo con la mujer samaritana. Cuando la mujer declara que ella está consciente que el Mesías llegará, Jesús responde: "Yo soy, el que habla contigo" (Jn 4.26). La segunda ocasión se produce en medio de una controversia con un grupo de judíos que desafiaban su autoridad e identidad. En medio de la confrontación, Jesús dice al grupo con autoridad: "Antes que Abraham fuera, Yo soy" (Jn 8.58). Y como respuesta a la auto identificación de Jesús, el grupo lo quería matar arrojándole piedras, que era la forma de ejecutar a alguna persona blasfema en la antigüedad (Jn 8.59).

Yo soy el pan de vida

Nuestros antepasados comieron el maná en el desierto,
como está escrito: "Pan del cielo les dio a comer".
—Ciertamente les aseguro que no fue Moisés
el que les dio a ustedes el pan del cielo —afirmó Jesús—.
El que da el verdadero pan del cielo es mi Padre.
El pan de Dios es el que baja del cielo y da vida al mundo.
—Señor —le pidieron—, danos siempre ese pan.
—Yo soy el pan de vida —declaró Jesús—.
El que a mí viene nunca pasará hambre,
y el que en mí cree nunca más volverá a tener sed.

Juan 6.31-35

La primera declaración de Jesús como el gran "Yo soy" se produce luego del relato de la alimentación de cinco mil hombres al otro lado del mar de la Galilea, también conocido como el lago de Tiberias (Jn 6.1-15; véase, además, Mt 14.13-21; Mc 6.30-44; Lc 9.10-17). El contexto religioso y social era una serie de enseñanzas en la sinagoga de Capernaúm (Jn 6.59).

Las manifestaciones de poder divino del Señor generaron una serie de respuestas positivas de los grupos que le seguían, según los relatos del Evangelio de Juan. La reacción de sus seguidores fue de tal magnitud, que Jesús entendió que vendrían a buscarlo para hacerlo rey (Jn 6.15). Y para evitar esa dinámica política y populista, que ciertamente podía generar un levantamiento del pueblo y una temprana reacción adversa del imperio romano y las autoridades judías, el Señor se retiró solo al monte. La narración destaca la sabiduría del Señor al trabajar con las actitudes y respuestas de los grupos.

Luego de la alimentación de la multitud, el Señor hace otra demostración extraordinaria del poder divino. De acuerdo con las narraciones de Juan, cuando navegaban en el lago para llegar a Capernaúm, Jesús, que había quedado rezagado, sorprende a los discípulos al llegar a la embarcación caminando sobre el mar (Jn 6.16-21). En el recuento de Juan, que es similar a los relatos del mismo incidente en los evangelios sinópticos (Mt 14.22-27; Mc 6.45-52), los discípulos se asustaron, pero la palabra firme del Señor los calmó: No teman, "Yo soy" (Jn 6.20). Esa afirmación de identidad brindó a los discípulos seguridad, sobriedad y calma, pues lo recibieron con gusto, para luego llegar a la ciudad de Capernaúm, que se había constituido en la base del ministerio del Señor y sus discípulos (Mt 4.13).

Esas dos acciones milagrosas de Jesús –alimentar a la multitud y caminar sobre las aguas–, hizo que la comunidad se impresionara aún más con el liderato, las actividades y el ministerio del Señor. Y cuando esas multitudes tuvieron la oportunidad, llegaron hasta Capernaúm para reconocer públicamente a Jesús como rabino y también para preguntarle cómo había llegado a la ciudad. ¡Querían confirmar el milagro de caminar sobre las aguas! ¡Querían corroborar una vez más la naturaleza y extensión de sus acciones milagrosas!

La respuesta de Jesús al grupo que llegó a entrevistarlo fue directa y clara. Los confrontó con la realidad. Les indicó que lo buscaban no por las señales milagrosas que llevaba a efecto ni por sus virtudes ministeriales, sino porque habían comido del pan que el Señor les había dado. En ese contexto de diálogo y represión, Jesús les dice que deben trabajar no solo por la comida física que perece, sino por la comida espiritual que lleva a la vida eterna. Y ese tipo singular de comida solo la brinda el Hijo del hombre, que fue seleccionado por Dios para esa singular y extraordinaria tarea divina (Jn 6.26-27), de acuerdo con los relatos del Evangelio de Juan.

El grupo comenzó a interesarse por los temas que Jesús exponía y por las enseñanzas que articulaba. Y en medio del diálogo, inquiere directamente en torno a cómo podía obtener y disfrutar este tan significativo tipo de pan. ¡Deseaban moverse de la teoría a la práctica! ¡Intentaban descubrir el secreto del ministerio de Jesús! ¡Procuraban entender la naturaleza su mensaje! ¡Intentaban explorar las implicaciones de sus acciones!

El diálogo continuó y Jesús respondió a más preguntas del grupo. ¿Qué hacer para poner en práctica las obras de Dios? ¿Qué señal divina pueden tener para estar seguros de lo que hacen? Y el Señor reitera la naturaleza de las obras de Dios. Deben creer en las acciones de quien envió a Jesús a cumplir la voluntad divina en la historia.

La enseñanza del Señor al grupo era doble: creer en Dios y también aceptar que Jesús era el enviado divino. Para el Señor era fundamental la comprensión plena de su enseñanza: en primer lugar, hay que creer en Dios, que no era difícil para la comunidad judía que se criaba baja las enseñanzas de la Ley mosaica y el monoteísmo; además, había que aceptar que Jesús era el enviado de Dios, el

Cristo prometido por los profetas y el Mesías esperado por el pueblo. Y ese segundo componente del discurso de Jesús, era muy difícil de aceptar o entender por el grupo judío.

Ante las declaraciones de Jesús, los judíos que lo entrevistaban requirieron una señal divina para creer en esa singular palabra que el Señor les hablaba. Y como ejemplo de las señales divinas, y en el contexto de la multiplicación de los panes en el lago de la Galilea, le dijeron al Señor que Dios le había dado maná al pueblo hebreo en medio del proceso de liberación de Egipto, cuando estaban en el desierto. Inclusive, afirmaron de forma directa que ese maná era "pan del cielo" (Jn 6.31).

La respuesta del Señor identificó el verdadero origen del milagro del maná en el Sinaí. Ese pan no vino de Moisés sino de Dios, que es la verdadera fuente de lo milagroso, eterno y transformacional. El verdadero "pan del cielo" no es el maná, sino el que descendió del cielo para dar vida a la humanidad. ¡El pan verdadero no es de harina! Para el Señor, el alimento verdadero es el enviado de Dios que tiene la capacidad y el deseo de darle vida al mundo, pues está muy seriamente comprometido con la transformación de la historia con su mensaje salvador, sanador, transformador y liberador.

En medio de esas conversaciones, que cada vez se hacían más intensas, profundas y teológicas, Jesús se autoproclama y afirma: "Yo soy el pan de vida" (Jn 6.33). Y añade que quien se acerca a él y acepta sus enseñanzas y valores, nunca más tendrá hambre ni tendrá sed jamás. Esas son declaraciones de gran valor teológico y espiritual. Jesús se autodesigna como el pan divino que tiene la capacidad de mitigar el hambre permanente de la humanidad. En efecto, ¡esa enseñanza tiene implicaciones eternas y repercusiones escatológicas! Esa singular enseñanza del Señor tiene efectos y secuelas que superan los límites del tiempo.

Con esa magnífica imagen del pan de la vida, el Señor pone de manifiesto su naturaleza mesiánica y su propósito salvador. Quien acepta la persona y el mensaje de Jesús, tendrá el poder y la capacidad de descubrir y disfrutar la voluntad divina, que es necesaria para el éxito en la vida y también para el disfrute pleno de la gracia, el amor y la misericordia de Dios.

De la misma forma que el pan material es necesario para la vida y la existencia humana, tener el "pan de vida" de Dios es indispensable para disfrutar la vida plena y abundante que Jesús prometió a sus seguidores. Esa nueva y singular vida que ofrece el Señor tiene efectos que superan los limitantes naturales de las realidades humanas, como son el tiempo y el espacio.

El tema de Jesús como el gran "Yo soy el pan de vida" prosigue en el evangelio de Juan. El Señor desarrolla el tema y expande aún más su significado. Las personas que creen en Jesús como "el pan de vida", se percatan que Dios es quien da autoridad al Señor para llevar a efecto su ministerio. Como parte de esas enseñanzas, el Señor también afirma que ha descendido del cielo para hacer la voluntad de Dios, que ciertamente fue quien lo envió. Además, incorpora en el diálogo el tema de la salvación y la resurrección, para quienes sigan y acepten sus enseñanzas y valores espirituales, éticos y morales. La voluntad de Dios, de acuerdo con las enseñanzas de Jesús en el Evangelio de Juan, es que todas las personas que vean al Señor y crean en él, tengan vida eterna y resuciten en el día final.

Las declaraciones misioneras de Jesús, con sus implicaciones teológicas y pedagógicas, generaron murmuraciones y desorientación en el grupo de judíos que dialogaba con el Señor. Los líderes religiosos judíos reconocían a Jesús como hijo de José y María, pero no podían entender ni aceptar la afirmación de que "venía y descendía del cielo" (Jn 6.41).

Ante esa dificultad de comprensión del mensaje, Jesús reitera que es el pan de vida que descendió del cielo y alude nuevamente al maná que recibieron los israelitas en el desierto (Jn 6.48-51). Para los líderes religiosos judíos era extremadamente difícil comprender la naturaleza mesiánica de Jesús, que se comparaba al milagro divino del maná que sirvió de agente de bienestar, alimentación y vida para los grupos hebreos que salían de Egipto. Desde la perspectiva humana, los judíos no podían entender la relación física entre Jesús de Nazaret y Moisés, ¡que había vivido siglos antes!

El discurso de Jesús cada vez se hace más profundo, desafiante y significativo. Las personas que coman del pan de vida que desciende del cielo, que equivale a aceptar el mensaje y las enseñanzas de Jesús, tienen vida y superan la muerte. Y es en ese contexto, que el evangelista Juan afirma que el pan que el Señor dará a la humanidad para disfrutar la vida eterna es su propia carne, en alusión a su vida que ofrecía para salvar al mundo (Jn 6.50). El discurso es denso e intenso: en ese contexto presentó el tema de su carne y su sangre, que no solo aluden a la eucaristía, sino que eran una referencia directa al sacrificio óptimo de su vida por la salvación de la humanidad.

Mientras Jesús más hablaba, más confundidos quedaban los líderes judíos. No entendían los temas ni las implicaciones teológicas y prácticas del pan, la carne, la sangre, la resurrección, la vida eterna ni el día final. El Señor utilizó la imagen del "pan de vida", de acuerdo con la narración en el Evangelio de Juan, para reinterpretar la manifestación divina del maná en el éxodo de Egipto. Como verdadero "pan de vida", Jesús era más importante y poderoso que el antiguo maná físico; sin embargo, al grupo de líderes judíos que estaba en diálogo con Jesús, se le hizo muy difícil hacer ese viaje teológico. Para el Señor, los judíos debían moverse de la misericordia divina manifestada en el maná del desierto, a la revelación extraordinaria de Dios en Jesús, que era el pan divino y verdadero que quita el hambre del pueblo de forma permanente y eterna.

Al afirmar, "Yo soy el pan de vida", Jesús se ubicó en un nivel teológico extraordinario, pues se identificó directamente con el Dios del éxodo, que es el Señor de la liberación del pueblo cautivo. Esa experiencia de salida de Egipto y de la opresión del faraón fue determinante en la historia del pueblo de Israel. El éxodo de las tierras del cautiverio fue fundamental para la identidad nacional del pueblo judío. Y Jesús se identificó plenamente con ese Dios que se reveló a Moisés, que fue agente de liberación al pueblo del cautiverio y la opresión, y que, como parte de ese importante proceso, proveyó la alimentación necesaria para cumplir con sus promesas de finalizar con el cautiverio dirigido por el faraón.

Esa gran percepción cristológica, que rompe los linderos del tiempo y los espacios, y que supera los esquemas teológicos tradicionales, presentan a Jesús como el agente de Dios que propicia e inaugura una nueva liberación nacional y personal. Quien come del maná de Moisés, vuelve a tener hambre; quien come del pan de vida, que se identifica con la carne o el sacrificio de Jesús, nunca más tendrá hambre, pues disfrutará de la vida eterna.

Para el Evangelio de Juan, Jesús estaba en continuidad con la esencia del Dios de la liberación del éxodo. Y ese es un desarrollo cristológico extraordinario.

Yo soy la luz del mundo

Una vez más Jesús se dirigió a la gente, y les dijo:
—Yo soy la luz del mundo.
El que me sigue no andará en tinieblas,
sino que tendrá la luz de la vida.
Tú te presentas como tu propio testigo —alegaron los fariseos—,
así que tu testimonio no es válido.
—Aunque yo sea mi propio testigo —repuso Jesús—,
mi testimonio es válido,
porque sé de dónde he venido y a dónde voy.
Pero ustedes no saben de dónde vengo ni a dónde voy.
Ustedes juzgan según criterios humanos;
yo, en cambio, no juzgo a nadie.
Y si lo hago, mis juicios son válidos
porque no los emito por mi cuenta
sino en unión con el Padre que me envió.
En la ley de ustedes está escrito

que el testimonio de dos personas es válido.
Yo soy testigo de mí mismo,
y el Padre que me envió también da testimonio de mí.
—¿Dónde está tu padre?
—Si supieran quién soy yo, sabrían también quién es mi Padre.
Estas palabras las dijo Jesús
en el lugar donde se depositaban las ofrendas,
mientras enseñaba en el templo.
Pero nadie le echó mano,
porque aún no había llegado su tiempo.

Juan 8.12-20

Luego de su afirmación como el "pan de vida", Jesús prosiguió su ministerio y enseñanzas. La reacción de los discípulos a las palabras del Señor y la respuesta del grupo de líderes judíos fue de preocupación, pues entendieron que el mensaje del Señor había sido fuerte y de difícil comprensión (Jn 6.60). El corazón de las inquietudes se puede relacionar, no solo con la comprensión de las imágenes de la carne y la sangre, sino con la afirmación clara de que el Señor puede brindar la vida eterna.

El Señor, que notó las murmuraciones y ansiedades de los discípulos, añade a su discurso que nadie puede llegar a él –que significa, creer en su ministerio mesiánico y sus enseñanzas–, si previamente Dios no lo mueve a tomar esa importante decisión. Inclusive, desafió a sus discípulos y seguidores a irse, si lo creían prudente o necesario. Y es en ese singular contexto de preocupaciones y afirmaciones teológicas que Pedro afirma, de acuerdo con el evangelista Juan, que solo Jesús tenía palabras de vida eterna (Jn 6.68).

Las dinámicas de incredulidad y rechazo prosiguen en el Evangelio de Juan. Inclusive, sus hermanos manifestaron desconfianza en las palabras y comprensiones teológicas del Señor. Le indicaron, quizá de forma desafiante y sarcástica, que fuera a la región de Judea, para que su mensaje se divulgara con más fuerza y velocidad. La respuesta del Señor fue que el tiempo preciso para ir a Jerusalén no había llegado (Jn 7.5-9).

Posteriormente, como a mitad de la fiesta de los Tabernáculos, Jesús viajó a Jerusalén. Sin embargo, aunque llegó a la ciudad de forma sobria, callada y secreta, los líderes judíos lo buscaban en la fiesta para proseguir los diálogos, no porque les interesaran sus enseñanzas, sino para tratar de sorprenderlo en algún desliz teológico, doctrinal o espiritual. El pueblo en general estaba dividido en torno a su ministerio, pues había quienes lo afirmaban como un hombre bueno (Jn 7.12), aunque otros abiertamente lo rechazaban como engañador.

El diálogo con los grupos judíos continuó durante las fiestas. Algunos apreciaban sus doctrinas y otros, las contradecían y refutaban. En medio de ese ambiente de reconocimiento y rechazo, el Señor proseguía sus enseñanzas desde el Templo. Y la discusión llegó al punto de inquirir directamente si Jesús era el Cristo de Dios, el Mesías anunciado por los profetas, el Ungido esperado por el pueblo. Buscaban alguna declaración personal del Señor para acusarlo públicamente de blasfemia.

Ante las reacciones del pueblo, los fariseos y los líderes judíos de Jerusalén enviaron guardias para arrestar a Jesús, pero no lograron hacerlo. La interpretación de Juan en torno a este incidente es religiosa y espiritual: las autoridades judías no arrestaron al Señor, porque el tiempo no había llegado (Jn 7.33-36). Esa era una manera teológica de afirmar que la vida de Jesús y la historia en general está en las manos de Dios.

Y como respuesta a esas dinámicas de conflictos teológicos, que ciertamente tenían implicaciones espirituales, políticas y religiosas, Jesús presenta uno de sus mensajes más emblemáticos:

En el último día, el más solemne de la fiesta,
Jesús se puso de pie y exclamó:
¡Si alguno tiene sed, que venga a mí y beba!
De aquel que cree en mí, como dice la Escritura,
brotarán ríos de agua viva.

Juan 7.37-38

La respuesta de Jesús ante la crisis interpersonal y teológica es de afirmación misionera. Los "ríos de agua viva" aluden a la manifestación del Espíritu Santo luego de la glorificación de Cristo, que es una referencia a la muerte de Jesús. La imagen de los ríos es de vida, movimiento y continuidad. Pero la respuesta de los diversos grupos judíos fue de confusión, hostilidad y rechazo. Continuaron las divisiones en torno a la naturaleza real de Jesús y también referente a las implicaciones de sus enseñanzas.

De singular importancia en el análisis de las narraciones de Juan es la respuesta de los guardias ante la decisión de no arrestar a Jesús. Cuando los principales sacerdotes y los líderes de los fariseos preguntaron porqué no habían ejecutado la orden, ellos respondieron que nunca habían escuchado a hombre alguno hablar como Jesús (Jn 7.46). ¡Hasta los que tenían la responsabilidad de arrestarlo quedaron impresionados con sus doctrinas y enseñanzas! Las palabras y el mensaje de Jesús llegaron de esa forma hasta las comunidades y los líderes que lo perseguían. Para Juan, el mensaje de Jesús era de tal importancia que llegó con fuerza hasta a los grupos que procuraban arrestarlo y ejecutarlo.

En ese ambiente de dudas, rechazos, persecuciones, afirmaciones y ambigüedades, el Señor presenta otro de sus grandes mensajes teológicos de auto-afirmación: "Yo soy la luz del mundo. El que me sigue no andará en tinieblas, sino que tendrá la luz de la vida" (Jn 8.12). Ante la oscuridad de las conversaciones y la confusión de las personas, el Señor se presenta como la luz, que ciertamente es una respuesta pertinente ante la impotencia del diálogo respetuoso y cordial entre las ideas, las doctrinas y las teologías.

Jesús interviene una vez más de forma directa y contextual ante la confusión de las autoridades religiosas de Jerusalén: Si hay oscuridad, el Señor se revela como la luz del mundo. De esa manera Jesús desafía el análisis de las autoridades religiosas y se presenta a sí mismo con una muy importante imagen literaria, que en los Salmos se refiere directamente a Dios, pues los poetas del Salterio afirmaban: "El Señor es mi luz y mi salvación" (Sal 27.1).

En el Evangelio de Juan las auto-afirmaciones de Jesús lo ubican en niveles divinos extraordinarios. En esta ocasión el Señor expande la interpretación tradicional de la luz e indica que las personas que lo siguen –que implica aceptar sus enseñanzas, valores y doctrinas– no andarán en las tinieblas y las penumbras de la vida. Además, añade el Señor, que la luz que proyectan sus mensajes equivale a tener el tipo de vida que él presenta, afirma y destaca. Ya Juan el Bautista declaró que el Mesías era la luz verdadera, que es una manera de aludir a la acción salvadora de Dios en el mundo (Jn 1.9), representada de manera directa, clara y efectiva por Jesús.

La cristología de Jesús como la luz del mundo continúa en la narración de la sanidad de un hombre ciego de nacimiento (Jn 9.1-12). En medio de un diálogo con los discípulos, en referencia a cuál había sido la razón para que el hombre hubiese nacido ciego, pues entendían que debía haber pecado él o sus padres, el Señor afirma que la condición de invidencia del hombre era una oportunidad magnífica para que se manifestara la misericordia y gloria de Dios.

En medio de ese nuevo contexto de diálogo teológico con sus seguidores más cercanos, el Señor afirma una vez más que es "luz soy del mundo" (Jn 9.5). De esa manera reitera la imagen de la luz que ya había comenzado a exponer previamente en el diálogo con los líderes judíos (Jn 8.12).

Respecto a la importancia de la luz como valor teológico, los testimonios son de importancia en el Antiguo Testamento. El primer acto de creación en el libro de Génesis fue la luz (Gn 1.3). Desde esas narraciones iniciales, la luz ha sido símbolo de presencia divina. Y esa iluminación divina llega a un nivel especial en el Salmo 27, donde el poeta exclama, en medio de una serie de peligros y desafíos extremos, que el Señor era su luz y salvación. De esa forma poética el salmista declara que la luz de Dios tiene virtud salvadora, pues esas dos imágenes se ubican en el poema de forma paralela.

Esa teología de Dios como luz y salvación se pone claramente de relieve en el Evangelio de Juan. Y Jesús, de acuerdo con el evangelista, se autoproclama como la luz del mundo, con un propósito doble: en primer lugar, para afirmar su poder redentor; además, para declarar y subrayar su especial naturaleza divina.

La importante afirmación teológica de Jesús, "Yo soy la luz del mundo", es también una singular declaración cristológica. El Evangelio de Juan, con esta singular narración, pone en evidencia clara la especial naturaleza divina del Señor. Jesús es luz porque libera a la humanidad de las oscuridades de la vida, que es una forma figurada de aludir a la salvación que Dios le ofrece al mundo, que ciertamente está fundamentada en su amor (Jn 3.16).

Yo soy la puerta de las ovejas

Una vez culmina el diálogo en torno a Jesús como la luz del mundo, prosiguen las enseñanzas. El Señor en esta ocasión explora varios asuntos adicionales de gran importancia teológica. Presentó el tema de la vida y la muerte y, además, le dice al grupo de seguidores que el pecado impide a las personas ir a donde él se dirige (Jn 8.21-30). Afirma también la importancia de la verdad, que es la virtud divina capaz de liberar la humanidad de sus pecados, dolores y cautiverios (Jn 8.31-38). En efecto, la verdad como revelación divina es fuente de liberación.

En esos diálogos, los temas se expanden y las enseñanzas se complican. De forma firme y clara el Señor acusa a los líderes judíos de que, en vez de ser descendientes de Abraham son hijos del Diablo (Jn 8.47). Una acusación muy seria en el contexto de la comunidad judía antigua, que proclamaba que eran fieles seguidores a las tradiciones de sus antepasados. De singular importancia teológica, educativa y práctica en las enseñanzas de Jesús es que el criterio básico e indispensable para demostrar la fidelidad a las tradiciones ancestrales de los judíos era el amor (Jn 8.42).

El encuentro con las autoridades religiosas en el Evangelio de Juan es el marco de referencia para ubicar algunas de las afirmaciones teológicas más importantes de Jesús. En medio de esos encuentros de ideas desafiantes y refutaciones doctrinales, Jesús explora el tema de la eternidad del Cristo de Dios. Cuando las autoridades religiosas lo acusan de estar endemoniado, como respuesta a sus enseñanzas, el Señor responde con afirmaciones teológicas que superan la historia hasta llegar a la eternidad. Le dijo al grupo de judíos que él era antes de Abraham (Jn 8.58). Y esa declaración de identidad provocó la ira del grupo que quería apedrearlo por blasfemo. El Señor, en medio de esa dinámica de hostilidad, salió del Templo, atravesando el grupo, y se fue.

La sanidad del hombre ciego de nacimiento (Jn 9.1-34) le permitió al Señor hablar de la ceguera espiritual del liderato religioso en Jerusalén. ¡La respuesta de los fariseos a esa manifestación de poder y misericordia divina fue de expulsar al hombre sanado de la sinagoga! El fundamento para esa decisión drástica e injusta fue que la sanidad se había llevado a efecto un sábado. Y ese fue el entorno adecuado para que Jesús indicara que había llegado al mundo para que las personas que no veían pudieran ver; también, para las que veían quedaran ciegas (Jn 9.39). Esa ceguera espiritual de los fariseos es la que los tiene cautivos en el pecado.

De acuerdo con el Evangelio de Juan, el Señor continuó sus enseñanzas, pero cambió el tema. De un tema de sanidades, doctrinas, tradiciones y teologías, Jesús explora el tema pastoril. En una parábola interesante, que recuerda varias porciones de gran importancia espiritual, belleza literaria y virtud teológica del Antiguo Testamento (p.ej., Sal 23; Ez 34). El corazón de la enseñanza es que hay una gran diferencia entre el verdadero pastor y el que trabaja con las ovejas simplemente como asalariado. El que entra por la puerta es el pastor; pero el que evade ese camino y entra por otra parte del redil es el asalariado. Y añadió, que las ovejas reconocen la voz del pastor verdadero, pero huyen del asalariado extraño (Jn 10.1-7).

> *Por eso volvió a decirles:*
> *Ciertamente les aseguro que yo soy la puerta de las ovejas.*
> *Todos los que vinieron antes de mí*
> *eran unos ladrones y unos bandidos,*
> *pero las ovejas no les hicieron caso.*
> *Yo soy la puerta;*
> *el que entre por esta puerta, que soy yo, será salvo.*
> *Se moverá con entera libertad, y hallará pastos.*
> *El ladrón no viene más que a robar, matar y destruir;*
> *yo he venido para que tengan vida,*
> *y la tengan en abundancia.*

Juan 10.7-10

Ese contexto temático y teológico de ovejas y pastores le permitió a Jesús presentar una nueva afirmación de identidad, de acuerdo con el Evangelio de

Juan. En esta ocasión el Señor se presenta como la puerta de las ovejas, pues desea relacionar su ministerio educativo con la oportunidad que brinda Dios al ser humano para descubrir y disfrutar la salvación eterna. Las personas que escuchan y aceptan su mensaje, que equivale a entrar al redil por la puerta de sus enseñanzas, descubren la salvación y disfrutan de la vida eterna. Quienes entran por esa singular puerta espiritual, descubren la alimentación apropiada –es decir, los buenos pastos–, para mantener la salud y también para crecer.

El mensaje de Jesús en esta ocasión toma un giro profético y añade que los que cuidan las ovejas solo por el salario, son engañadores y ladrones que tienen la intensión de hurtar, matar y destruir. Y esa palabra desafiante está dirigida a los fariseos y líderes religiosos judíos, que hacían sus labores religiosas solo como medio de subsistencia, no por compromiso educativo y transformador con el pueblo.

Jesús añade, en contraposición a los asalariados, que él ha venido para que las personas tengan la oportunidad de descubrir la vida y la vida en abundancia. Y esa singular declaración teológica alude al tipo de existencia que Dios prepara para las personas que escuchan, aceptan y vivan a la altura de los valores éticos, las enseñanzas espirituales y los reclamos morales que presenta el Señor en su mensaje.

Yo soy el buen pastor

Yo soy el buen pastor.
El buen pastor da su vida por las ovejas.
El asalariado no es el pastor,
y a él no le pertenecen las ovejas.
Cuando ve que el lobo se acerca,
abandona las ovejas y huye;
entonces el lobo ataca al rebaño y lo dispersa.
Y ese hombre huye porque,
siendo asalariado, no le importan las ovejas.
Yo soy el buen pastor;
conozco a mis ovejas, y ellas me conocen a mí,
así como el Padre me conoce a mí y yo lo conozco a él,
y doy mi vida por las ovejas.

Juan 10.11-15

Las imágenes pastoriles continúan en las enseñanzas de Jesús. En esa ocasión, la afirmación de sí mismo llega a otra cima teológica. Jesús afirma, en medio de sus enseñanzas contra la ceguera espiritual de los líderes religiosos de los fariseos, y para reiterar las diferencias entre el pastor y el asalariado que cuida irresponsablemente las ovejas, que él es el buen pastor. No solo es el pastor, sino el buen pastor, para enfatizar las bondades de la afirmación. El buen pastor da su vida por sus ovejas, que destaca el espíritu de sacrificio de los pastores y también alude a su posterior acto de dar la vida en la cruz por la humanidad.

Además, la imagen de buen pastor reitera su especial naturaleza divina. Ya en el Salmo 23 se había presentado la idea de Dios como el pastor ideal, que provee lo necesario para la vida, que conduce a sus ovejas –en referencia a su pueblo, Israel– por los caminos seguros de bienestar y paz, y que, cuando aparecen las dificultades extraordinarias en la vida –descritos poéticamente como los valles de sombras y de muerte–, ha prometido su presencia constante, consoladora y redentora.

En este mensaje, según el evangelista Juan, Jesús se ubica en esa dimensión de eternidad al autoproclamarse Buen Pastor. Y en calidad de pastor por excelencia, a diferencia de los asalariados, es capaz de llegar al sacrificio óptimo de dar su vida en favor de sus ovejas. El asalariado huye ante las amenazas de los lobos, sin embargo, el buen pastor enfrenta los grandes desafíos, amenazas, peligros y adversidades con autoridad y valor, pues el amor por las ovejas es mayor que el temor a los animales salvajes y los problemas.

Este singular tema de las ovejas y los pastores se desarrolla aún más. En esta ocasión el Señor incorpora un elemento singular de las relaciones entre las ovejas verdaderas y los pastores de rebaños. Los buenos pastores conocen a sus ovejas y esas ovejas reconocen a sus pastores. Por el continuo caminar juntos y el tiempo que pasan en las praderas, el conocimiento entre pastores y ovejas es íntimo, grato y cercano. Y esa dinámica de idealidad es el fundamento para que el Señor incorpore en su discurso un nuevo matiz teológico de importancia capital: El conocimiento especial y personal entre Dios y Jesús.

En el desarrollo de sus enseñanzas para los fariseos y otros líderes religiosos judíos de Jerusalén, Jesús destaca la intimidad, el conocimiento y la continuidad con Dios. Es esa singularidad teológica la que permite al Señor escuchar, comprender y responder al clamor más profundo de sus ovejas, en referencia a su pueblo, que en esta ocasión no solo alude a los israelitas, sino que incorpora a otras comunidades, pues tiene ovejas "que no son de este redil" (Jn 10.16). En efecto, el diálogo oveja-pastor será de tal naturaleza que, aunque hay muchas ovejas, habrá solo un rebaño y un solo pastor.

Las enseñanzas y los diálogos continúan hasta llegar a un clímax teológico. Jesús, como el buen pastor, tiene la capacidad y el poder decisional para dar su vida por las ovejas, en referencia a su posterior sacrificio en la cruz. El tema se expande aún más y el Señor afirma que nadie le quita la vida, sino que él la brinda, pues solo él tiene ese poder decisional de darla o abstenerse de darla. Y finaliza el discurso al identificar la fuente de autoridad de esas afirmaciones: Ese fue el mandamiento que recibió de Dios, el Padre (Jn 10.18).

Las reacciones del grupo de judíos al escuchar las enseñanzas de Jesús fueron varias. Un sector vociferante indicaba abiertamente que estaba endemoniado. Sin embargo, en el grupo había quienes decían que no podía estar endemoniado, pues las sanidades de abrir los ojos a los ciegos no podían provenir de personas cautivas espiritualmente. De esta forma el evangelista Juan continúa su presentación al afirmar que la comunidad estaba dividida en torno al ministerio y las enseñanzas de Jesús.

Yo soy la resurrección y la vida

A su llegada, Jesús se encontró con que Lázaro
llevaba ya cuatro días en el sepulcro.
Betania estaba cerca de Jerusalén,
como a tres kilómetros de distancia,
y muchos judíos habían ido a casa de Marta y de María,
a darles el pésame por la muerte de su hermano.
Cuando Marta supo que Jesús llegaba, fue a su encuentro;
pero María se quedó en la casa.
—Señor —le dijo Marta a Jesús—,
si hubieras estado aquí, mi hermano no habría muerto.
Pero yo sé que aun ahora Dios te dará todo lo que le pidas.
—Tu hermano resucitará —le dijo Jesús.
—Yo sé que resucitará en la resurrección,
en el día final —respondió Marta.
Entonces Jesús le dijo: —Yo soy la resurrección y la vida.
El que cree en mí vivirá, aunque muera;
y todo el que vive y cree en mí no morirá jamás. ¿Crees esto?
—Sí, Señor; yo creo que tú eres el Cristo, el Hijo de Dios,
el que había de venir al mundo.

Juan 11.17-27

Las afirmaciones de Jesús y el rechazo de los líderes judíos continuaron. Inclusive, en medio de la fiesta de la Dedicación, un grupo de líderes judíos rodearon al Señor para desafiarlo abiertamente a decir si era el Cristo de Dios (Jn 10.24). Deseaban mover al Señor de los discursos teológicos sobre la naturaleza del Mesías a una aceptación pública de que era el Cristo prometido por los profetas y el Ungido esperado por las comunidades judías.

La respuesta de Jesús, sin embargo, destacó la importancia de sus actividades, enseñanzas y milagros. Para el Señor, el testimonio público de su ministerio esa una manera clara de revelar públicamente su especial naturaleza mesiánica. Sin embargo, ese sector del judaísmo –que Jesús identificó como que no pertenecía a su redil ni a su grupo de ovejas (Jn 10.26)–, no acepta su singularidad mesiánica, pues no reciben sus enseñanzas ni creen que lo que el Señor hace lo lleva a efecto en el nombre de Dios. El gran problema de esos judíos era la incredulidad: no aceptaban que Jesús era el Ungido y enviado de Dios.

Para expandir sus enseñanzas, Jesús afirma que el Padre y él son uno. Esa afirmación llenó de ira a los judíos que deseaban apedrearlo nuevamente (Jn 10.31-33). Para ese sector religioso del judaísmo, Jesús era un blasfemo y el castigo para ese delito religioso conllevaba la pena de muerte por lapidación. La incomunicación estaba en su nivel óptimo. Jesús reiteraba su naturaleza mesiánica y los judíos repetían la sentencia de muerte por blasfemia.

En medio de esas confrontaciones continuas y crecientes, el Señor se retira de Jerusalén al desierto de Judea, al otro lado del río Jordán, cerca de donde bautizaba Juan el Bautista. Y en ese lugar continuó su ministerio y muchas personas creyeron en sus enseñanzas (Jn 10.42).

Mientras el Señor estaba en el Jordán enseñando, se enteró de la gravedad de su buen amigo, Lázaro. Las hermanas del enfermo enviaron las noticias, referente a la delicada salud de su amigo (Jn 11.1-16). Parece que la condición era de gravedad, pues la primera respuesta de Jesús fue que la enfermedad no era de muerte, posiblemente para calmar al mensajero. Y añadió, que la enfermedad era una oportunidad para la manifestación de la gloria de Dios.

De esa forma el Evangelio de Juan ubica la narración en un buen entorno teológico. El marco de referencia espiritual de la enfermedad de Lázaro era una posible revelación divina de forma extraordinaria: el Hijo de Dios va a ser glorificado a través de la enfermedad de Lázaro.

Luego de dos días, Jesús decide regresar a Jerusalén, para atender la enfermedad de Lázaro y calmar a sus hermanas, Marta y María. Sin embargo, la respuesta de los discípulos fue de preocupación, pues antes de salir al desierto, los líderes judíos intentaban apresar y matar a Jesús. Y ante ese panorama de posible persecución, arresto y muerte, los discípulos muestran preocupaciones serias, pues temían lo peor para el Señor.

La respuesta de Jesús estuvo saturada de simbologías. Habla de la importancia de la luz para no tropezar en la vida; además, se refirió a la muerte Lázaro como que estaba dormido e iba a despertarlo. Y aunque los discípulos no entendieron adecuadamente las implicaciones de las palabras de Jesús, decidieron acompañarlo a Jerusalén para ver lo que iba a suceder.

El relato de la resurrección de Lázaro está rodeado de enseñanzas. El ambiente general entre los judíos era de rechazo; los discípulos estaban desorientados y deseaban ver lo que iba a suceder; las hermanas de Lázaro estaban sumidas en el dolor y, quizá, resentimiento, pues el Señor se tardó en regresar a Jerusalén a atender la salud de su amigo.

Sin embargo, en medio de esa vorágine de sentimientos y preocupaciones, el Señor continuó el discurso de resurrección, pues reiteraba Lázaro no había muerto, sino que estaba dormido (Jn 11.23-24). Ni las hermanas de Lázaro ni los discípulos entendían la extensión de sus palabras, la naturaleza del discurso y las implicaciones de su mensaje.

Y para responder a ese mundo de ideas complicadas y sentimientos encontrados, Jesús revela una vez más su extraordinaria naturaleza divina y su misión mesiánica. Afirmó: Yo soy la resurrección y la vida. El que cree en mí vivirá, aunque muera; y todo el que vive y cree en mí no morirá jamás (Jn 11.25). De esta forma Jesús se revela como el Señor de la vida y la muerte. Con esa gran declaración teológica, el Señor se autoproclama, según el Evangelio de Juan, como el Señor de la vida que tiene la capacidad y el deseo de superar el poder de la muerte.

Esas afirmaciones relacionan a Jesús con el poder divino sobre la existencia humana. Esa gran afirmación teológica de Jesús es una manera adicional de ubicarse en el plano de lo extraordinario, eterno y divino. La cristología que se pone en evidencia clara en la narración es la más alta en el Nuevo Testamento. Presenta la autoridad y virtud de Jesús sobre la vida; ¡y el único que tiene la capacidad el poder de dar el aliento de vida a las personas es Dios! ¡Esa facultad de otorgar la vida corresponde únicamente al Señor creador de los cielos y la tierra, de acuerdo con las narraciones de Génesis (Gn 1—2)!

La respuesta de Marta a la declaración de Jesús fue de humildad, credulidad y afirmación mesiánica. Declaró con seguridad que el Señor era el Cristo, el Hijo de Dios, el que habría de venir al mundo. Las afirmaciones de Jesús provocaron en la hermana de Lázaro el reconocimiento público de su naturaleza mesiánica. De esa manera se demuestra, según el Evangelio de Juan, que lo que mueve al reconocimiento mesiánico del Señor son las manifestaciones plenas de la gracia y misericordia divina, que responden efectivamente a las necesidades más hondas y sentidas de las personas. Marta comprendió lo que los líderes judíos no entendieron: Jesús es el Cristo, el Hijo de Dios, anunciado por los antiguos profetas y esperado por la comunidad judía.

Aun antes de la resurrección de Lázaro, sus hermanas descubrieron la naturaleza especial de Jesús. Entendieron la importancia del mensaje del Señor, como fundamento de su manifestación como Hijos de Dios. Las enseñanzas y las señales milagrosas de Jesús son instrumentos para el reconocimiento público de la gloria de Dios y para la aceptación de Jesús como el enviado de Dios. Jesús es el Ungido para cumplir el propósito de divino en medio de la historia humana y en las comunidades judías.

Esas enseñanzas de Jesús y las respuestas de Marta fundamentadas en la fe prepararon en camino para la resurrección de Lázaro. María, por su parte, recibió al Señor que se dirigía a la tumba, quizá con algún grado de amargura y desilusión, porque Jesús había llegado tarde. De acuerdo con las narraciones de Juan, Marta no le había contado a María su declaración de fe y su reconocimiento de Jesús como el Mesías.

La resurrección de Lázaro se ubica en el contexto inmediato de la oración de Jesús. El Señor agradece que Dios lo haya escuchado, pues indica que siempre oye sus plegarias. Afirma, además, que este acto de resurrección es una manifestación de amor y misericordia para que la multitud que lo seguía creyera que era el enviado de Dios. Una vez más, una señal milagrosa de Jesús se lleva a efecto, para demostrar el amor y el poder de Dios en Jesús, para incentivar las convicciones, para motivar la fe, para propiciar la credulidad.

Como respuesta a la resurrección de Lázaro, muchos judíos que presenciaron el acto creyeron en Jesús. Pero un grupo de los que presenciaron el milagro fueron a donde los fariseos para informar lo que el Señor había hecho. Y ese ambiente de confrontación teológica y educativa preocupó a las autoridades religiosas judías, que comenzaron a pensar en las implicaciones políticas, sociales, económicas y militares de que muchos en el pueblo creyeran en el Señor. La ansiedad real era la posibilidad de que los romanos llegaran a apaciguar alguna revuelta organizada por los seguidores de Jesús, que propiciara la llegada de los ejércitos romanos para la destrucción del Templo y de la eliminación del pueblo judío como nación.

Las afirmaciones teológicas de Jesús y sus actividades milagrosas, que se entienden en Juan como señales, preocuparon a las autoridades judías a tal grado que trataron de matar a Lázaro (Jn 12.9-11), que era la fuente básica de preocupación, pues su resurrección era entendida en la comunidad como una señal de Dios de que Jesús era el Hijo de Dios y Mesías. Sin embargo, Jesús prosiguió su ministerio sin temer a las autoridades religiosas judías ni a la infraestructura romana con sus ejércitos.

Yo soy el camino, la verdad y la vida

Luego de la resurrección de Lázaro, Jesús continuó su ministerio educativo, entró triunfalmente a Jerusalén (Jn 12.12-19) y habló con unos griegos que vinieron para entrevistarlo (Jn 12.20-26). Además, esa semana final, según la presentación y cronología del Evangelio de Juan, el Señor responde a la continua y creciente incredulidad de diversos grupos judíos (Jn 12.36-43), anuncia su muerte (Jn 12.27-36), identifica a Judas como la persona que lo traicionaría (Jn 13.21-30), y también alude a la negación de Pedro (Jn 13.36-38). En efeto, fue una semana ministerialmente intensa.

La tensión en estas narraciones juega un papel de importancia, pues ya los líderes judíos buscaban una forma rápida de eliminar a Jesús. Esa tensión religiosa iba en aumento: se sentía en la sociedad en general y se manifestaba en las esferas políticas. Y mientras crecía el desasosiego en referencia a Jesús y sus discípulos, y especialmente con sus doctrinas, el Señor prosiguió su programa educativo transformador y desafiante.

En medio de ese torbellino de ideas y preocupaciones religiosas y espirituales, y para responder a las tensiones sociales y políticas de la comunidad religiosa, Jesús presenta el mensaje del nuevo mandamiento (Jn 13.31-35). Junto a la afirmación de la gloria de Dios y la manifestación de la misericordia divina, el Señor presenta la importancia del amor fraternal. De acuerdo con ese mensaje (Jn 13.34-35), el amor entre los discípulos era el distintivo fundamental para que el mundo y la sociedad en general los identificara como discípulos del Señor. Lo singular del mandamiento es el tipo y la naturaleza del amor. ¡Los discípulos deben amarse como el Señor lo amó! Y esa peculiar característica pone de relieve esas demostraciones del amor fraternal en un nivel divino especial, diferente a cualquier demostración de respeto o cariño.

Con esas manifestaciones concretas de amor, de acuerdo con el modelo de Jesús, el discurso adquirió un nivel cristológico adicional. Para calmar a los discípulos que se sorprendieron ante la naturaleza del amor que debían demostrar, el Señor dice que no se turben ni teman, pues si creen en Dios y también creen en Jesús, eso les brindará sentido de esperanza y seguridad (Jn 14.1). Para el Señor, el fundamento de ese tipo de vivencia en amor era creer en Dios y creer también en su misión salvadora y su mensaje redentor. Jesús representaba el amor hecho persona.

En medio de ese ambiente complejo de incredulidad de parte de los líderes judíos, de incomprensión de la comunidad y de tensión entre los discípulos, el Señor presenta una nueva comprensión de su vida y naturaleza, al decir: Yo soy el camino, la verdad y la vida. Y añadió a su discurso: nadie tiene la potestad de llegar al Padre si no es a través de él.

No se angustien.
Confíen en Dios, y confíen también en mí.
En el hogar de mi Padre hay muchas viviendas;
si no fuera así, ya se lo habría dicho a ustedes.
Voy a prepararles un lugar.
Y si me voy y se lo preparo,
vendré para llevármelos conmigo.
Así ustedes estarán donde yo esté.
Ustedes ya conocen el camino para ir adonde yo voy.
Dijo entonces Tomás:
—Señor, no sabemos a dónde vas,
así que ¿cómo podemos conocer el camino?
—Yo soy el camino, la verdad y la vida —le contestó Jesús—.
Nadie llega al Padre sino por mí.

Juan 14.1-6

Los discursos de Jesús en el Evangelio de Juan están cargados de significados teológicos, desafíos espirituales e implicaciones educativas. En esa ocasión, para responder a las incredulidades de la comunidad y las preocupaciones de sus discípulos, se auto-proclama como el camino, la verdad y la vida, que constituyen tres postulados teológicos de gran importancia bíblica.

La enseñanza de Jesús en este momento tiene connotaciones escatológicas. El Señor habla de las muchas viviendas o moradas que hay en la casa del Padre. Esa es una afirmación de apertura y gracia divina. Dios tiene lugar para diferentes personas, pero deben creer en las enseñanzas de Jesús, que equivale a creer en Dios. Para esas personas que creen, de acuerdo con ese mensaje, el Señor va a preparar un lugar especial, que es posiblemente una declaración escatológica del Reino eterno de Dios. Esa extraordinaria declaración teológica tiene posiblemente una finalidad de consolación, vida y esperanza.

Cuando Jesús, como parte de su discurso, alude a que sus discípulos lo van a acompañar en esos lugares especiales en la presencia de Dios, es Tomás el que afirma preocupado que no conocen ese lugar ni mucho menos conocen el camino para llegar. A lo que Jesús responde con su autoafirmación de que él es el camino, la verdad y la vida. De singular importancia en ese singular comentario de un discípulo cercano del Señor, es que no entendía las dimensiones espirituales y escatológicas de sus palabras, al igual que la comunidad de líderes religiosos de Jerusalén.

Al estudiar este discurso de Jesús, debemos comprender que es parte de una unidad mayor. Toda la sección de Juan 13—17, incentiva e incorpora una serie de preguntas y comentarios de gran importancia teológica de sus discípulos. Según el cronograma del Evangelio de Juan, el contexto general es el diálogo en el aposento alto la noche que Jesús celebró con sus discípulos la cena final de la Pascua en Jerusalén. En esta unidad temática, preguntan Pedro (Jn 13.56), Tomás (Jn 14.5), Felipe (Jn 14.8), Judas (no el iscariote, Jn 14.22) y otros (Jn 16.17). Este detalle de la narración puede ser un indicador de que las preguntas son parte de un gran discurso educativo del Señor, en el cual respondía a preguntas e inquietudes específicas de sus seguidores.

La referencia al "camino" es importante en la teología bíblica, pues es una referencia al estilo de vida, forma de ser, comportamiento y actitudes de las personas (p.ej., Dt 5.32-33; 31.29; Sal 1.1; Sal 27.11; Is 35.8). Y la importancia del tema se pone de manifiesto al descubrir que el primer nombre que la comunidad antigua le da a los seguidores de Jesús es "los del camino" (Hch 9.2; 19.9,23; 24.14,22).

Con la afirmación "Yo soy el camino", Jesús se auto-declara la única forma de llegar ante la presencia de Dios, que es una de las enseñanzas básicas en el Evangelio de Juan. El "camino" o estilo de vida que incentiva Jesús es el que pone en evidencia clara los valores éticos, morales y espirituales del Reino, y entre esos principios se destaca el amor.

En el idioma griego, la palabra "verdad" se entiende en oposición a la idea de falsedad; también puede ser parte del binomio de la realidad que se articula en contraposición a la ilusión. Sin embargo, en el mundo semita de la Biblia hebrea y en el ambiente del idioma común de los discípulos, el arameo, "verdad" se relaciona principalmente con los importantes conceptos teológicos de fidelidad y lealtad (Sal 26.3; 86.11; 119.30). Y es de notar que este término, en el Evangelio de Juan se utiliza con frecuencia para describir la voluntad y actividad divina (Jn 1.14; 4.23-24; 8.32; 14.17; 15.26; 16.13; 17.17,19).

La vida es un don que proviene únicamente de parte de Dios. Desde las primeras narraciones bíblicas del libro de Génesis, la vida se asocia a la intervención de Dios, que puede manifestarse a través de un soplo de la esencia de Dios (Gn 2.7; Sal 36.9; 41.2). Solo Dios tiene la capacidad de darla, fortalecerla o quitarla (Sal 27.1; Sam 2.6). Al Jesús proclamarse como la vida se ubica en ese singular ambiente que confirma, una vez más, su especial naturaleza divina.

La gran declaración de Jesús, de acuerdo con las narraciones del Evangelio de Juan, "Yo soy el camino, la verdad y la vida" es una afirmación teológica y educativa. Es una manera de destacar la continuidad ética, moral y espiritual que debe existir entre los estilos de vida que deben seguir sus seguidores, con la comprensión adecuada de sus enseñanzas.

Esa necesaria continuidad de pensamientos y acciones son las que producen la vida que emana únicamente de la gracia, el amor y la misericordia de Dios. Únicamente al descubrir y aceptar el mensaje y la vida de Jesús es que se tiene el poder y la oportunidad de llegar a Dios, que en este pasaje es identificado como el Padre, para destacar la intimidad y continuidad entre Jesús y Dios.

Yo soy la vid verdadera

Yo soy la vid verdadera,
y mi Padre es el labrador.
Toda rama que en mí no da fruto, la corta;
pero toda rama que da fruto la poda para que dé más fruto todavía.
Ustedes ya están limpios por la palabra que les he comunicado.
Permanezcan en mí, y yo permaneceré en ustedes.
Así como ninguna rama puede dar fruto por sí misma,
sino que tiene que permanecer en la vid,
así tampoco ustedes pueden dar fruto si no permanecen en mí.
Yo soy la vid y ustedes son las ramas.
El que permanece en mí, como yo en él, dará mucho fruto;
separados de mí no pueden ustedes hacer nada.

Juan 15.1-5

El séptimo y último de los grandes "Yo soy" de Jesús en el Evangelio de Juan destaca la importancia y necesidad de la unidad entre el Señor y sus discípulos. La imagen revela un componente indispensable de la continuidad entre Jesús y sus seguidores para vivir. De esta manera se afirma que permanecer en el Señor es un requisito indispensable para el disfrute de la vida, no es una actitud optativa. Y esa permanencia, que se refiere a la perseverancia en la fe, es la que propicia el ambiente para dar los frutos necesarios en la vida. Sin esa intimidad entre Jesús y sus discípulos, que se describe como la continuidad entre la vid y las ramas, no hay resultados positivos, no hay frutos.

La imagen seleccionada para esta final auto declaración de Jesús es la vid, que en Antiguo Testamento se utiliza con frecuencia para referirse al pueblo de Dios, Israel (Sal 80.8-16; Is 5.1-7; Jer 5.9-11; 12.10-11; Ez 15.1-6; 19.10-14). Se trata de un concepto de gran importancia teológica y existencial, pues las vides son arbustos que están presente en los diversos campos y las comunidades de Judea, Samaria y Galilea.

Para culminar sus auto-afirmaciones en la tradición de la revelación divina a Moisés en el Sinaí, de acuerdo con el evangelista Juan, Jesús utilizó una imagen agraria y rural muy familiar para quienes escuchaban y recibían sus enseñanzas, pues la idea de "la vid" no solo tenía componentes bíblicos sino manifestaba virtudes físicas y visuales en la comunidad. Como el tema de la unidad era fundamental en su ministerio, Jesús utilizó una imagen muy conocida en la comunidad judía para presentar su enseñanza.

La afirmación de Jesús como "la vida verdadera" puede ser una declaración de que él es el judío ideal. Quizá, la declaración se utiliza para destacar que la iglesia es el nuevo Israel, pues está íntimamente relacionada con Jesús, que es la vid (Gal 6.16; 1 Pe 2.5,9; Ap 1.6).

El contexto amplio de la declaración revela que posiblemente Jesús responde a la traición de Judas (Jn 15.6; 13.10; 17.12) o quizá es una referencia a los falsos discípulos (Jn 2.23-25; 8.30-47; 1 Jn 2.19), que también constituían una realidad entre los que seguían al Señor.

La enseñanza no es compleja: Jesús es la vid y los discípulos son las ramas. Los seguidores –que son las ramas– que no permanecen unidos al Señor –que es la vid– no pueden dar frutos, pues no tienen la fuente de la vida. Por consiguiente, serán cortados, que es la imagen del rechazo divino total y permanente. De la misma forma, si dan frutos es que están unidos al Señor, que genera la vida capaz de producir frutos. Y el secreto de permanecer en el Señor y llevar frutos está relacionado íntimamente al escuchar y obedecer la palabra divina que pronuncia Jesús.

La palabra final de la enseñanza es que si los discípulos permanecen en el Señor –que se presenta como la unión entre la vid y sus ramas–, tienen el poder de dar muchos frutos. También la enseñanza destaca que, si no hay frutos –que aluden a la separación de la rama y la vid, que a su vez refleja el distanciamiento entre Jesús y sus seguidores–, entonces hay que cortar permanentemente la rama del árbol, que pone de relieve la importancia de dar frutos y mantenerse unidos al Señor. Y el destino de la rama que ha sido cortada es el fuego.

Una de las consecuencias positivas de la continuidad y unidad entre Jesús y sus discípulos es que pueden pedir lo que deseen, que les será dado. La razón es que Dios, el Padre, es glorificado con los frutos de los seguidores de Jesús. Una demostración adicional del amor, que es un requisito indispensable en los seguidores de Jesús, es llevar frutos. Y para lograr ese objetivo del amor, hay que permanecer en el Señor que, de acuerdo con la imagen de la enseñanza, alude a la unidad y continuidad entre la vid y las ramas, que describe la relación entre Jesús y sus discípulos.

Otros "Yo soy" de Jesús en el Nuevo Testamento

Las referencias a Jesús como el gran "Yo soy" no se limitan al Evangelio de Juan. Esta cristología avanzada de la comprensión de Jesús y su ministerio se releva también en el libro de Apocalipsis. El vidente, en su comunicación de la revelación divina de los últimos días, presenta a Jesús en un singular plano divino, que ciertamente tiene implicaciones extraordinarias y escatológicas. Y en esa revelación final el vidente relaciona a Jesús con varias imágenes especiales de Dios en la Biblia hebrea.

Para Juan el vidente, Jesús es "el Alfa y la Omega, el principio y el fin, el primero y el último" (Ap 1.5; 22.13), que es una manera de afirmar la presencia de Cristo desde la creación hasta los tiempos escatológicos de la historia humana. Esa declaración ubica al Cristo del Apocalipsis en un nivel que supera la cautividad del tiempo y el espacio, pues se manifiesta desde el comienzo mismo de la historia hasta sus momentos finales. En efecto, es una cristología extraordinaria.

La identificación de Cristo como "la raíz y el linaje de David" (Ap 22.16) alude a las antiguas profecías mesiánicas de Isaías (Is 11.1-10). De acuerdo con el famoso profeta, el Mesías vendrá como parte del linaje del rey David. Además, cuando se manifiesta, recibirá el Espíritu de sabiduría, inteligencia, consejo, poder, conocimiento y temor del Señor, que es una manera de indicar el nivel de conocimiento y sabiduría divina que lo caracteriza. De singular importancia en esta profecía es la implicación universalista del mensaje, pues el Mesías llegará no solo al remanente de Israel, sino a los pueblos, a la toda la humanidad.

La imagen de "la estrella resplandeciente de la mañana" (Ap 22.16) se puede relacionar directamente con la antigua profecía de Balaam, hijo de Peor (Nm 24.15-25), interpretada desde una perspectiva mesiánica. Aunque Balaam fue llamado por el rey para maldecir a los israelitas, les profetizó bendición de manera reiterada. Además, anunció la aparición de un singular líder que vencerá sobre todos los enemigos del pueblo, que lo identificó poéticamente como la "Estrella de Jacob" (Mn 24.17). Y según el famoso vidente de Patmos, esa estrella mañanera es Cristo.

Con esas imágenes y mensajes de importancia, las afirmaciones apocalípticas y cristológicas en torno a Jesús continúan con una comprensión creciente, amplia, intensa, extensa, plena y divina de Jesús. La cristología que culmina el canon del Nuevo Testamento es una importante declaración teológica sobre la especial naturaleza divina de Jesús, que se identificó en el canon cristiano como el Cristo prometido por los profetas, el Mesías esperado por los judíos y el Ungido especial de Dios, que vino a traducir la voluntad divina en categorías humanas concretas en medio de la historia.

07
Himnos cristológicos

La actitud de ustedes debe ser como la de Cristo Jesús,
quien, siendo por naturaleza Dios,
no consideró el ser igual a Dios como algo a qué aferrarse.
Por el contrario, se rebajó voluntariamente,
tomando la naturaleza de siervo
y haciéndose semejante a los seres humanos.
Y al manifestarse como hombre,
se humilló a sí mismo y se hizo obediente hasta la muerte,
¡y muerte de cruz!
Por eso Dios lo exaltó hasta lo sumo
y le otorgó el nombre que está sobre todo nombre,
para que ante el nombre de Jesús se doble toda rodilla
en el cielo y en la tierra y debajo de la tierra,
y toda lengua confiese que Jesucristo es el Señor,
para gloria de Dios Padre.

Filipenses 2.5-11

Himnos y poemas cristológicos

Los himnos, cánticos y textos poéticos se incluyen en la Biblia hebrea desde muy temprano en la historia de la literatura relacionada con el pueblo de Israel. En el Antiguo Testamento, desde las primeras narraciones del éxodo de Egipto y de la liberación del yugo del faraón, hasta los poemas y cánticos que se incluyen en los Salmos, los himnos con contenido teológico de importancia están presentes de manera significativa. Desde los Cánticos del mar, entonados por Moisés y Miriam (Ex 3.1-21), hasta las alabanzas que afirman que toda persona debe alabar al Señor (Sal 150), la música y el desarrollo de temas en los poemas han jugado un papel protagónico en la afirmación de valores teológicos, los procesos educativos y la creatividad teológica.

La poesía, en efecto, ya sea de manera declamada o cantada, es un vehículo de importancia capital en la afirmación y comunicación de la teología bíblica. En una sociedad que dependía de la memorización para la transmisión de valores y enseñanzas, los poemas y los cánticos eran vehículos determinantes en los procesos pedagógicos. Y como parte de esos procesos, se transmitían de generación en generación historias personales y familiares, y cuentos nacionales y culturales que comunicaban importantes valores teológicos, espirituales, éticos y morales.

Esas dinámicas literarias, musicales, cúlticas, educativas y teológicas también se revelan con fuerza en el Nuevo Testamento. El Evangelio de Lucas, por ejemplo, incluye en sus relatos varios poemas de gran valor teológico e importancia cúltica. Son cánticos que presentan los pensamientos, las oraciones y los sentimientos de varios personajes de importancia en las narraciones del nacimiento de Jesús. Y esos poemas estaban repletos de afirmaciones y convicciones teológicas, que destacaban la peculiaridad de quien había nacido, identificado como Jesús, el hijo de María y José, y que desde el comienzo mismo de esos relatos se identifica con títulos cristológicos, como el Ungido del Señor (Lc 2.26).

Los himnos bíblicos son esencial y prioritariamente de afirmación divina. Presentan la gloria de Dios que tiene el poder de manifestarse en el cosmos, la naturaleza, la historia y la humanidad. Se trata de importantes declaraciones que se fundamentan en la fe y en las intervenciones divinas en la historia, especialmente en medio de las realidades del pueblo de Israel y la iglesia cristiana. Los himnos bíblicos, y especialmente los del Nuevo Testamento, alaban a Dios y su Ungido por su compromiso con las personas en necesidad y declaran sus intervenciones redentoras en medio de las vivencias humanas. Son afirmaciones de fe que ponen de manifiesto las convicciones más profundas de los creyentes.

Antes de proceder con el análisis de los himnos cristológicos directos, debemos identificar varios poemas que se ubican en relación con el nacimiento de Jesús. Se trata de cuatro cánticos de importancia teológica que revelan la singular naturaleza e importancia de quien había nacido, según el testimonio del evangelista Lucas, en Belén de Judea (Lc 2.1-6). Esos cánticos se encuentran en Lucas 1.46-55; 1.68-79; 2.14; 2.29-32, y preparan el camino para las afirmaciones cristológicas sobre la vida y obra de Jesús de Nazaret.

Magnificat

El primer himno que debemos analizar en el Evangelio de Lucas es el que tradicionalmente es conocido como *Magnificat*. Se trata de un especial cántico de alabanzas y accionen de gracias, que entonó María, la madre de Jesús, al encontrarse con su prima Elizabet (Lc 1.46-55).

El himno, en efecto, afirma y celebra la misericordia divina, agradece el compromiso de Dios con la gente pobre, humilde y en necesidad, y declara la fidelidad del Señor a sus promesas. Se trata de un poema teológicamente denso que reconoce y disfruta la gloria de Dios. María, en el himno, glorifica al Señor y Dios de su salvación, a quien identifica como el Poderoso y el Santo. El texto pone de manifiesto la humildad de María y destaca la autoridad divina.

Entonces dijo María:
—Mi alma glorifica al Señor,
y mi espíritu se regocija en Dios mi Salvador,
porque se ha dignado fijarse en su humilde sierva.
Desde ahora me llamarán dichosa todas las generaciones,
porque el Poderoso ha hecho grandes cosas por mí.
¡Santo es su nombre!
De generación en generación
se extiende su misericordia a los que le temen.
Hizo proezas con su brazo;
desbarató las intrigas de los soberbios.
De sus tronos derrocó a los poderosos,
mientras que ha exaltado a los humildes.
A los hambrientos los colmó de bienes,
y a los ricos los despidió con las manos vacías.
Acudió en ayuda de su siervo Israel
y, cumpliendo su promesa a nuestros padres,
mostró su misericordia a Abraham
y a su descendencia para siempre.

Lucas 1.46-55

El cántico, saturado de alabanzas, teología y espiritualidad, prepara el camino para el nacimiento de Jesús. María agradece a Dios haber sido seleccionada como instrumento divino para ser la madre del Mesías. Además, el himno pone de relieve una serie de valores espirituales que son pertinentes para el desarrollo posterior de la cristología.

Entre esas importantes afirmaciones teológicas están las siguientes: Dios es poderoso, santo y misericordioso; además, interviene en la historia para demostrar de forma clara y firme su amor hacia las personas más necesitadas, desposeídas, humildes y hambrientas. Y esos valores teológicos, que se ponen en clara evidencia en el *Magnificat*, posteriormente caracterizan y describen el ministerio didáctico y profético de Jesús de Nazaret. Desde el comienzo de las narraciones del ministerio de Jesús, los evangelistas canónicos entienden de los valores éticos, morales y espirituales que el Señor va a poner de relieve en su programa educativo y profético público.

Para el evangelista Lucas, el himno de María incluye las virtudes que describen al Mesías. Incorpora en el cántico las virtudes que posteriormente van a guiar la teología, las enseñanzas y los milagros de Jesús de Nazaret en su ministerio en Galilea, Samaria y Judea.

¡El alma y el espíritu de María glorifican y se regocijan en el Señor y en el Dios Salvador! El *Magnificat*, en efecto, prepara teológicamente el camino para las interpretaciones que los primeros evangelistas y maestros cristianos le dieron con el paso del tiempo a las enseñanzas y hazañas de Jesús de Nazaret. El poema de la madre de Jesús abre el camino para las posteriores afirmaciones y reflexiones cristológicas de las primeras comunidades de fe y sus líderes.

Benedictus

El segundo himno con virtudes literarias y teológicas que se presenta en el Evangelio de Lucas se ubica en boca del sacerdote Zacarías, esposo de Elisabet -prima de María- y padre de Juan el Bautista. El cántico se conoce como el *Benedictus* (Lc 1.68-79). El poema se ubica en el contexto del agradecimiento a Dios por el nacimiento de Juan, su hijo. Un padre agradecido alaba al Señor, pues interpreta el acontecimiento familiar como una manifestación especial de la gracia, el poder y la misericordia de Dios.

En el contexto amplio del cántico se presentan una serie de experiencias que se relacionan con la historia del pueblo de Israel, que no debemos subestimar ni podemos ignorar. Cuando llegó el momento del alumbramiento de Elisabet, la comunidad se alegró, pues el Señor mostró hacia ella su misericordia. Cuando llegó el día de circuncidar al recién nacido, a los ocho días, el nombre seleccionado por Elisabet fue Juan, no el nombre de su padre, el Zacarías.

Zacarías fue lleno del Espíritu Santo, y en medio de una serie de signos y milagros, como el haber recuperado el habla (Lc 1.13-20), ofreció al Señor el cántico o poema *Benedictus*, que el texto bíblico identifica directamente como un mensaje profético (Lc 1.67). El sacerdote alaba al Señor, Dios de Israel, pues cumple sus promesas.

El poema contiene una serie de alabanzas por la visita redentora de Dios a su pueblo. El Señor levantó un poderoso Salvador de la casa de David, según el cántico, que viene a cumplir las antiguas profecías mesiánicas de la Biblia hebrea. Y una vez más se manifiesta la teología especial de intervención divina en medio de la historia, por la salvación de los enemigos, la manifestación de misericordia a los padres, y por acordarse del pacto. La teología del poema ciertamente es sabia, contextual y pertinente:

> «*Bendito sea el Señor, Dios de Israel,*
> *porque ha venido a redimir a su pueblo.*
> *Nos envió un poderoso salvador*
> *en la casa de David su siervo*
> *(como lo prometió en el pasado por medio de sus santos profetas),*
> *para librarnos de nuestros enemigos*
> *y del poder de todos los que nos aborrecen;*
> *para mostrar misericordia a nuestros padres*
> *al acordarse de su santo pacto.*
> *Así lo juró a Abraham nuestro padre:*
> *nos concedió que fuéramos libres del temor,*
> *al rescatarnos del poder de nuestros enemigos,*
> *para que le sirviéramos con santidad y justicia,*
> *viviendo en su presencia todos nuestros días.*
> *Y tú, hijito mío, serás llamado profeta del Altísimo,*
> *porque irás delante del Señor para prepararle el camino.*
> *Darás a conocer a su pueblo la salvación*
> *mediante el perdón de sus pecados,*
> *gracias a la entrañable misericordia de nuestro Dios.*
> *Así nos visitará desde el cielo el sol naciente,*
> *para dar luz a los que viven en tinieblas,*
> *en la más terrible oscuridad,*
> *para guiar nuestros pasos por la senda de la paz.*

Lucas 1.68-79

En ese contexto hímnico y profético, Zacarías le habla a su hijo, Juan el Bautista (Lc 1.76-79) y lo declara profeta del Altísimo. Esa labor profética se asocia con su responsabilidad de anunciar la llegada del enviado de Dios que traería salvación y perdón de pecados al pueblo. Y esas intervenciones especiales de Dios, a través del Bautista, se fundamentan en la gran misericordia de Dios. El propósito de esa especial revelación de Dios es brindar luz a las personas que habitan en la más terrible oscuridad y guiar al pueblo por la senda de la paz.

La importancia del nacimiento de Juan el Bautista se asocia directamente con sus labores como agente de Dios para anunciar y preparar el camino del Mesías. Este cántico jugó un papel protagónico en el desarrollo de la cristología, pues el Bautista anuncia al Cristo que trae salvación, sanidad y justicia a la humanidad. En esa labor de profeta, Zacarías afirma con seguridad que la llegada del Mesías traerá luz a las personas que viven en las más oscuras tinieblas de la vida. Y esa iluminación divina llevará a las personas por los caminos de la paz, que se fundamenta en la implantación de la justicia.

Cántico angelical

En la narración del nacimiento de Jesús se incluye también un singular episodio de gran importancia teológica. Se trata del cántico de los ángeles que forman parte de la anunciación del nacimiento de Jesús en la ciudad Belén. Había en los alrededores de la ciudad un grupo de pastores que estaban haciendo sus labores cotidianas con las ovejas. Y repentinamente la oscuridad de la noche se eliminó por un resplandor divino. En medio de sus vivencias, los pastores recibieron una noticia extraordinaria.

La visita de un ángel del Señor a los pastores anunciaba el nacimiento del Salvador, Cristo el Señor, de la casa de David. Posteriormente, para corroborar y reafirmar el mensaje del ángel a los pastores, apareció una multitud de ángeles del cielo, con el mensaje de la gloria de Dios en las alturas y la paz en la tierra. El silencio de la noche y los tiempos cedió el paso a un cántico celestial que comunicaba el mensaje de la esperanza: la gloria en el cosmos y la paz en la historia.

Esa narración bíblica relaciona el cántico angelical con tres importantes títulos cristológicos del Mesías. Y se une de esa manera el nacimiento de Jesús en la sencilla, pequeña y humilde ciudad de Belén, con la muy importante cristología neotestamentaria. Para el Evangelio de Lucas, las afirmaciones cristológicas se incorporan desde muy temprano en los relatos bíblicos. Y esas cristologías se van desarrollando a medida que el ministerio de Jesús avanza, especialmente luego de las experiencias de muerte y resurrección.

El cántico es breve, directo, sencillo y claro, y las implicaciones teológicas son extensas e intensas.

«Gloria a Dios en las alturas,
y en la tierra paz
a los que gozan de su buena voluntad

Lucas 1.14

El poema celebra la manifestación de la gloria de Dios. Afirma de forma directa que esa gloria divina que se revela en los cielos se une a la paz que se manifiesta en la tierra entre las personas. La gente de buena voluntad, que es testigo de la gloria divina que se revela en el cosmos, vive y disfruta la paz en medio de sus vivencias diarias. En efecto, en el cantico angelical que se presenta como anuncio del nacimiento de Jesús, se unen a la vida del recién nacido dos términos de gran importancia teológica y mesiánica: gloria y paz.

La gloria es una expresión de la esencia divina; destaca su naturaleza especial. Y la paz constituía la necesidad y el reclamo más importante de la comunidad judía en la época de Jesús. Desde el nacimiento de Jesús se revelan claramente las expectativas mesiánicas de salvación del pueblo de la esclavitud romana. Quien nació, de acuerdo con la antigua profecía de Isaías, era el Príncipe de la paz (Is 9.6).

Nunc Dimittis

El cuarto de los poemas que se incorporan en el Evangelio de Lucas, como parte de las narraciones del nacimiento, es la oración de Simeón, conocida como *Nunc Dimittis* (Lc 2.29-32). Y el contexto de esta oración es la presentación del niño Jesús a los ocho días de nacido en el Templo de Jerusalén, y luego que María cumpliera con los días de purificación, de acuerdo con las leyes judías.

Simeón era un judío justo y piadoso, que esperaba con diligencia y expectación en el Templo de Jerusalén la manifestación de la redención de Israel, en una clara alusión a la llegada del Mesías. Además, de acuerdo con en evangelista Lucas, el Espíritu Santo le había revelado que no moriría sin ver al Cristo o Ungido de Dios. El anciano esperaba en el Templo, pacientemente y en oración, el cumplimiento de la profecía y promesa divina.

La oración de Simeón se produce cuando José y María llegan con el niño Jesús al Templo, para cumplir con las ceremonias religiosas judías. El anciano tomó al niño en los brazos, y sorprendido, oró al Señor.

«Según tu palabra, Soberano Señor,
ya puedes despedir a tu siervo en paz.
Porque han visto mis ojos tu salvación,
que has preparado a la vista de todos los pueblos:
luz que ilumina a las naciones
y gloria de tu pueblo Israel».

Lucas 2.29-32

El cántico y oración de Simeón transmite una teología mesiánica clara. El Dios Soberano ya lo podía mandar a buscar, pues el niño que tenía en sus manos era la salvación de Israel y de todos los pueblos. Desde que lo recibió, Simeón sabía que Dios, en el hijo recién nacido de José y María, había cumplido las promesas mesiánicas a David y los profetas, y también las que el Espíritu Santo le había hecho a él, de no morir hasta ver al Mesías anunciado. Ante ese extraordinario reconocimiento, Simón afirma que ya puede morir en paz.

Este breve poema incorpora y revela un especial aprecio cristológico. El Mesías se reconoce como salvación, iluminación y gloria de los pueblos y de Israel. Según el cántico de Simeón, el Dios soberano tiene la capacidad, el compromiso y el deseo de producir paz, mediante la salvación que representa el Cristo o Ungido de Dios, que está en el Templo en forma de recién nacido. Y esa teología informó las reflexiones teológicas que nutrieron y produjeron las cristologías del Nuevo Testamento.

Dios lo exaltó hasta lo sumo

En nuestro análisis de la cristología del Nuevo Testamento el estudio de los textos poéticos y los himnos nos ayudan a comprender lo que las comunidades de fe entendían era la naturaleza y misión del Mesías, el Cristo de Dios. Esas porciones bíblicas son muy importantes desde la perspectiva teológica, pues reflejan los sentimientos más profundos y las reflexiones más agudas de los seguidores de Jesús, luego de la resurrección. Las iglesias primitivas reflejaban lo que creían de Jesucristo en sus himnos, poemas y cánticos.

El himno cristiano más antiguo que tenemos a nuestra disposición en la actualidad, posiblemente se encuentra en la Epístola a los filipenses. El apóstol Pablo, en su tarea educativa en las diversas comunidades de fe cristianas, presenta un buen escrito pastoral de testimonio y de gratitud mutua. En primer lugar, el apóstol agradecía a la iglesia el apoyo que habían brindado a su ministerio en momentos de grandes desafíos y dificultades. Además, de acuerdo con la epístola, los creyentes de Filipos reconocían y apreciaban las labores educativas, pastorales y de afirmación espiritual del apóstol hacia esa comunidad de fe. El escrito revela el aprecio y reconocimiento mutuo.

Una de las enseñanzas más importantes de Pablo en esta epístola se refiere a la naturaleza y extensión de la nueva vida como seguidores de las enseñanzas de Jesús de Nazaret (Fil 1.12—2.18). Para el sabio apóstol, era de fundamental importancia comprender la fase "vivir en Cristo" (Fil 1.21), Descubrir sus implicaciones espirituales, personales e interpersonales era determinante.

En medio de una serie de conflictos y dificultades en la comunidad, por las motivaciones de algunas personas al predicar el evangelio, Pablo afirma la necesidad de comprender el fundamento, la naturaleza y las implicaciones de vivir como seguidores de Cristo. Desde la perspectiva pastoral, el apóstol destaca la importancia de comprender las implicaciones prácticas de las afirmaciones teológicas.

En ese fundamental contexto educativo, el apóstol incorpora en su enseñanza un himno a Cristo que tiene gran importancia espiritual, teológica, pedagógica y pastoral. Este poema, que posiblemente ya se utilizaba en algunas congregaciones cristianas cuando el apóstol lo incluyó como recurso educativo para los filipenses, afirma que las iglesias y los creyentes deben seguir el modelo de Cristo Jesús. Para el apóstol, era de fundamental importancia seguir el ejemplo de vida del Señor.

El corazón de la enseñanza paulina es que la gente de fe debe actuar en la vida fundamentada en la humildad, no en la rivalidad, el egoísmo o la vanidad. Ese importante elemento, que ciertamente caracteriza las vivencias y acciones de Jesús, pone de relieve la base de las actitudes, los pensamientos, las actividades de las comunidades de fe en general, y particularmente, de las personas que profesaban su fe en cristo.

El poema dice:

> *La actitud de ustedes debe ser como la de Cristo Jesús,*
> *quien, siendo por naturaleza Dios,*
> *no consideró el ser igual a Dios como algo a qué aferrarse.*
> *Por el contrario, se rebajó voluntariamente,*
> *tomando la naturaleza de siervo*
> *y haciéndose semejante a los seres humanos.*
> *Y al manifestarse como hombre,*
> *se humilló a sí mismo*
> *y se hizo obediente hasta la muerte,*
> *¡y muerte de cruz!*
> *Por eso Dios lo exaltó hasta lo sumo*
> *y le otorgó el nombre que está sobre todo nombre,*
> *para que ante el nombre de Jesús se doble toda rodilla*
> *en el cielo y en la tierra y debajo de la tierra,*
> *y toda lengua confiese que Jesucristo es el Señor,*
> *para gloria de Dios Padre.*

Filipenses 2.5-11

La enseñanza de Pablo es clara y directa: los creyentes de la iglesia de Filipos deben seguir el gran ejemplo de Jesús, pues, aunque era Dios, decidió actuar con humildad y sencillez. De esta manera el apóstol ubica la humildad como un valor teológico, espiritual, práctico y prioritario en la vida cristiana. Y ese acto de sencillez y respeto de Jesús, Dios mismo lo recompensó al brindarle un nombre que es sobre todo nombre, para que la humanidad toda lo reconozca como el Señor. El gran argumento paulino es que la humildad es el camino al éxito en la vida. Un nombre sobre todo nombre es una manera de destacar el triunfo de su gestión como representante de Dios en medio de la historia de la humanidad.

De esa enseñanza apostólica, se desprenden varias implicaciones cristológicas de importancia capital. En primer lugar, el himno declara que Jesucristo es de naturaleza divina, pero esa especial esencia no se convirtió en impedimento para ser como los seres humanos. La verdadera naturaleza divina del Señor, en vez de ser motivo de orgullo personal y distanciamiento histórico, se convirtió en el fundamento y la motivación para llevar a efecto sus actividades en favor de la humanidad. Inclusive, Jesucristo, con iniciativa propia, obedeció la voluntad divina y aceptó morir crucificado, que era un proceso rechazado y maldito por el judaísmo (Dt 21.23). Con sus actitudes sobrias el Señor demostró que la humildad sigue el camino de la obediencia que, a su vez, nos mueve por los senderos del progreso y el éxito.

La respuesta divina a esas acciones de humildad que Jesús mostró en su vida y ministerio, de acuerdo con el himno cristológico, es de aprecio, gracia y gloria: Dios lo exaltó y le dio un nombre especial sobre todo nombre; además, ese singular reconocimiento divino va a propiciar que toda la humanidad le reconozca y adore. De acuerdo con el apóstol, la confesión del señorío de Cristo es una manifestación concreta de la gloria de Dios.

En efecto, la humildad del Señor fue el camino para la manifestación plena y transformadora de la gloria de Dios. Para el apóstol de los gentiles, ese buen ejemplo y componente personal de las enseñanzas del Señor eran determinantes e indispensables para superar las dificultades interpersonales que se manifestaban en la iglesia de Filipos. El camino de la humildad lleva a las iglesias y los creyentes por los senderos del éxito y triunfo en la vida.

En el principio era el Verbo

Un himno cristiano de gran valor teológico se encuentra al comienzo mismo del Evangelio de Juan. A diferencia de los evangelios sinópticos, Juan inicia su escrito con la presentación del Verbo o la Palabra de Dios (en griego,

Logos), que se identifica directamente con Jesucristo al final del pasaje bíblico (Jn 1.17). Toda esta sección del Evangelio es un tipo de prólogo teológico que presenta la naturaleza especial de Cristo que, de acuerdo con el testimonio de Juan, es eterna; además, se afirma, que esa eternidad se hizo ser humano en la encarnación del Hijo unigénito de Dios (Jn 1.18).

La comprensión adecuada del término *logos* debe tomar en consideración su trasfondo griego, pues se utilizaba con frecuencia en la literatura antigua. Para algunos filósofos representaba la razón y análisis divino, que permitió a la naturaleza crecer y desarrollarse. Para otros, es el instrumento divino para la creación de la naturaleza. Y aunque pueden encontrarse algunas similitudes, es importante notar que para el mundo griego el *logos* nunca se personificó ni se pensaba que existía antes de la creación. Esa singular y novel comprensión teológica amplia del *logos* es producto de la gran creatividad de la literatura joanina.

Desde la perspectiva hebrea, la comprensión de *logos* debe hacerse a la luz de la literatura sapiencial. De singular importancia es la afirmación que el Dios bíblico crea a través de su palabra (Prov 8). Y esa comprensión proverbial debe unirse a la narración inicial de Génesis, que declara claramente que Dios crea a través de su mandato mediante su palabra (Gen 1.1—2.4). Para el evangelista Juan, en esta tradición bíblica, Jesucristo es sin inhibición o confusión el Verbo, la Palabra o el *Logos* de Dios.

Este importante himno cristológico se puede dividir en cinco secciones básicas:

- Juan 1.1-5: El Verbo preexistente
- Juan 1.6-8: Primer testimonio de Juan el Bautista
- Juan 1.9-13: La luz llegó al mundo
- Juan 1.15: Segundo testimonio de Juan el Bautista
- Juan 1.16-18: Jesucristo es el unigénito Hijo de Dios

El himno del Verbo y *Logos* de Dios es el siguiente:

> *En el principio ya existía el Verbo,*
> *y el Verbo estaba con Dios,*
> *y el Verbo era Dios.*
> *Él estaba con Dios en el principio.*
> *Por medio de él todas las cosas fueron creadas;*
> *sin él, nada de lo creado llegó a existir.*
> *En él estaba la vida,*

y la vida era la luz de la humanidad.
Esta luz resplandece en las tinieblas,
y las tinieblas no han podido extinguirla.

Vino un hombre llamado Juan. Dios lo envió
como testigo para dar testimonio de la luz,
a fin de que por medio de él todos creyeran.
Juan no era la luz, sino que vino para dar testimonio de la luz.

Esa luz verdadera, la que alumbra a todo ser humano,
venía a este mundo.
El que era la luz ya estaba en el mundo,
y el mundo fue creado por medio de él,
pero el mundo no lo reconoció.
Vino a lo que era suyo, pero los suyos no lo recibieron.
Mas a cuantos lo recibieron,
a los que creen en su nombre,
les dio el derecho de ser hijos de Dios.
Estos no nacen de la sangre, ni por deseos naturales,
ni por voluntad humana, sino que nacen de Dios.
Y el Verbo se hizo hombre y habitó entre nosotros.
Y hemos contemplado su gloria,
la gloria que corresponde al Hijo unigénito del Padre,
lleno de gracia y de verdad.

Juan dio testimonio de él, y a voz en cuello proclamó:
«Este es aquel de quien yo decía:
"El que viene después de mí es superior a mí,
porque existía antes que yo"».

De su plenitud todos hemos recibido gracia sobre gracia,
pues la ley fue dada por medio de Moisés,
mientras que la gracia y la verdad
nos han llegado por medio de Jesucristo.
A Dios nadie lo ha visto nunca;
el Hijo unigénito, que es Dios y que vive en unión íntima con el Padre,
nos lo ha dado a conocer.

Juan 1.1-18

Cada sección de este poema destaca un componente de gran importancia teológica y cristológica. Esas afirmaciones y comprensiones teológicas en torno al Verbo o *Logos* de Dios se van expandiendo en el pensamiento y las reflexiones de las comunidades de fe, los maestros y los predicadores de las iglesias. Este importante himno que inicia el Evangelio de Juan explora una dimensión extraordinaria del Cristo de Dios: su preexistencia y su poder creador.

La primera afirmación teológica en Juan es de fundamental importancia: el *Logos*, la Palabra o el Verbo ya existía al comienzo mismo de la historia, pues estaba con Dios y era Dios. Esa declaración revela una gran similitud con la primera oración que se encuentra en la Biblia hebrea, "En el principio" (Gen 1.1). Desde la perspectiva teológica, no hay nada nuevo en la frase que se refiere directamente a Dios. Lo novel en este evangelio es que esa gran declaración teológica y de fe se relaciona directamente con el Verbo, que posteriormente en el poema se afirma directamente que es Jesucristo (Jn 1.17).

¡El Verbo de Dios ya existía al principio de la creación! ¡Antes de la creación del mundo, ya el *Logos* de Dios estaba en acción! El Verbo o la Palabra de Dios, también identificado en el poema como "luz verdadera" (Jn 1.9), "gracia" y "verdad" (Jn 1.17), que es Jesucristo, ¡es directamente reconocido como Dios! Y esa singular comprensión mesiánica, de acuerdo con el cuarto evangelio, supera los límites teológicos de la época. Se trata de una contribución sustancial a la cristología neotestamentaria.

Respecto al Verbo en los procesos de creación, Juan indica claramente que por él todas las cosas fueron hechas (Jn 1.3-4). Esa virtud creadora se asocia a la declaración de que en el Verbo de Dios estaba la esencia misma de la vida y ese tipo de vida se convertía en iluminación en medio de las tinieblas de la humanidad. Se unen de forma teológica dos conceptos importantes al Verbo: la vida y la luz, que son componentes indispensables para la existencia. Se amplía de esta manera las dimensiones teológicas de la misión del Verbo de Dios en la historia, según el Evangelio de Juan.

De acuerdo con el evangelista, el Verbo es Dios y esa naturaleza especial divina lo asocia a su poder creador, pues genera la vida y también es la luz. Desde el comienzo mismo del cuarto evangelio, se presenta a un Jesús diferente a la figura tradicional de los evangelios sinópticos, que comienzan las narraciones en torno a Jesús de Nazaret en Belén (Mt 1—2; Luc 1—3) o con el anuncio de Juan el Bautista (Mc 1). En Juan, sin embargo, el Cristo de Dios supera las comprensiones tradicionales e históricas de Jesús de Nazaret, pues ubica al Mesías prometido en el extraordinario nivel divino con capacidades creadoras y virtudes de iluminación.

El Verbo de Dios era la vida misma que llegaba a la humanidad para iluminarla en medio de las oscuridades de la existencia humana. Y para destacar el poder salvador de Jesucristo, el evangelista afirma que el tipo de luz que irradia el Señor las tinieblas humanas no pueden extinguirla. Se trata de una gran afirmación teológica que ubica al Señor en la dimensión de eternidad divina, con el extraordinario poder de creación y la virtud de superar las oscuridades. Estas declaraciones teológicas tienen grandes implicaciones espirituales, éticas y morales para la humanidad y contribuyen de forma destacada al desarrollo de la cristología de las iglesias neotestamentarias.

El himno es interrumpido momentáneamente por la primera sección en prosa que presenta a Juan el Bautista (Jn 1.6-8). La labor profética de Juan era anunciar que Dios había enviado a Jesucristo como el agente de luz divina para la humanidad. La finalidad era que la gente creyera por ese testimonio de la luz.

El evangelio indica claramente que Juan no era la luz, pero afirma que vino a presentar y dar testimonio público de la luz. De gran importancia teológica y misionera al estudiar esta sección joanina es comprender que, posteriormente en el Evangelio de Juan, Jesús declara "Yo soy la luz del mundo" (Jn 9.5), en el contexto de la sanidad de un hombre ciego de nacimiento (Jn 9.1-34). El Cristo de Dios, que es también el Verbo, es luz que ilumina la humanidad y poder divino que permite a los ciegos ver. La esencia misma del Verbo de Dios es salvación, educación y sanidad.

El tema del Verbo como luz del mundo prosigue en el poema (Jn 1.9-14). De acuerdo con Juan, la luz verdadera llegaba a la humanidad e irrumpía en medio de la historia. El Verbo que creó el mundo, que ahora llegaba a la historia, no fue reconocido por la sociedad ni fue apreciado por su pueblo, pues "los suyos no lo recibieron". Sin embargo, a quienes recibieron esa luz divina relacionada con el *Logos*, les dio la potestad, es decir, les brindó el derecho y privilegio de ser hijos de Dios.

Para comprender el poema y sus implicaciones, es necesario entender que creer en el nombre es la manera semítica de aceptar la naturaleza mesiánica de quien lo lleva. Esa nueva relación entre los que creen en el Verbo de Dios como la luz de Dios no es producto de los deseos humanos sino resultado de la misericordia divina.

Esta sección del cántico, que está saturada de teología y cristología, afirma que el Verbo de Dios se hizo ser humano y habitó en medio de las realidades cotidianas del pueblo. Ese encuentro del Verbo y la historia le permitió a la humanidad contemplar de cerca la gloria divina, que se manifestaba en la vida y las actividades del Hijo unigénito del Padre. Y esa singular gloria divina se pone claramente de manifiesto en la gracia y la verdad, que son valores espirituales que se revelan en el ministerio de Jesucristo.

Una segunda sección en prosa divide el poema (Jn 1.15). Se trata de una afirmación teológica de Juan el Bautista en torno al Verbo de Dios. El famoso profeta, que anunció y presentó el ministerio de Jesús, declara sin ambigüedades que quien él anuncia y presenta es antes que él y, además, era primero que él. Esa fraseología cargada de imágenes y significado teológico es una manera de destacar su preexistencia y declarar su extraordinario poder.

El poema cristológico prosigue para reafirmar la singular naturaleza de Jesucristo (Jn 1.16-18). En esta ocasión la poesía incorpora elementos históricos. Afirma que el pueblo ha recibido la Ley divina a través de Moisés; pero que la plenitud de la gracia y la verdad se manifiestan al mundo por medio de Jesucristo. De acuerdo con el evangelista, la Ley y sus enseñanzas se relacionaban con Moisés, pero las nuevas manifestaciones de gracia y verdad se revelan en las acciones transformadoras del Cristo de Dios, que era el Verbo, la Palabra y el *logos*.

Se contraponen de esta forma las regulaciones mosaicas y las enseñanzas de Jesús. Y para reiterar el poder divino de Jesucristo, se declara que a Dios nadie lo ha visto, pero a su Hijo unigénito, que es Dios, han podido ver en medio de las realidades humanas. Una nueva autoridad divina se pone de relieve en la figura de Jesús, que ciertamente supera el reconocimiento tradicional de Moisés.

La supremacía de Cristo

La Epístola a los colosenses se escribe con tres propósitos básicos: en primer lugar (Col 1.9-23), el apóstol agradece a Dios la fe y el testimonio de los fieles y santos hermanos de la iglesia que se reunía en Colosas, que estaba ubicada a unos 175 kilómetros de la ciudad de Éfeso. En su oración, Pablo pide sabiduría espiritual para la comunidad. Además, en el contexto de la afirmación de la obra salvadora de Dios (Col 1.9-13), presenta un magnífico himno o poema que exalta de forma extraordinaria la naturaleza y la extensión de la obra redentora de Cristo (Col 1.15-19).

El apóstol, además, en la epístola, pone de manifiesto el compromiso ministerial que tiene con las iglesias en general y con la comunidad de Colosas en particular (Col 1.24—2.5). Presenta la importancia de la predicación del evangelio a las comunidades gentiles, pues era necesario que esos grupos recibieran la buena noticia de Dios que se revelaba por medio de Jesucristo. Una dimensión nueva de la revelación de Dios en Cristo se pone de relieve en el anuncio del evangelio a los gentiles.

Finalmente, la carta paulina incluye una serie importante de valores morales, éticos y espirituales que se asocian a la manifestación de la gracia divina a las iglesias y los creyentes. La enseñanza apostólica incluye unos temas que pueden apoyar de forma efectiva el ministerio que se lleva a efecto en la ciudad de Colosas. Además, el escrito presenta varias recomendaciones espirituales y prácticas para vivir a la altura de los reclamos divinos.

En el contexto específico de esas instrucciones paulinas, se incluyen las siguientes recomendaciones pastorales. Como se desprende de la lectura de la carta, el amor, la santidad, la bondad, la amabilidad, la paciencia y el perdón entre los creyentes, directamente se fundamentan en el amor y el perdón divino.

Por lo tanto, como escogidos de Dios, santos y amados,
revístanse de afecto entrañable
y de bondad, humildad, amabilidad y paciencia,
de modo que se toleren unos a otros
y se perdonen si alguno tiene queja contra otro.
Así como el Señor los perdonó,
perdonen también ustedes.
Por encima de todo, vístanse de amor,
que es el vínculo perfecto.

Colosenses 3.12-14

En la presentación de su mensaje pastoral, la epístola incorpora un componente poético de gran virtud teológica. Se trata de un himno que revela las percepciones del apóstol en torno a la naturaleza y misión de Jesucristo. El poema, que quizá se utilizaba en contextos litúrgicos en las diversas comunidades cristianas, revela la profundidad de las reflexiones teológicas en torno a la obra de Jesucristo. Y el apóstol utiliza el cántico para destacar su enseñanza en torno a la naturaleza del Señor y su especial relación con la congregación. El fundamento teológico del poema es que Cristo es la cabeza del cuerpo, que es la iglesia.

Luego de los saludos, que son ciertamente comunes en la literatura paulina (Col 1.1-2), se desarrolla el tema fundamental de la carta: la naturaleza y extensión de la salvación que tienen los creyentes en Cristo Jesús. Esa enseñanza incluye la afirmación de las virtudes fundamentales del evangelio: la fe, la esperanza y el amor (Col 1.3-5). En efecto, la Carta a los colosenses está muy bien redactada y con un muy claro sentido de dirección pastoral y teológico. Y el apóstol agradece a Dios que las virtudes del evangelio se habían manifestado en la iglesia y que el líder local había encaminado a la comunidad de fe por un buen sendero de crecimiento espiritual (Col 1.5-8).

En este contexto amplio de saludos y afirmaciones espirituales, Pablo intercede a Dios para que la comunidad sea llena del conocimiento divino, para que los creyentes puedan andar y actuar según es digno de las personas que han incorporado las virtudes del evangelio en sus vidas (Col 1.9.11). Además, el apóstol da gracias a Dios porque la comunidad de fe participa de la "herencia de los santos en luz" (Col 1.12), porque han salido del reino de las tinieblas y han obtenido el perdón de sus pecados (Col 1.13-14). El testimonio de los creyentes de Colosas ciertamente ha impresionado muy positivamente al apóstol Pablo.

Para continuar esa dinámica pastoral y educativa, la epístola incluye un poema de extraordinario valor teológico, cúltico y espiritual. Para algunos estudiosos, este himno se cantaba en el contexto de la Santa Cena o eucaristía u otros eventos cristianos de celebración de la fe. Piensan que el apóstol utilizó un cántico que ya existía en las iglesias del primer siglo, para articular, en un lenguaje saturado de belleza literaria y simbolismos, su enseñanza fundamental: destacar la naturaleza teológica de Cristo.

Independientemente del origen del himno, ya sea de origen paulino o que precedió al famoso apóstol, se trata de una afirmación de fe extraordinaria, que pone claramente de relieve las comprensiones profundas que Pablo y las iglesias primitivas desarrollaron en torno a Cristo, luego de las narraciones de la resurrección. La victoria de Cristo sobre la muerte se convirtió en la inspiración teológica fundamental para maestros, predicadores, apóstoles, profetas y poetas de las iglesias primitivas.

Estas enseñanzas apostólicas revelan el crecimiento en la fe y en las reflexiones de las iglesias. En medio de esas dinámicas congregacionales, la literatura cristológica se va desarrollando de forma paulatina y continua. A medida que las iglesias crecían, los creyentes reflexionaban sobre las implicaciones de la vida, las enseñanzas y el sacrificio de Jesús. Y esas reflexiones generaron las ideas pertinentes para el crecimiento y desarrollo de la cristología neotestamentaria.

Posiblemente el himno básico se incluye en los primeros cinco versículos (Col 1.15-20). Sin embargo, el apóstol continuó el himno con una serie de afirmaciones cristológicas de importancia, para enfatizar su enseñanza en torno a la naturaleza divina y misión redentora de Cristo (Col 1.21-23).

En nuestro análisis, exploraremos el himno básico en tres estrofas (Col 1.15-17;1.18; 1.19-20); además, evaluaremos las enseñanzas del apóstol en las dos estrofas adicionales (Col 1.21-22; 1.23). Y el tema fundamental de la enseñanza en general es la deidad de Cristo y sus implicaciones.

Él es la imagen del Dios invisible,
el primogénito de toda creación,
porque por medio de él fueron creadas todas las cosas
en el cielo y en la tierra, visibles e invisibles,
sean tronos, poderes, principados o autoridades:
todo ha sido creado por medio de él y para él.
Él es anterior a todas las cosas,
que por medio de él forman un todo coherente.

Él es la cabeza del cuerpo, que es la iglesia.
Él es el principio, el primogénito de la resurrección,
para ser en todo el primero.

Porque a Dios le agradó habitar en él con toda su plenitud
y, por medio de él, reconciliar consigo todas las cosas,
tanto las que están en la tierra como las que están en el cielo,
haciendo la paz mediante la sangre que derramó en la cruz.

En otro tiempo ustedes, por su actitud y sus malas acciones,
estaban alejados de Dios y eran sus enemigos.
Pero ahora Dios, a fin de presentarlos santos,
intachables e irreprochables delante de él,
los ha reconciliado en el cuerpo mortal de Cristo mediante su muerte,
con tal de que se mantengan firmes en la fe,
bien cimentados y estables,
sin abandonar la esperanza que ofrece el evangelio.

Este es el evangelio que ustedes oyeron
y que ha sido proclamado en toda la creación debajo del cielo,
y del que yo, Pablo, he llegado a ser servidor.

Colosenses 1.15-23

Respecto a la naturaleza especial de Cristo, el apóstol afirma los siguientes postulados, de acuerdo con la lectura del texto bíblico y la enseñanza a los colosenses:

- Es la imagen del Dios invisible: v.15a
- Es el primogénito o el principio de la creación: v.15b

- Es el creador del universo: v.16
- Es el eterno: v.17a
- Es el sustentador de todas las cosas: v.17b
- Es la cabeza de la iglesia: v.18
- Es el primogénito de la resurrección: v.18b
- Es en quien habita toda la plenitud de Dios: v.19
- Es el reconciliador: v. 21
- Es el santificador: v.22

Este himno le canta a Jesucristo como Dios, creador, eterno, cabeza de la iglesia, reconciliador y santificador. Además, el cántico afirma que el Señor es el primero en resucitar y tiene la plenitud de Dios. Se trata de un poema cargado de significado, que explora nuevos horizontes teológicos en torno a Cristo. El cántico ubica literalmente al Señor en los niveles de la divinidad en los momentos de la creación del mundo y la historia.

Esa singular y especial naturaleza divina de Cristo lo autoriza a ser el líder indiscutible de las iglesias. De acuerdo con el apóstol, el Señor es el líder absoluto de la comunidad de fe en Colosas y del resto del mundo, pues demostró esa naturaleza extraordinaria por el sacrifico que llevó a efecto en la cruz del Calvario para traer paz a la humanidad (Col 1.20).

Para el sabio apóstol Pablo ese era el fundamento del evangelio que él había recibido y enseñaba a la humanidad. El Cristo del poema es el que Pablo predica y sirve sin inhibiciones, aunque posiblemente esté preso en la cárcel de Roma. Su cautiverio personal por parte del imperio romano no era un elemento disuasivo que le impidiera anunciar la naturaleza extraordinaria de Cristo, que era la fuente fundamental de la esperanza cristiana.

Descripciones cristológicas e himnos en el Apocalipsis

El libro de Apocalipsis se escribió a finales del primer siglo de la era cristiana. La obra presenta las visiones del profeta Juan (Ap 1.3; 22.6-10,18-19), que tienen una serie de mensajes a iglesias específicas en el Asia Menor. Son enseñanzas y reclamos a comunidades de fe contemporáneas al autor del libro, que anuncian que Cristo ha cumplido de forma completa el plan redentor de Dios para con la humanidad. El gran mensaje salvador de Juan, sin embargo, tiene repercusiones futuras, pues el Cristo del vidente es el vencedor del mal y de la muerte. Y esas afirmaciones tienen importantes repercusiones teológicas y misioneras para el futuro; en efecto, las enseñanzas del Apocalipsis tienen implicaciones escatológicas.

El lenguaje utilizado en el libro se identifica como apocalíptico, pues en la presentación del mensaje hace uso intenso de símbolos, imágenes y visiones. Esa simbología incluye colores, números, imágenes de animales e instrumentos del culto tradicional en las comunidades judías y cristianas. Y este tipo de lenguaje, que estaba cargado de sentidos múltiples y de gran imaginación, se utilizó en el Antiguo Testamento en Isaías (Is 24—27), Joel (Jl 2), Ezequiel (Ez 1; 40—48), Daniel (Dan 7—12) y Zacarías (Zac 1—6).

La literatura apocalíptica judía surgió como respuesta a realidades políticas, sociales, económicas y militares de angustia, cautiverio y opresión. Cuando el pueblo judío se veía en medio de las esclavitudes que organizaban las diversas potencias extranjeras, desde el segundo siglo antes de Cristo en adelante, la literatura apocalíptica florecía. Y a finales del primer siglo de la era cristiana, la Palestina antigua estaba bajo una muy potente influencia militar, administrativa y hegemónica del imperio romano.

La finalidad teológica de este tipo de literatura apocalíptica era afirmar la esperanza del pueblo. Esa palabra de sobriedad para el porvenir presentaba un futuro diferente a las realidades de cautiverio que vivían en las diversas esferas políticas, sociales, económicas, religiosas y espirituales. Ante la sociología de la desesperanza, se manifiesta la teología de la esperanza, como es el caso específico del libro del Apocalipsis.

Las visiones de Juan dan testimonio de la fidelidad de palabra de Dios y de Jesucristo. Comienzan con una singular descripción del Cristo resucitado (Ap 1.12-18), que utiliza unas imágenes diferentes a las que se incluyen en los evangelios canónicos en sus narraciones en torno a Jesús. La imaginación apocalíptica se manifiesta de forma óptima, creativa y espontánea, y el vidente describe la experiencia de su diálogo con el Cristo de sus visiones.

El libro de Apocalipsis contiene el mensaje al vidente que proviene de Dios y que se presenta a través de un ángel mediador que transmite la voluntad divina directamente a Juan. Y el contexto físico de la revelación es el cautiverio, pues Juan está preso en la Isla de Patmos por su fe y testimonio cristiano, que el imperio romano no aceptaba y deseaba suprimir.

Al leer el libro se descubre que al comienzo mismo de la descripción de Cristo el lenguaje toma características poéticas e hímnicas. Es posible que las expresiones que se incluyen hayan sido parte de los antiguos cultos cristianos (Ap 1.5-5-7). En el mensaje se hace alusión al amor de Jesús y a su sangre que ha liberado a los creyentes de sus pecados; además, afirma que los creyentes ahora son parte de un singular reino de sacerdotes que están al servicio directa a Dios.

... y de parte de Jesucristo, el testigo fiel,
el primogénito de la resurrección,
el soberano de los reyes de la tierra.
Al que nos ama
y que por su sangre nos ha librado de nuestros pecados,
al que ha hecho de nosotros un reino,
sacerdotes al servicio de Dios su Padre,
¡a él sea la gloria y el poder por los siglos de los siglos!
Amén.

Apocalipsis 1.5-7

La referencia al "reino de sacerdotes", posiblemente viene de la promesa de Dios a Moisés y al pueblo de Israel (Ex 19.6). Juan, de esta manera y como profeta de Dios, reclama esa antigua promesa de "reyes y sacerdotes" y la aplica directamente a la iglesia, que está en medio de la persecución cruenta del imperio romano. Para el vidente esa promesa divina se hizo realidad en la muerte de Jesús y la posterior resurrección de Cristo. Juan transforma una experiencia de dolor y muerte, en el cumplimiento de la voluntad divina, que se constituye en mensaje de esperanza y vida.

La doxología que concluye esta sección es una manera de agradecer esa especial manifestación del poder divino. Se da gloria al poder de Dios de manera continua y eterna, pues el Dios bíblico cumplió sus promesas al pueblo de Israel a través del sacrificio de Jesús en la cruz del Calvario.

Las afirmaciones cristológicas continúan. Y en esta ocasión se hace referencia a la aparición extraordinaria de Cristo, que posiblemente se fundamenta en una de las visiones de Daniel, en la que el Hijo del hombre viene en las nubes para recibir el poder, la gloria y el reino, de manos del Anciano de días, que ciertamente alude a Dios (Dan 7.1—12.13).

En las visiones de Daniel, el Hijo del hombre viene en representación del pueblo de Dios, que estaba bajo un poder opresor que le impedía vivir en libertad. La visión de Juan hereda esa afirmación teológica y presenta a Jesucristo como Hijo del hombre (Ap 1.12-18). Mediante su muerte en la cruz, el Señor recibió la gloria y el poder divino, que ahora pone a disposición de los creyentes y las iglesias, pues constituyen un extraordinario reino de sacerdotes. De singular importancia en la visión es que las referencias al reino son signos de poder y autoridad, que transmiten el mensaje de esperanza que necesitan los creyentes y las iglesias perseguidas de manera inmisericorde por el imperio romano.

La esperanza que presenta las visiones de Juan se fundamenta en quién es realmente el Señor de la iglesia. Para el vidente, Jesucristo es el Alfa y Omega, el que es, el que era y el que ha de venir, y el Todopoderoso. El mensaje brinda un sentido grato de seguridad y futuro al pueblo de Dios; además, se basa en quién es realmente el Señor de la iglesia.

Esa importante afirmación teológica, revela que Dios está en control absoluto de la historia, tanto en el pasado como en el presente y ciertamente en el futuro. La declaración de que Dios es Todopoderoso complementa la idea y teología del Alfa y Omega, que son las letras iniciales y finales del alfabeto griego: un Dios que todo lo puede está comprometido firmemente con el bienestar y la liberación de todo su pueblo. Y la referencia a venir en las nubes es el idioma utilizado para indicar que es una revelación del Dios que su gloria sobrepasa los cielos (Sal 148,13).

> *¡Miren que viene en las nubes!*
> *Y todos lo verán con sus propios ojos,*
> *incluso quienes lo traspasaron;*
> *y por él harán lamentación todos los pueblos de la tierra.*
> *¡Así será! Amén.*
> *«Yo soy el Alfa y la Omega —dice el Señor Dios—,*
> *el que es y que era y que ha de venir,*
> *el Todopoderoso».*

Apocalipsis 1.7-8

La introducción del libro de Apocalipsis incluye la naturaleza especial y significativa de las visiones que Juan va a presentar a la iglesia. Ante el dolor de una comunidad de fe perseguida por el imperio romano, las comprensiones de la naturaleza y misión de Cristo aumentan y se expanden. El Cristo del Apocalipsis viene en representación de Dios para brindarle al pueblo de Dios una palabra de esperanza, vida y futuro. El poder del imperio es temporero, pues en el futuro cercano se manifestará la virtud, gracia y misericordia extraordinaria de Dios, que ciertamente revelará su gloria liberadora.

En el mensaje, Juan se presenta como compañero de ministerio y tribulación de las congregaciones y los creyentes, no como apóstol, obispo, pastor o maestro. El vidente tiene como finalidad destacar que recibió la revelación divina como parte de la comunidad perseguida y atribulada por el imperio romano que, a la vez, es parte del pueblo de Dios, de los ciudadanos del Reino y de del grupo de personas de fe que perseveran en la esperanza del Señor Jesucristo. ¡Juan está en la isla de Patmos preso por causa del evangelio!

De acuerdo con la narración del libro de Apocalipsis, Juan escuchó una voz como el sonido de una trompeta. En el Antiguo Testamento, el inicio de los festivales se anunciaba con trompetas; además, la revelación divina del Éxodo (Ex 19.16-19) incluyó el sonido de trompetas. De esa forma visual y auditiva, Juan indica que su mensaje a las iglesias del Asia Menor es una especial revelación divina. El vidente presenta un mensaje de Dios que se asemeja a la revelación divina de la liberación de Egipto y en continuidad con las celebraciones de los festivales anuales del pueblo de Israel. De esa manera se enfatiza la importancia del mensaje.

> *Me volví para ver de quién era la voz que me hablaba*
> *y, al volverme, vi siete candelabros de oro.*
> *En medio de los candelabros*
> *estaba alguien «semejante al Hijo del hombre»,*
> *vestido con una túnica que le llegaba hasta los pies*
> *y ceñido con una banda de oro a la altura del pecho.*
> *Su cabellera lucía como la lana blanca, como la nieve;*
> *y sus ojos resplandecían como llama de fuego.*
> *Sus pies parecían bronce al rojo vivo en un horno,*
> *y su voz era tan fuerte como el estruendo de una catarata.*
> *En su mano derecha tenía siete estrellas,*
> *y de su boca salía una aguda espada de dos filos.*
> *Su rostro era como el sol cuando brilla en todo su esplendor.*
> *Al verlo, caí a sus pies como muerto;*
> *pero él, poniendo su mano derecha sobre mí, me dijo:*
> *«No tengas miedo. Yo soy el Primero y el Último, y el que vive.*
> *Estuve muerto, pero ahora vivo por los siglos de los siglos,*
> *y tengo las llaves de la muerte y del infierno.*

Apocalipsis 1.12-18

El contexto de esta visión es la descripción que hace Juan de quién se le revela. Y el mensaje es a las siete iglesias del Asia: Éfeso, Esmirna, Pérgamo, Tiatira, Sardis, Filadelfia y Laodicea. Al comienzo del libro, el vidente identifica directamente la voz que le habló con Jesucristo (Ap 1.1), y lo describe como el testigo fiel, el primogénito de la resurrección y el soberano de los reyes de la tierra (Ap 1.5). Además, posteriormente añade, que también es el Alfa y la Omega, el principio y el fin, el que es, el que era y el que ha de venir, y el Todopoderoso (Ap 1.8). En todos esos nombres se afirma la naturaleza amplia y poderosa del Señor Jesucristo, que es la fuente primordial de la revelación extraordinaria de Dios.

La visión de Juan es del Cristo resucitado. La voz le ordena escribir un libro de lo que está próximo a ver, que constituye el mensaje a las iglesias del Asia. La visión es similar a la que se encuentra en el libro de Daniel (Dan 10.5-6), aunque en ese libro la referencia es a un ángel del Señor, mientras que en el Apocalipsis es al Cristo resucitado, que se describe con una serie de adjetivos y nombres que tienen grandes implicaciones teológicas.

Las imágenes de la visión son reveladoras. Los siete candeleros de oro son las siete iglesias a las que se presenta el mensaje. Las siete estrellas son los líderes de las congregaciones. La espada que sale de su boca representa la palabra profética que proclama. Y el número siete apunta hacia la perfección y pulcritud de la revelación divina.

La descripción física de quien le habla es significativa. Las vestiduras aluden a la santidad del personaje; posiblemente son una referencia a su naturaleza sacerdotal. Los cabellos blancos indican que era un anciano, que es una manera de destacar su autoridad moral. Sus ojos resplandecientes destacan el elemento de la sabiduría. Sus pies de bronce hablan de su estabilidad, de la firmeza de sus mensajes. Y la voz como un estruendo, se refiere a la autoridad de su palabra profética.

El mensaje de la visión es que el Cristo resucitado está en medio de la vida de las iglesias. Esas siete iglesias representan a todas las congregaciones y a todo el pueblo de Dios. Cristo tiene en su mano derecha –que alude a su poder y autoridad– al liderato de las iglesias –que es una manera figurada de decir que el Señor ejerce autoridad plena sobre las iglesias y su pueblo.

La visión añade que de la boca de Cristo sale una espada de dos filos que transmite la idea de autoridad divina que se desprende de la revelación. Quien se revela es quien estuvo muerto, pero que ahora vive, ideas que ponen de manifiesto claro la presencia del Cristo vivificante, liberador y restaurador. Y las iglesias deben escuchar humildemente este mensaje, pues trae consolación en momentos de tribulación, pero que también incluye importantes y necesarios componentes de orientación y amonestación divina.

El Cristo del vidente Juan ya no es el predicador humilde de la pequeña, desconocida y subestimada ciudad de Nazaret, ni el rabino de la lejana región del norte conocida despectivamente como la Galilea de los gentiles. En el Apocalipsis, el Cristo de Dios viene con autoridad, poder y virtudes extraordinarias. Ya no es el "cordero llevado al matadero" (Is 53.7), sino el León de la tribu de

Judá y el descendiente del rey David (Ap 5.5) que viene con el poder de Dios a liberar a las iglesias y los creyentes de las persecuciones y las matanzas del imperio romano.

Jesucristo, en el libro final del canon del Nuevo Testamento, es el testigo o mártir fiel, el primero en resucitar y el soberano de los reyes de la tierra (Ap 1.5). ¡Esas imágenes destacan virtudes espirituales y poder político! Ante una realidad de cautiverio, se manifiesta un Cristo liberador. Las visiones de Juan revelan que, el desarrollo de la cristología estuvo íntimamente relacionado con las necesidades y realidades de las iglesias y de los creyentes. Ante la sociología de la desesperanza de los tiempos apocalípticos, se manifiesta una cristología de esperanza y seguridad. Frente a las políticas de persecución y muerte del imperio romano, las iglesias desarrollaron cristologías pertinentes de liberación, restauración y vida.

El libro de Apocalipsis contiene otros himnos y doxologías que están dirigidas principalmente a Dios (Ap 15.3-5; 16.5-6; 19.1-3), aunque incluye algunos poemas de juicio dedicados a Babilonia (Ap 18,2-8,10,16-17, 19-23).

Entre las visiones de Juan, hay poemas que continúan y exploran nuevas dimensiones teológicas que se pueden relacionar con Cristo, y con su naturaleza y misión. Algunos le cantan a la santidad del Señor Dios Todopoderoso (Ap 4.8) y otros, indican que solo el Señor tiene la dignidad necesaria para recibir la gloria, la honra y el poder (Ap 4.11).

Esas alabanzas preparan el camino para otras afirmaciones cristológicas (Ap 5.9-10). En el capítulo cinco del libro se presenta un personaje que se va a constituir en el centro de las visiones de Juan: el Cordero. La sección consta de principalmente tres partes. En la primera sección, Juan nota que el que está sentado en el trono, que es una referencia a Dios, tiene un rollo o libro en la mano (Ap 5.1-5), que está sellado y escrito por ambos lados.

La segunda sección (Ap 5.6-10) describe a un singular Cordero que, aunque parece fue sacrificado o inmolado, tiene la capacidad y autoridad de desatar los sellos y abrir el libro (Ap 5.7-8), que son imágenes de la palabra y la voluntad de Dios. La descripción del Cordero es significativa: siete cuernos, siete ojos y siete espíritus de Dios, que simbolizan poder, sabiduría y autoridad divina. No es un cordero común, es el Cordero de Dios.

La actitud de autoridad del Cordero hizo que los cuatro seres vivientes y los veinticuatro ancianos, que estaban frente al trono divino –que tenían arpas e incienso, que simbolizan las oraciones del pueblo de Dios– se postraran y lo adoraran. Y el cántico de adoración y reconocimiento al Cordero alude al ministerio del Cristo resucitado.

Y entonaban este nuevo cántico:
«Digno eres de recibir el rollo escrito
y de romper sus sellos,
porque fuiste sacrificado,
y con tu sangre compraste para Dios
gente de toda raza, lengua, pueblo y nación.
De ellos hiciste un reino;
los hiciste sacerdotes al servicio de nuestro Dios,
y reinarán sobre la tierra».

Apocalipsis 5.9-10

El cántico de los cuatro seres vivientes y los veinticuatro ancianos afirman que solo el Cordero —que, en efecto, representa la imagen de Cristo— tiene el poder de abrir el libro, pues a través de su sacrificio y su sangre compró para Dios una comunidad grande de personas que superan las fronteras raciales, lingüísticas, culturales y nacionales. El Cordero hizo de esa gran comunidad un reino de sacerdotes que tendrán la capacidad de reinar sobre la tierra. Esta sección del himno destaca el componente internacional y multiétnico del ministerio de Cristo.

La tercera parte del capítulo cinco (Ap 5.11-14) presenta el cántico y la adoración de millones de ángeles ante la autoridad y las virtudes del Cordero. Más que verlos, el vidente escucha un cántico que afirma que el Cordero es digno de recibir el poder, la riqueza y la sabiduría, la fortaleza y la honra, la gloria y la alabanza.

Cantaban con todas sus fuerzas:
«¡Digno es el Cordero, que ha sido sacrificado,
de recibir el poder, la riqueza y la sabiduría,
la fortaleza y la honra, la gloria y la alabanza!»
Y oí a cuanta criatura hay en el cielo,
y en la tierra, y debajo de la tierra y en el mar,
a todos en la creación, que cantaban:
«¡Al que está sentado en el trono y al Cordero,
sean la alabanza y la honra, la gloria y el poder,
por los siglos de los siglos!»
Los cuatro seres vivientes exclamaron: «¡Amén!»,
y los ancianos se postraron y adoraron.

Apocalipsis 5.12-14

El cántico ahora es entonado por millones de criaturas que forman parte de la creación de Dios. Y lo que anteriormente se reservaba solo para Dios, las alabanzas, la gloria y el poder, ahora se brindaba al Cordero, pues con su sacrifico y su capacidad de abrir el libro, que era una manera de decir que encarnó y comunicó la voluntad de Dios, se había ganado ese singular reconocimiento divino.

Las afirmaciones cristológicas llegan hasta el final del libro de Apocalipsis. El Señor Jesucristo, que ciertamente es el Cordero de Dios, declara que sus palabras son fieles y verdaderas (Ap 22.6-21). Además, recuerda a su pueblo, que regresará pronto, que es una forma de reiterar el mensaje de esperanza a las iglesias.

El desarrollo de la cristología neotestamentaria está íntimamente relacionado con las realidades sociales, políticas, económicas y espirituales de los creyentes y las iglesias primitivas. Los desafíos que debían enfrentar, al vivir en medio del inmisericorde y hostil imperio romano, inspiraban la creatividad de los teólogos, predicadores, pastores y maestros de las congregaciones, pues debían repensar la fe para responder a los problemas que enfrentaban. A esa dinámica de creatividad teológica humana, de acuerdo con el testimonio bíblico, debemos unir el clamor y la revelación del Espíritu (Ap 22.17).

08
Las cristologías pastorales

¿Qué diremos frente a esto?
Si Dios está de nuestra parte,
¿quién puede estar en contra nuestra?
El que no escatimó ni a su propio Hijo,
sino que lo entregó por todos nosotros,
¿cómo no habrá de darnos generosamente,
junto con él, todas las cosas?
¿Quién acusará a los que Dios ha escogido?
Dios es el que justifica.
¿Quién condenará?
Cristo Jesús es el que murió, e incluso resucitó,
y está a la derecha de Dios e intercede por nosotros.
¿Quién nos apartará del amor de Cristo?
¿La tribulación, o la angustia, la persecución,
el hambre, la indigencia, el peligro, o la violencia?
Así está escrito:
«Por tu causa siempre nos llevan a la muerte;
¡nos tratan como a ovejas para el matadero!»
Sin embargo, en todo esto somos más que vencedores
por medio de aquel que nos amó.
Pues estoy convencido de que ni la muerte ni la vida,
ni los ángeles ni los demonios,
ni lo presente ni lo por venir,
ni los poderes, ni lo alto ni lo profundo,
ni cosa alguna en toda la creación,
podrá apartarnos del amor que Dios nos ha manifestado
en Cristo Jesús nuestro Señor.

Romanos 8.31-39

Nada nos puede separar del amor de Dios

El estudio sobrio y detallado del Nuevo Testamento revela que sus escritores y editores fueron entendiendo el ministerio de Jesús de Nazaret y su naturaleza mesiánica de forma gradual y continua. Ese singular proceso, que se manifiesta de forma incesante y creciente en las percepciones de los evangelistas, apóstoles, pastores y maestros, les permitió descubrir, disfrutar y compartir las implicaciones espirituales, educativas y transformadoras del mensaje cristiano. Y ese mensaje, descrito como "el evangelio" o la buena noticia de Dios a la humanidad, tiene implicaciones muy serias, no solo para el análisis teológico amplio del concepto, sino en el desarrollo e implantación de la tarea pastoral y en la administración de las congregaciones.

La cristología, de esa forma, no solo es una disciplina teológica con metodologías de estudio precisas y prioridades temáticas definidas, sino que también es un recurso pertinente y necesario para llevar a efecto la tarea pastoral en las congregaciones. Esa labor ministerial, no solo requería destrezas administrativas, virtudes didácticas y capacidad de comunicación, sino que necesitaba comprensiones del ministerio de Cristo Jesús que respondieran a las necesidades concretas de las congregaciones, la sociedad en la cual vivían las comunidades cristianas, y el mundo del imperio romano en general. Y esos entendimientos de Cristo y sus enseñanzas debían ser pertinentes ante los problemas reales y complejos de las iglesias, y también, referente a las necesidades de sus líderes.

La cristología, en este sentido amplio, es un recurso extraordinario e indispensable para llevar a efecto una tarea pastoral contextual, pertinente y transformadora. La imagen y comprensión de Cristo y su tarea redentora es determinante para llevar a efecto un ministerio que responda de manera efectiva a los postulados espirituales y teológicos que presentó Jesús de Nazaret en la región de Galilea y en la ciudad de Jerusalén.

Una vez se lleva a efecto la crucifixión de Jesús y se manifiesta de manera extraordinaria el poder de Dios mediante la resurrección, la comprensión sobre el poder de Dios en Cristo en los líderes cristianos cobra dimensión nueva. Y de forma paulatina pero continua los escritores del Nuevo Testamento comprendieron lo que el Señor declaró reiteradamente en su ministerio terrenal, de acuerdo con las narraciones evangélicas, que él era el Mesías prometido, el Hijo del Dios viviente, y el Cristo de Dios esperado por las comunidades judías.

En el canon neotestamentario se pueden encontrar secciones reveladoras en torno a las tareas pastorales efectivas que están fundamentadas en una buena cristología. Entre esas secciones están las cartas, especialmente las que se relacionan con la teología del apóstol Pablo. Y aunque generalmente el llamado apóstol de los gentiles escribía sus epístolas para responder a preguntas y dificultades específicas en las congregaciones, sus enseñanzas y recomendaciones ponen claramente de relieve sus percepciones de Cristo y revelan la importancia que daba el apóstol a las instrucciones del Señor y sus implicaciones concretas.

Un buen ejemplo de cartas paulinas que contienen afirmaciones cristológicas de importancia pastoral es la escrita a la iglesia de Roma. En esta comunicación del apóstol no hay una aparente dificultad interna que motivara su intervención inmediata. Es posible que Pablo estuviera preparando el camino para una visita pastoral a la congregación que aun no conocía personalmente. Y la lectura cuidadosa de la carta revela que se trata de uno de los documentos teológicos más importantes del Nuevo Testamento.

Esta carta es importante no solo desde las perspectivas teológicas y pastorales sino desde el ángulo administrativo. El apóstol organiza su visita a Roma y prepara el ambiente para su tarea misionera posterior. Y en el proceso, alude a sus oraciones por la congregación (Rom 1.9), indica que está deseoso en visitarlos (Rom 1.10-15; 15.22,23), les recuerda ciertos temas de importancia (Rom 15.15), afirma su ministerio con las comunidades gentiles (Rom 15.15,16) y nombra a las personas conocidas en la congregación (Rom 16.3-16).

Desde la perspectiva misionera, la visita a la iglesia de Roma tenía implicaciones posteriores. Pablo estaba preparando un viaje a Jerusalén para apoyar la iglesia local y también proyectaba una singular visita apostólica a España. Y como estaba lejos la iglesia de Antioquía en Siria que constituía la base de su ministerio, necesitaba una congregación más cerca de España que le permitiera esos viajes misioneros con efectividad (Rom 15.32,33).

La expresión traducida en la NVI como "me ayuden a continuar el viaje" (Rom 15.24), implica apoyo logístico necesario para llevar a efecto el programa en España y para llevar cumplir con su tarea apostólica en ese país (p.ej., comida, recursos económicos, compañeros de viaje, medios de transporte, oraciones, etc.). Pablo esperaba, en efecto, que la iglesia de Roma formara parte de ese singular proyecto misionero, pues su tarea apostólica requería una infraestructura de apoyo que facilitara los viajes y la educación cristiana.

Una de esas afirmaciones pastorales con cargas teológicas y cristológicas de importancia capital se incluye en el capítulo ocho de la carta a los creyentes en Roma, que tradicionalmente se relaciona con el importante tema de "la vida en el Espíritu" (Rom 8.1-39). De acuerdo con la enseñanza apostólica a los romanos, los creyentes son justificados por la gracia de Cristo, y como resultado de esa manifestación divina, disfrutan plenamente de un tipo singular de "vida en el Espíritu", pues descubren la paz con Dios (Rom 5.1-21), la liberación del pecado (Rom 6.1-23) y la superación del dominio de la Ley (Rom 7.1-25).

Este capítulo, que ciertamente constituye una de las secciones teológicas más importantes de la Biblia, puede dividirse en cinco grandes secciones. Cada una de esas secciones destaca aspectos pastorales y subtemas teológicos asociadas a esa importante "vida en el Espíritu". Y este tema constituye un asunto de importancia capital, no solo en la carta a los creyentes en Roma sino en todo el Nuevo Testamento.

Las enseñanzas del apóstol son las siguientes:

- No hay condenación para las personas que están en Cristo Jesús (Rom 8.1-11)
- Es necesario vivir de acuerdo con las normas del Espíritu, no conforme a la carne (Rom 8.12-17)
- Las aflicciones temporales no pueden compararse a la gloria eterna prometida por Dios (Rom 8.18-25)
- El Espíritu nos ayuda en medio de nuestras debilidades (Rom 8.26-30)
- Y nada nos puede separar del amor de Dios que es en Cristo Jesús (Rom 8.31-39).

La gran afirmación teológica, referente a que nada puede separar a los creyentes y las iglesias del amor divino, se fundamenta en una comprensión seria, amplia y profunda de Cristo Jesús, que se identifica directamente en esta teología paulina como el Hijo de Dios. Y la metodología de esta enseñanza apostólica revela una serie de siete preguntas retóricas que incentivan la reflexión teológica y propician en diálogo en torno a Jesucristo.

En la primera parte de la sección (vv.31-34) se indica que, contra una persona justificada por Dios, nadie puede levantarse con efectividad para acusarlo ante la presencia divina. Y la sección final del pasaje (vv.35-39) declara abiertamente que ninguna circunstancia puede separar a las personas del amor de Dios que se hace realidad en Cristo Jesús.

Para el sabio apóstol, el poder divino que se manifiesta en Jesucristo es capaz de proteger a los creyentes contra acusaciones, amenazas y dificultades mayores. La virtud que se relaciona con el Cristo de Dios, tiene capacidades especiales de protección para los creyentes y las iglesias, pues tiene el poder de superar los antagonismos interpersonales o gubernamentales y también tiene la potestad de rechazar las persecuciones y las angustias de la existencia humana. En efecto, ninguna circunstancia en los cielos o la tierra puede separar a la gente de fe de la gracia de Dios, pues esa manifestación de misericordia divina se fundamenta en la vida, enseñanzas y sacrificio de Cristo Jesús. Y esa percepción cristológica revela un gran desarrollo teológico y manifiesta importantes virtudes pastorales.

El amor de Dios que se ha manifestado en Cristo Jesús tiene el poder de proteger a los creyentes y las iglesias de los grandes desafíos y las adversidades de la existencia humana. Ese singular amor divino se hace realidad en el ministerio de Jesús de Nazaret y se incorpora en la teología del apóstol Pablo como un recurso pastoral de edificación y consolación, como una virtud teológica que le brinda a la gente de fe esperanza y sentido de futuro y liberación. Y el fundamento de esta teología de la esperanza descansa en la resurrección de Cristo, que constituye la revelación óptima del amor de Dios hacia la humanidad.

Para el apóstol Pablo, los creyentes en Cristo tienen el poder de enfrentar al imperio romano, y también las doctrinas judías arcaicas y no pertinentes, pues están guiados por Jesucristo. Esa orientación se fundamenta en que Cristo murió y resucitó para que sus seguidores tuvieran poder para superar los conflictos en la vida y autoridad para superar las tentaciones. Es esa autoridad sobre la vida y la muerte la que le brinda al apóstol el gran argumento cristológico del triunfo de la gente y las comunidades de fe.

Adán y Cristo: el pecado y la gracia

Por medio de un solo hombre el pecado entró en el mundo,
y por medio del pecado entró la muerte;
fue así como la muerte pasó a toda la humanidad,
porque todos pecaron.
Antes de promulgarse la ley, ya existía el pecado en el mundo.
Es cierto que el pecado no se toma en cuenta cuando no hay ley;
sin embargo, desde Adán hasta Moisés la muerte reinó,
incluso sobre los que no pecaron quebrantando un mandato,
como lo hizo Adán, quien es figura de aquel que había de venir.
Pero la transgresión de Adán no puede compararse con la gracia de Dios.
Pues si por la transgresión de un solo hombre murieron todos,
¡cuánto más el don que vino por la gracia de un solo hombre,
Jesucristo, abundó para todos!
Tampoco se puede comparar la dádiva de Dios
con las consecuencias del pecado de Adán.
El juicio que lleva a la condenación fue resultado de un solo pecado,
pero la dádiva que lleva a la justificación
tiene que ver con una multitud de transgresiones.

Romanos 5.12-16

El importante tema del poder de Cristo para bendecir a las iglesias y los creyentes también se pone de relieve en otras porciones de la carta a la iglesia de Roma. La obra redentora del Señor tiene implicaciones, de acuerdo con la teología paulina, no solo para la iglesia sino para toda la humanidad. Y para presentar esta fundamental enseñanza teológica, el llamado apóstol de los gentiles contrasta las figuras de Adán y Cristo, para presentar sus contribuciones en la historia de la humanidad.

El análisis del capítulo cinco de la carta a los Romanos revela detalles de importancia. Por ejemplo, la primera sección (Rom 5.1-11), en la cual Pablo habla de la justificación por la fe, se presenta en primera persona en plural. De esa forma destaca el componente fundamental de la enseñanza: las personas descubren y disfrutan la paz de Dios por medio del sacrificio de Jesucristo. Y el disfrute de esa paz le permite a la gente de fe, disfrutar la gracia y la gloria de Dios, que ciertamente son fuentes de esperanza y seguridad eterna. Para el apóstol, el amor de Dios que se ha derramado en los corazones de las personas justificadas por la fe en Cristo, supera las tribulaciones y las pruebas con paciencia y esperanza.

La segunda sección del capítulo (Rom 5.12-21), explora las implicaciones teológicas y prácticas para la humanidad de las enseñanzas apostólicas referentes a la justificación por la fe. Estas afirmaciones se presentan en tercera persona plural, para enfatizar la universalidad del mensaje. Para Pablo, como el pecado entró al mundo a través de una persona, Adán (Rom 5.14), y por el pecado llegó la muerte a la humanidad, también a través de Jesucristo, Señor nuestro, sobreabunda la gracia que viene la traer la vida eterna (Rom 5.21). De acuerdo con el apóstol, Adán representa el pecado y la muerte, y Jesucristo es signo de la gracia y la vida.

De acuerdo con las primeras narraciones de Génesis (Gn 1—5), Adán fue el primer ser humano (su nombre significa "hombre" o "persona") y Pablo lo considera padre de la humanidad. Pero, como consecuencia de su desobediencia, el pecado se introdujo en medio de la sociedad, y a través del pecado, según el apóstol, llegó la muerte a la humanidad y la historia.

Ante esa realidad de pecado, introducida por Adán y su desobediencia, llega Jesucristo, cuya figura se contrasta pues es obediente a la voluntad de Dios. Y esa fidelidad del Señor a los planes divinos, trae salvación a la humanidad, pues supera los efectos adversos del pecado en las personas. Jesucristo, que "era el que habría de venir" (Mt 11.3), y que con su sacrificio trajo salvación al mundo, se constituye en modelo del hombre nuevo.

En la enseñanza de Pablo, la relación entre Adán y Jesucristo es de gran importancia teológica. La desobediencia de uno (Adán), trajo el pecado y la muerte al mundo y la historia; y la obediencia del otro (Jesucristo) propició el perdón y la gracia de Dios a la humanidad. Adán representa la desobediencia, el pecado, la condenación y la muerte; y Jesucristo es signo de la obediencia, la justicia, la salvación y la vida. El viejo Adán y las consecuencias de sus acciones solo puede ser superado por un nuevo Adán, Jesucristo, que supera las consecuencias adversas del pecado, mediante una manifestación extraordinaria de perdón divino y de misericordia de Dios.

La Ley se introdujo en la historia para identificar las acciones pecaminosas de las personas. Pero cuando el pecado sobreabundó –es decir, cuando sus manifestaciones y consecuencias superaron las capacidades humanas para detenerlo–, entonces sobreabundó la gracia, que claramente es representada en la enseñanza del apóstol por la vida y las acciones justas de Jesucristo. El resultado del pecado es la muerte; y el producto de la gracia es la vida eterna que proviene únicamente de Jesucristo.

La enseñanza de la justificación por la fe es de vital importancia en la teología y cristología de Pablo. Para el apóstol, Dios justifica a judíos y gentiles porque ambos están inmersos en el mundo de la pecaminosidad. Y la forma extraordinaria de la justificación general de judíos y gentiles es a través de la fe en Cristo Jesús. Es la fe el poder que es capaz de mover a las personas del mundo del cautiverio a la experiencia de liberación, independientemente de su trasfondo cultural, étnico, social o lingüístico.

El pecado para Pablo es la actitud humana que rechaza y desobedece la voluntad de Dios y genera la muerte. Respecto a este tema, afirma el apóstol, que como todas las personas pecan, están destituidas o separadas de la gloria de Dios (Rom 3.23). Y ese pecado no es solo actuar de manera impropia e imprudente, sino es el transgredir el propósito divino para la humanidad. No es poca cosa el pecado, es la actividad humana que voluntariamente actúa en contra de los planes divinos, sin tomar en consideración las consecuencias nefastas y adversas de sus decisiones y acciones.

El Cristo de Pablo tiene la voluntad y el poder de perdonar el pecado, independientemente provenga de personas judías o gentiles, pues la misericordia divina es más poderosa que la desobediencia y maldad. Para el apóstol, Jesucristo, en su sacrificio en la cruz demostró su humildad y obediencia a tal grado, que superó el poder de la muerte y las consecuencias del pecado. El poder de la justificación por la fe es superior al poder del pecado, la maldad y la desobediencia. La misericordia divina manifestada en la vida y las acciones de Jesucristo, que Pablo afirma como el Señor, son más poderosas que el pecado y sus consecuencias en los individuos, las comunidades y la historia.

La justificación por la fe, de acuerdo con la cristología paulina, produce paz para con Dios, que es una experiencia de sobriedad y calma que solo proviene de nuestro Señor Jesucristo (Rom 5.1). Esa singular paz tiene implicaciones prácticas e inmediatas, pues le permite a la gente de fe, gloriarse y disfrutar aún en medio de las tribulaciones. Para Pablo, las tribulaciones producen paciencia; la paciencia genera pruebas; las pruebas, propician esperanza; y la esperanza no defrauda (Rom 5.3-5).

La justificación por la fe se fundamenta en el sacrificio de Cristo, que ciertamente murió por los impíos (Rom 5.6). Esa acción extraordinaria de dar su vida por la humanidad justifica a los creyentes a través de la sangre o el sacrificio del Señor en la cruz. Y ese singular acto, según la enseñanza paulina, permite a la humanidad ser salva de la ira de Dios y reconciliarse con el Señor (Rom 5.8-11). Todas esas acciones de perdón, justificación y reconciliación de parte de Dios se fundamentan en el sacrificio de Cristo, que es el acto divino que supera los cautiverios de la muerte introducidos en la humanidad por la desobediencia de Adán.

Si vivimos, para el Señor vivimos

Hay quien considera que un día tiene más importancia que otro,
pero hay quien considera iguales todos los días.
Cada uno debe estar firme en sus propias opiniones.
El que le da importancia especial a cierto día,
lo hace para el Señor.
El que come de todo, come para el Señor,
y lo demuestra dándole gracias a Dios;
y el que no come, para el Señor se abstiene,
y también da gracias a Dios.
Porque ninguno de nosotros vive para sí mismo,
ni tampoco muere para sí.
Si vivimos, para el Señor vivimos;
y si morimos, para el Señor morimos.
Así pues, sea que vivamos o que muramos,
del Señor somos.
Para esto mismo murió Cristo y volvió a vivir,
para ser Señor tanto de los que han muerto
como de los que aún viven.
Tú, entonces, ¿por qué juzgas a tu hermano?
O tú, ¿por qué lo menosprecias?

¡Todos tendremos que comparecer ante el tribunal de Dios!
Está escrito: «Tan cierto como que yo vivo —dice el Señor—,
ante mí se doblará toda rodilla y toda lengua confesará a Dios».
Así que cada uno de nosotros tendrá que dar cuentas de sí a Dios.

Romanos 14.5-12

Un nuevo tema pastoral se presenta al final de la carta a los creyentes en Roma: la naturaleza y los límites de la libertad cristiana. Este singular argumento también se explora en la Carta a los Corintios (1 Co 8—10). La diferencia fundamental es que a los corintios el apóstol se presenta el tema específico de la carne sacrificada a los ídolos y dioses paganos, mientras que los creyentes de Roma el tema se expone de forma genérica.

La libertad cristiana se relaciona en la enseñanza apostólica con las comidas y la celebración de días específicos. Esos dos temas pueden indicar el corazón del problema, pues pueden ser un indicador de las diferencias culturales y en las tradiciones de los grupos judío y sectores gentiles que estaban en la congregación. Para los judíos, las carnes y las comidas en general debían prepararse de acuerdo con las comprensiones de la Ley de Moisés; además, esa misma legislación alude a guardar los días de reposo y celebrar los grandes festivales nacionales del pueblo judío. Y esas regulaciones no se seguían entre los cristianos griegos.

El importante tema pastoral de cómo ejercer la libertad cristiana en un contexto pluralista de tradiciones religiosas es el corazón de la teología y la enseñanza del apóstol Pablo (Rom 14.1-2). La primera sección de la unidad presenta la naturaleza real del problema: ¿cómo se debe tratar en las congregaciones a las personas débiles en la fe? Y el problema concreto que se presenta es el de las comidas. Y la segunda sección de las afirmaciones apostólicas (Rom 14.3-12) es una exhortación a las personas "débiles en la fe" a no juzgar a sus hermanos por las diferencias que se puedan manifestar en las formas de comprender la alimentación y la celebración de los días festivos.

El corazón del problema es que algunas personas, identificadas como "débiles en la fe", entienden que deben se escrupulosas en referencia a sus comidas. Las personas "fuertes en la fe" (Rom 15.1) sienten que pueden comer de todo sin inhibición, pero "las débiles" solo desean comer "verduras".

La primera exhortación es a las personas "fuertes", pues deben recibir sin dificultades a los "débiles". Y el reclamo es a no solo tolerarlos, sino a aceptarlos como parte de la congregación sin discriminaciones. El objetivo de la vida cristiana en comunidad no es contender en torno a las posibles diferencias de opiniones o por detalles de la fe, sino disfrutar la experiencia de la fe en el Señor como parte de la misma comunidad de fe.

El ejemplo que ofrece Pablo es sencillo y claro. Las actitudes de dos personas en el mismo grupo cristiano que tienen diversas perspectivas y comprensiones referente a las comidas. Las personas "fuertes en la fe" se sienten en libertad para comer de todo; pero las que son más débiles entienden que hay ciertos alimentos que no deben comer, solo proceden a ingerir verduras, posiblemente para evitar alimentarse de comidas que no han sido preparadas de forma adecuada o carnes sacrificadas a los ídolos paganos.

De acuerdo con la recomendación del apóstol, ninguno debe menospreciar al otro creyente por el tema de la alimentación o por guardar algún día importante, pues nadie debe juzgar o menospreciar la conducta de otro creyente a razón de este tipo de tema, que ciertamente está muy influenciado por elementos culturales y tradicionales. El acto de juzgar a los demás es un signo de la falta de amor, pues la verdad teológica es que Dios acepta tanto al débil como al fuerte en la fe, pues el fundamento de la aceptación divina es la misericordia, la gracia y el amor. Y si Dios ha llamado y aceptado, tanto al débil como al fuerte en la fe, nadie en la congregación debe sentirse con autoridad moral, legal o espiritual para juzgar a su hermano o hermana en la fe.

Esta dificultad interpersonal en las iglesias ha sido un desafío pastoral a través de la historia. Ninguna institución humana es tan heterogénea como las congregaciones, pues entre sus miembros se encuentran personas de diferentes estratos sociales, tradiciones culturales, niveles sociales, realidades económicas, trasfondos étnicos, e identidades lingüísticas. Además, en las iglesias hay personas ricas y pobres, poderosas y marginadas, ancianas y jóvenes, adultas y niñez, educados e iletrados, progresistas y tradicionales. En fin, las diferencias entre los creyentes en Roma y las recomendaciones apostólicas, son representativas de la vida de la iglesia a través de los tiempos, las naciones, los idiomas, las culturas, las edades…

La realidad de la vida congregacional está matizada por las diferencias que, de acuerdo con el apóstol Pablo, no se pueden convertir en fuente de tensión y división entre las personas de fe. La actitud de superioridad, que actúa para juzgar o menospreciar a otros sectores congregacionales, no debe permitirse en las iglesias cristianas. Y la gran recomendación apostólica es que el amor debe superar esa actitud de superioridad y rechazo, pues todos los creyentes llegarán ante el tribunal divino.

Una vez más el fundamento de Pablo para presentar sus recomendaciones pastorales es su comprensión de Cristo. La vida, muerte y resurrección de Cristo en la base de su enseñanza. Tanto si vivimos como si morimos lo hacemos para el Señor, lo que quiere decir que la vida de todos los creyentes está influenciada poderosamente por las acciones y sacrificios de Cristo. Pablo lo dice claramente y sin dificultad: si vivimos o morimos, somo del Señor (Rom 14.8). De acuerdo con el apóstol, ese fue el propósito primordial de la muerte y la resurrección de Cristo (Rom 14.9): darnos su vida.

Los creyentes no pueden juzgar a otros miembros de la comunidad de fe, pues todos son iguales ante la presencia de Dios; en efecto, todos deben comparecer ante el tribunal de Dios y de Cristo (Rom 14.10-12). Y para destacar el componente legal de esta afirmación cristológica, Pablo cita un mensaje importante del profeta Isaías (Is 45.23), que afirma que ante Dios se doblará toda rodilla, en un acto extraordinario de humildad, reconocimiento divino y adoración, para confesar su fe en el Señor (Rom 14.11).

La enseñanza de Pablo, fundamentada en su buena cristología, es que los creyentes no deben juzgarse los unos a los otros, pues esa es una actitud impropia y desagradable. Ese gesto de falta de respeto, compañerismo, solidaridad y fraternidad se puede convertir en piedra de tropiezo y motivo de caída para creyentes "débiles en la fe". Y para culminar de forma elocuente la enseñanza, el apóstol de los gentiles indica:

En una palabra,
no den lugar a que se hable mal del bien que ustedes practican,
porque el reino de Dios no es cuestión de comidas o bebidas
sino de justicia, paz y alegría en el Espíritu Santo.

Romanos 14.16-17

El Reino de los cielos no se relaciona con la alimentación, de acuerdo con el apóstol, sino con la implantación de la justicia que proviene de Dios. Y esa acción humana que propicia la justicia divina, genera la paz verdadera y el contentamiento pleno, pues es producto directo de la revelación y manifestación del Espíritu Santo.

La iglesia es el cuerpo de Cristo

De hecho, aunque el cuerpo es uno solo,
tiene muchos miembros, y todos los miembros,
no obstante ser muchos, forman un solo cuerpo.
Así sucede con Cristo.
Todos fuimos bautizados por un solo Espíritu

para constituir un solo cuerpo
—ya seamos judíos o gentiles, esclavos o libres—,
y a todos se nos dio a beber de un mismo Espíritu.
Ahora bien, el cuerpo no consta de un solo miembro
sino de muchos.
…
Ahora bien, ustedes son el cuerpo de Cristo,
y cada uno es miembro de ese cuerpo.
En la iglesia Dios ha puesto, en primer lugar, apóstoles;
en segundo lugar, profetas; en tercer lugar, maestros;
luego los que hacen milagros;
después los que tienen dones para sanar enfermos,
los que ayudan a otros, los que administran
y los que hablan en diversas lenguas.
¿Son todos apóstoles? ¿Son todos profetas?
¿Son todos maestros? ¿Hacen todos milagros?
¿Tienen todos dones para sanar enfermos?
¿Hablan todos en lenguas? ¿Acaso interpretan todos?

1 Corintios 12.12-13, 27-30

El tema de las recomendaciones pastorales fundamentadas en la cristología continúa en la primera carta a la iglesia que se reunía en la ciudad de Corinto. En esta ocasión, el apóstol Pablo expone sus enseñanzas para responder a conflictos reales que estaban minando la efectividad y credibilidad del ministerio de la congregación. Y las recomendaciones paulinas se producen en medio de una serie de problemas, entre otros, en torno a las intervenciones y manifestaciones del Espíritu Santo en medio de la iglesia.

Pablo escribe a una pequeña congregación de recién convertidos, eminentemente de trasfondo gentil (1 Co 1.26;12.2), que se reunía en la importante ciudad de Corinto, capital de la provincia romana de Acaya. A mediados del primer siglo d.C., su población era de unas 600,000 personas, que incluía ciudadanos romanos residentes en la ciudad de forma permanente, marineros, soldados romanos (tanto activos como retirados), y un grupo grande de esclavos (como de 400,000), que servían de apoyo para las vivencias y la administración de la ciudad.

Corinto, además, era un importante centro de peregrinajes religiosos, pues la ciudad contaba con una serie de templos dedicados a las divinidades conocidas en la cuenca del Mediterráneo. Posiblemente, ese contexto religioso es responsable de la llamada "prostitución sagrada" asociada con la diosa Afrodita, que era muy conocida en la región. La ciudad, que ciertamente era conocida por sus riquezas y cultura, también tenía una reputación de moralidad baja, con comportamientos caracterizados por el libertinaje y el relajamiento ético.

La congregación en Corinto es fruto de los esfuerzos evangelísticos y misioneros de Pablo. El apóstol a la ciudad llegó desde Atenas a comienzos de la década de los 50, y se dedicó a organizar la comunidad y educar a los creyentes por un año y seis meses (Hch 18.1-11). Y aunque como era su costumbre comenzó su labor en la comunidad judía de la ciudad, por el rechazo de los judíos dedicó sus esfuerzos a la evangelización de los gentiles (Hch 18.2-8). Luego de los primeros esfuerzos de Pablo, otros misioneros cristianos, como Apolos, continuaron la tarea de la presentación del evangelio en toda esa región del Peloponeso (1 Co 3.6-15).

El contexto general de la carta se relaciona con las dificultades interpersonales que se experimentaban en la comunidad de fe. Un sector de la iglesia entendía que debía ser fiel a Pablo, mientras que otros grupos invocaban la autoridad y manifestaban fidelidad a las enseñanzas y el liderato de Pedro y Apolos (1 Co 1.12; 3.4). Además, el trasfondo gentil de algunos miembros de la iglesia generaba conductas éticamente impropias que debían ser superadas. Pablo en su carta responde a esas crisis que estaban hiriendo con profundidad la fibra espiritual más honda de la congregación.

Las enseñanzas de Pablo a los corintios van desde la afirmación de que Cristo es el fundamento de la salvación (1 Co 3.5—4.5), hasta la orientación en torno a problemas específicos: un problema ético de incesto tolerado por la congregación (1 Co 5.1-13), pleitos entre creyentes que llegaban a los foros judiciales (1 Co 6.1-11), comportamientos sexuales inadecuados (1 Co 6.12-20), y dificultades con la Cena del Señor (1 Co 11.17-22,27-34). Además, el apóstol presenta otros temas que afectaban a la comunidad: el matrimonio y el celibato (1 Co 7.1-40), consumo de alimentos consagrados a los ídolos paganos (1 Co 8.1-13; 10.25-31), la idolatría (1 Co 10.1—11.1), la vestimenta de las mujeres (1 Co 11.2-16), la resurrección de los muertos (1 Co 15.1-58), el amor (1 Co 12.31b-13.13).

En medio de todas esas enseñanzas de Pablo, que responden a las realidades y problemas específicos de la congregación, se incluye el tema de los dones otorgados a la iglesia por el Espíritu Santo. En esta importante sección de la carta, el apóstol hace gala de su capacidad pastoral, sus virtudes teológicas y su comprensión cristológica. Los creyentes en Corinto habían dado preeminencia al don de lenguas, pero el apóstol afirma la importancia del amor para que todos los dones puedan funcionar de forma complementaria y efectiva en la iglesia.

La primera afirmación teológica de importancia es declarar que solo mediante el Espíritu es que alguien puede reconocer y llamar a Jesús como Señor.

Además, Pablo indica directamente que no provienen del Espíritu las declaraciones de rechazo a Jesús. ¡No es posible que el Espíritu mueva a las personas a maldecir a Jesús! Por el contrario, el Espíritu se mueve en medio del amor y genera ambientes de paz y sobriedad en las congregaciones.

A esa declaración inicial, el apóstol añade que, aunque hay muchos dones, hay solo un Espíritu Santo, que llega a los creyentes para el bien de la comunidad, no para el beneficio propio (1 Co 12.7). Y el Espíritu brinda sus dones a los creyentes de acuerdo con la voluntad divina.

Es en el contexto de esa importante enseñanza pastoral referente a los dones del Espíritu, que Pablo utiliza la cristología para llevar a efecto su tarea educativa. El Espíritu interviene en la iglesia, que debe actuar como unidad, como un cuerpo, que el apóstol identifica directamente como el cuerpo de Cristo. El cuerpo es uno, pero tiene muchos miembros. Así también debe ser la iglesia, pues Cristo es uno, al igual que la iglesia, que debe ser una. De esta manera Pablo responde a las crisis generadas por las divisiones ideológicas de la iglesia en la ciudad de Corinto.

A esa enseñanza en torno a la unidad, el apóstol añade que por un solo Espíritu los creyentes son bautizados para formar parte de la iglesia. Y son partes del cuerpo de Cristo, independientemente del origen étnico o cultural, ya sea que provengan de las comunidades judías o de las gentiles, o de grupos de esclavos y personas libres. La unidad del cuerpo de Cristo, que es la iglesia, se sella porque todos los creyentes beben del mismo Espíritu, que es una manera poética de indicar que los miembros de la iglesia participan de la misma manifestación plena de la gracia, el amor y la misericordia divina.

Además de rechazar las divisiones que se generan cuando los creyentes ponen su lealtad máxima en sus líderes, no en Cristo, el apóstol afirma que todas las partes del cuerpo de Cristo son importantes y nadie se debe sentir mejor o con más distinción que ninguna otra persona que también pertenece a la iglesia. Y la afirmación final apostólica respecto al tema es que todos los creyentes son parte del mismo cuerpo, de la misma iglesia, de la misma comunidad de fe (1 Co 12.27).

De singular importancia en el análisis y la argumentación teológica de Pablo es que su concepto de Cristo, como agente de unidad, es el que brinda a las iglesias sentido de unidad. Las diferencias congregacionales, y los conflictos teológicos y prácticos de los creyentes y sus líderes, como las que se manifestaban en Corinto, se superan únicamente cuando se descubre y afirma que el cuerpo de Cristo es uno, pues el Señor es el mejor agente de la unidad cristiana.

De acuerdo con Pablo, el Espíritu es uno, el cuerpo de Cristo también es uno, y las iglesias, fundamentadas en esas declaraciones teológicas y cristológicas, deben demostrar su unidad de manera concreta en sus dinámicas congregacionales internas. Esa unidad se pone claramente de manifiesto cuando los creyentes se entienden a sí mismos como parte de un solo cuerpo, pues han sido bautizados por un solo Espíritu. De la misma manera que no se puede separar un cuerpo en diversas partes y mantenerlo vivo, no se puede romper la unidad de los creyentes y mantener viva la iglesia.

La resurrección de Cristo

Ahora, hermanos,
quiero recordarles el evangelio que les prediqué,
el mismo que recibieron y en el cual se mantienen firmes.
Mediante este evangelio son salvos,
si se aferran a la palabra que les prediqué.
De otro modo, habrán creído en vano.
Porque ante todo les transmití a ustedes lo que yo mismo recibí:
que Cristo murió por nuestros pecados según las Escrituras,
que fue sepultado, que resucitó al tercer día según las Escrituras,
y que se apareció a Cefas, y luego a los doce.
Después se apareció a más de quinientos hermanos a la vez,
la mayoría de los cuales vive todavía, aunque algunos han muerto.
Luego se apareció a Jacobo, más tarde a todos los apóstoles,
y por último, como a uno nacido fuera de tiempo,
se me apareció también a mí.

1 Corintios 15.1-8

Un tema pastoral adicional cobra dimensión nueva en la comunidad de creyentes de Corinto: la naturaleza e implicaciones de la muerte y la resurrección de Cristo. Ya para finalizar su primera carta a los corintios, Pablo explora este muy importante tema teológico, que ciertamente tiene grandes implicaciones pastorales. ¿Qué significa el sacrificio y la resurrección de Cristo para los creyentes individuales y para las comunidades cristianas? ¿Qué importancia tiene la resurrección para la vida diaria de la gente de fe?

El capítulo 15 de la primera carta de Pablo a los creyentes de Corinto es una de las cumbres de la teología del apóstol. Y la gran virtud de la enseñanza no solo se relaciona con el tema y las implicaciones del asunto expuesto, sino en la forma que presenta sus argumentos. Para al apóstol de los gentiles, la resurrección de Cristo es un hecho de fundamental importancia para la fe de las iglesias en general y para la edificación de los creyentes individuales. Además, la resurrección de Cristo es un componente indispensable de la doctrina cristiana.

Luego de responder a problemas éticos, morales y administrativos, Pablo explora un tema de importancia capital para el triunfo de la iglesia y la victoria de los creyentes: la resurrección de Cristo. Como parte de su estilo literario y pedagógico, el apóstol traduce su teología a las vivencias congregacionales y a la existencia misma de los creyentes.

La finalidad de todo este capítulo (1 Co 1.1-58) es responder a las preocupaciones de algunos miembros de la iglesia, que aceptaban la resurrección de Cristo pero que no entendían el tema de la resurrección de los creyentes. Y en la primera sección (1 Co 15.1-8), Pablo explora la naturaleza misma del evangelio y la importancia de la resurrección de Cristo para entender y vivir ese evangelio de redención y esperanza. Se revela en esta sección de la comunicación apostólica no solo la necesidad congregacional sino la sabiduría y capacidad docente del apóstol.

La primera afirmación pastoral de Pablo es destacar que el evangelio que él predica, y que ciertamente los corintios aceptaron, tiene varios componentes de importancia. Esa declaración evangelística y didáctica es la siguiente: Cristo murió por los pecados –tanto de Pablo como de los corintios–, fue sepultado y resucitó al tercer día.

Esa declaración paulina, de acuerdo con la carta paulina, se fundamenta en la Escritura, que es una manera de indicar que la pasión y resurrección de Cristo es el cumplimiento de las antiguas profecías mesiánicas en la Biblia hebrea. Y esa afirmación histórica y teológica tiene una serie de testigos: Cefas (que es la forma aramea para referirse a Pedro; Lc 24.34), los doce (Mt 28.16-17; Mc 16.14; Lc 24.36; Jn 20.19), a más de quinientos hermanos a la vez, a Jacobo (conocido como el hermano del Señor; Gl 1.19) y finalmente a Pablo (que posiblemente alude a su experiencia de conversión; Hch 9.1-19; 22.6-16; 26.12-28).

De importancia capital al estudiar esta enseñanza paulina es comprender que la teología de la resurrección, que es el pilar indispensable del evangelio de Cristo, se fundamenta en una realidad histórica verificable. La resurrección de Cristo, para Pablo, no es una ilusión o idea hipotética que los discípulos anhelaban que sucediera. La resurrección era un hecho consumado, de acuerdo con la enseñanza del apóstol, que tenía el aval público de muchos testigos. No es una esperanza para el futuro indeterminado o alguna quimera incomprobable de la gente de fe, sino una convicción seria que se basa en el testimonio claro y verificable de muchas personas. De acuerdo con la teología paulina, la resurrección de Cristo es un hecho irrefutable por la veracidad, multiplicidad y confiabilidad de los testigos.

Referente a la resurrección de Cristo, según el testimonio bíblico, se pueden identificar los siguientes testigos y relatos:

- A María Magdalena, el domingo de resurrección, en el Jardín de la tumba, Jerusalén: Mc 16.9-11; Jn 20.11-18
- A dos discípulos que iban a la comunidad de Emaús, el domingo de resurrección, desde Jerusalén: Mc 16.12-13; Lc 24.13-32
- A Pedro (Cefas), el domingo de resurrección, en Jerusalén: Lc 24.34; 1 Co 15.5
- A diez discípulos en el Aposento Alto, Jerusalén, el domingo de resurrección: Mc 16.14; Lc 24.36-43; Jn 20.19-25
- A once discípulos en el Aposento Alto, Jerusalén, un domingo después del de la resurrección: Jn 20.26-31; 1 Co 15.5
- A siete discípulos que pescaban en el mar de la Galilea, algún tiempo después: Jn 21.1-25
- A once discípulos en un monte en la Galilea, algún tiempo después: Mt 8 28.16-20; Mc 16.15-18; 1 Co 15.5
- A más de quinientos en algún lugar desconocido: 1 Co 15.5
- A Jacobo (o Santiago) en un lugar desconocido algún tiempo después: 1 Co 15.7
- A los discípulos en el monte de los Olivos, Jerusalén, cuarenta días después de la Pascua: Lc 24.44-51; Hch 1.3-9; 1 Co 15.15.7
- A Pablo en el camino de Jerusalén a Damasco, luego de varios años: Hch 9.1-19; 22.3-16; 26.9-18; 1 Co 9.1; 15.8

El objetivo de Pablo al identificar los testigos de las apariciones del Cristo resucitado es posiblemente doble: fundamentar su teología pastoral en un hecho verificable con testigos, además de recordarle a los creyentes de Corinto que la esperanza cristiana no está cimentada en una ilusión momentánea sino en una realidad historia verificable. Y su enseñanza en esta ocasión introduce un elemento fundamental: su doctrina sobre Cristo se fundamenta en lo que recibió de Dios (1 Co 15.3), que es una manera de añadir autoridad a su doctrina, pues no es producto de su imaginación o esfuerzo, sino que tiene autoridad divina adicional.

La cristología de Pablo tiene dos fundamentos básicos. En primer lugar, surge de la revelación que recibió directamente de parte de Dios; además, esa revelación divina se complementa en sus diálogos con otros creyentes que fueron testigos de la manifestación extraordinaria del Cristo resucitado. El sabio apóstol enseña lo que vivió en su intimidad con Dios y también en lo aprendió en diálogo con el resto de la comunidad cristiana.

Cuando las enseñanzas cristianas se basan en revelaciones divinas que se complementan con las vivencias de la comunidad de fe, adquieren virtudes pedagógicas especiales y transmiten la autoridad espiritual que proviene de la manifestación de Dios y la aceptación de los creyentes. Esa dualidad, autoridad de Dios y aceptación en la iglesia, le brinda a la doctrina un nivel óptimo de autoridad, además de facilitar los procesos de educación y aprendizaje en los creyentes.

Una vez más la cristología del apóstol Pablo le ayuda a la iglesia a comprender mejor la revelación de Dios. En esa ocasión el tema es cómo la resurrección de Cristo es una garantía de la revelación final de Dios y de la resurrección de todos los creyentes. Para el apóstol, su cristología era un fundamento indispensable para sus enseñanzas en torno a la naturaleza y esperanza de la vida cristiana. Una teología o cristología que no sirva para la educación, el crecimiento y la edificación de las iglesias y los creyentes, no es útil para la edificación del pueblo de Dios ni es pertinente para el desarrollo de la fe.

09
Cristologías apocalípticas

Yo, Juan, escribo a las siete iglesias
que están en la provincia de Asia:
Gracia y paz a ustedes de parte de aquel
que es y que era y que ha de venir;
y de parte de los siete espíritus que están delante de su trono;
y de parte de Jesucristo, el testigo fiel,
el primogénito de la resurrección, el soberano de los reyes de la tierra.
Al que nos ama y que por su sangre nos ha librado de nuestros pecados,
al que ha hecho de nosotros un reino,
sacerdotes al servicio de Dios su Padre,
¡a él sea la gloria y el poder por los siglos de los siglos! Amén.
¡Miren que viene en las nubes!
Y todos lo verán con sus propios ojos,
incluso quienes lo traspasaron;
y por él harán lamentación todos los pueblos de la tierra.
¡Así será! Amén.
«Yo soy el Alfa y la Omega —dice el Señor Dios—,
el que es y que era y que ha de venir, el Todopoderoso».

Apocalipsis 1.4-8

Cristologías apocalípticas

El desarrollo de la cristología, tanto en el Nuevo Testamento como en la historia, está íntimamente asociado a las necesidades que vivían los creyentes y a los desafíos que experimentaban las iglesias. La vida de Jesús, y también sus enseñanzas e implicaciones, se analizaban, interpretaban, actualizaban y compartían en medio de las comunidades de fe y en respuesta a los problemas que vivía la sociedad y que llegaban a las congregaciones. El fundamento de la cristología bíblica e histórica es la vida y las enseñanzas de Jesús, y esas vivencias y teologías se interpretaban y aplicaban en relación con el crecimiento personal de los creyentes y del desarrollo colectivo de las congregaciones.

El último libro del canon cristiano, el Apocalipsis de Juan, presenta su cristología en medio de una serie de realidades sociales, políticas y religiosas desafiantes. El vidente Juan, que está confinado por causa del evangelio (Ap 1.9), recibe la revelación divina para anunciar una palabra de esperanza a los creyentes heridos por la política inmisericorde del emperador romano. Ese mensaje de gracia y misericordia del vidente llega a una iglesia perseguida por el imperio romano, que no se detenía ante nada hasta implantar sus decisiones nefastas con su amplia e intensa infraestructura militar.

Las comunidades cristianas rechazaban abiertamente no solo el paganismo del imperio romano, sino sus políticas injustas hacia diversos sectores marginados y dolidos de la sociedad, especialmente hacia las iglesias. Esas actitudes paganas y autoritarias se manifestaban claramente en la religión oficial del imperio, que incentivaba el culto al emperador romano que se entendía como dios. Ese reconocimiento divino del emperador era oficial, continuo y obligatorio. Y para que ese culto se llevara a efecto sin objeciones ni reparos físicos, se había construido una serie extensa de templos en Roma, la capital del imperio, y en las regiones más lejanas y remotas administradas por el imperio y las autoridades romanas.

La persecución oficial romana a las comunidades cristianas se fundamentaba en el rechazo abierto de esos grupos de creyentes a participar en las ceremonias romanas paganas que declaraban al Cesar como señor. Esa actitud valiente y decidida de las comunidades de fe ante la religión imperial, propició la persecución hostil de las iglesias y la muerte de los cristianos. Y Juan fue parte de ese pueblo perseguido y herido, pues fue desterrado a una isla del Mediterráneo, Patmos (Ap 1.9), donde recibió las visiones y revelaciones de Dios y escribió el libro de Apocalipsis, en los años 93-95 d.C.

El carácter profético del Apocalipsis se pone claramente de relieve desde sus comienzos, pues el libro se identifica como "La revelación de Juan" (Ap 1.1). Esa revelación divina –o *apocalipsis,* en griego–, que llega en forma de visión, tiene el propósito de afirmar la palabra de la esperanza a un pueblo sumido en la inseguridad, el dolor y la angustia, que estaba necesitado de paz, justicia y esperanza (Ap 1.3; 10.11; 22.7,9,10). Y el mensaje divino es de vida y esperanza, se fundamenta en la manifestación liberadora del Cristo resucitado, que es "el que es, el que era y el que ha de venir" (Ap 1.8), el "Verbo de Dios" (Ap 5.14; 19.13), el Mesías y el "Rey de reyes y Señor de señores" (Ap 19.16).

El mensaje de las visiones de Juan está dirigido, en primer lugar, a una serie de iglesias históricas que vivían y ministraban en el Asia Menor en la época del famoso vidente y profeta a finales del primer siglo de la era cristiana. El propósito teológico es afirmar que el Cristo de Dios, el Ungido y el Mesías, anunciado por los profetas y esperado por su pueblo, había cumplido cabalmente el divino plan redentor para los creyentes, las iglesias y la historia. Y ese singular mensaje de esperanza, que se produce en medio de una crisis mayor para las iglesias que vivían bajo la autoridad y las políticas del imperio romano, tiene repercusiones transformadoras para la gente de fe y sentido de porvenir para las congregaciones a través de la historia.

El Cristo del Apocalipsis es el vencedor del mal, que manifiesta su poder extraordinario sobre la vida y pone en evidencia su triunfo definitivo sobre la muerte. Ese mensaje claro de esperanza, que está fundamentado en la victoria de Cristo en la cruz del Calvario, supera los linderos del tiempo y sobrepasa los confines de la geografía. Ese mensaje de las visiones de Juan, en efecto, que incentiva la fe y propicia la seguridad en las diversas crisis y adversidades de la vida, llega con fuerza a los creyentes y las iglesias a través de la historia y en todo el mundo.

El Apocalipsis de Juan afirma sin inhibiciones la resurrección de Cristo, pues es el evento fundamental de la fe cristiana y el elemento indispensable del mensaje del evangelio (1 Co 15.15.14-17). Esa clara afirmación cristológica se presenta en un lenguaje lleno de visiones, símbolos e imágenes. Y ese tipo de lenguaje, que es parte de un género conocido como apocalíptico, está presente en el Antiguo Testamento (p.ej., Is 24—27; Jl 2; Ez 1; 40—48; Dan 7—12). El vidente Juan heredó ese singular estilo literario para presentar su mensaje a finales del primer siglo de la iglesia. La esperanza apocalíptica llega a los creyentes y las iglesias en un lenguaje saturado de simbologías, con el propósito de incentivar la creatividad en los procesos de interpretación y en la aplicación de sus enseñanzas e implicaciones.

La revelación de Jesucristo

La primera sección del Apocalipsis (Ap 1.1-8) constituye la introducción general del mensaje del vidente Juan al pueblo de Dios; también es una especie de presentación de todo libro. Son versículos saturados de contenido teológico, virtudes espirituales, alusiones bíblicas, imágenes intensas y belleza literaria. La finalidad primordial de todo el inicio del libro es indicar que el fundamento de la revelación divina en torno a lo que sucederá pronto en la historia es Jesucristo.

Las afirmaciones iniciales del vidente son en torno a cómo recibió la revelación divina y cuál es el propósito de ese mensaje. Las visiones llegan a Juan a través de un ángel o enviado especial de Dios, para que diera testimonio de la palabra de divina y de Jesucristo; también para que presentara a las iglesias lo que había visto en esa serie de extraordinarias visiones divinas.

Finalmente, en esta sección inicial del libro, el vidente declara felices, dichosos y bienaventurados a las personas que leen, escuchan y obedecen las palabras de su mensaje, que es descrito como profecía, para acentuar el carácter divino del libro. Se añade de esta forma, además, un sentido de urgencia en la revelación, pues, de acuerdo con el vidente, "el tiempo de su cumplimiento está cerca" (Ap 1.3). Un profeta de Dios ha llegado en la persona de Juan a las iglesias y la historia con una palabra de divina en medio de la crisis. Y esa palabra profética de consolación y seguridad está a punto de cumplirse.

En esta introducción al libro, el nombre y título "Jesucristo" se utiliza en cuatro ocasiones (Ap 1.1,2,4,9). Este detalle estilístico es mucho más que un énfasis literario o una reiteración pedagógica, pues pone de relieve el fundamento teológico de las visiones y la base indispensable del mensaje de Juan. Quien le brinda autoridad a la palabra profética del vidente a las iglesias del Apocalipsis y de la historia es Jesucristo, que es una manera de aludir al poder divino que se manifestó en la resurrección, de acuerdo con las narraciones evangélicas (Mt 28.1-15; Mc 16.1-8; Lc 24.1-12; Jn 20.1-10).

Una vez ha sentado las bases para la presentación de su mensaje, Juan identifica con precisión los destinatarios de su mensaje. Se trata de siete iglesias que están ubicadas en Asia, en la actual Turquía. Y esas siete congregaciones son comunidades de fe históricas, que llevaron a efecto sus tareas misioneras y pastorales en una muy importante región administrada por el imperio romano.

Las congregaciones del Apocalipsis son las siguientes: Éfeso (Ap 2.1-7), Esmirna (Ap 2.8-11), Pérgamo (Ap 2.12-17), Tiatira (Ap 2.18-29), Sardis (Ap 3.1-6), Filadelfia (Ap 3.7-13) y Laodicea (Ap 3.14-22). Esas congregaciones y sus líderes –identificados como "ángeles" en la revelación– son quienes reciben el mensaje divino que se presenta en el libro. Y hasta el día de hoy las personas pueden visitar esas ciudades y ver algunos restos arqueológicos relacionados con las congregaciones.

En la historia de la interpretación bíblica, esas iglesias históricas se han entendido como representantes de congregaciones en diversos períodos de la historia, como símbolos de diversos tipos de iglesias y como cristianos en diversos períodos o momentos de la vida. El potencial hermenéutico de esos capítulos de Apocalipsis (Ap 2.1—3.22) es muy alto, pues los mensajes del vidente que se incluyen en el libro se pueden identificar con varias respuestas eclesiásticas a través de la historia ante los grandes desafíos que las sociedades les presentan a los cristianos individuales y a las iglesias en general. Además, ponen en clara evidencia cómo las comunidades de fe respondieron ante las graves amenazas y las políticas hostiles de un imperio belicoso e inmisericorde.

La palabra que identifica el libro, "revelación" o "apocalipsis", transmite al comienzo mismo de la obra la naturaleza especial del mensaje de Juan. Se va a dar a conocer algo que anteriormente estaba oculto; inclusive, la expresión puede transmitir la idea de que se va a develar algo que estaba en secreto o escondido. Desde el inicio mismo del libro se presenta la importancia del mensaje de Juan, que de identifica como revelación, se recibe en visiones y se describe como profecía.

De importancia capital en la introducción del libro es la revelación de Dios que se hace accesible al vidente a través de Jesucristo, con una serie de visiones angelicales. En este contexto, Cristo tiene una función mediadora, pues es el instrumento divino para comunicar a Juan la revelación. De acuerdo con las visiones posteriores del vidente en su libro, Cristo es el único digno de desatar los sellos y abrir el rollo o libro (Ap 5.3-7), que es una manera figurada para indicar que es la persona que tiene el poder y la autoridad para dar a conocer públicamente el mensaje divino de esperanza y redención (Ap 6.1,3,5,7,9,12; 8.1).

Un componente de importancia capital en la presentación inicial de Juan es que se incluye una bienaventuranza (Ap 1.3). En efecto, son dichosas y felices las personas que leen, escuchan y obedecen el mensaje apocalíptico del vidente, pues se trata de una profecía. Las bienaventuranzas constituyen un singular género literario en las Escrituras, que destacan el gozo intenso y la felicidad plena que se relaciona con la fidelidad a la Ley divina (Sal 1) y el compromiso con el Reino de Dios (Mt 5.1-12).

Ese mensaje profético de Juan, además, que es para el beneficio de la gente que cree, está próximo a cumplirse. La esperanza apocalíptica no llega en un futuro indeterminado, incomprensible e indescriptible, sino pronto, que le brinda al mensaje de Juan un sentido de urgencia existencial y proximidad histórica. Para el vidente del Apocalipsis, el futuro de esperanza para las iglesias y de liberación del imperio romano estaba próximo a materializarse.

Nombres y títulos cristológicos

Luego de los saludos característicos en la literatura epistolar de la época, Juan identifica con títulos cristológicos al originador del mensaje, la autoridad de la profecía y el fundamento de la revelación: Jesucristo. El vidente, además, presenta los destinatarios del mensaje: las siete iglesias de Asia. Y saluda a esas congregaciones con la expresión "Gracia y paz" (Ap 1.4), que recuerda las cartas de Pablo a las iglesias neotestamentarias (p.ej., Rom 1.7; 1 Co 1.3; Gl 1.3).

Con ese singular estilo epistolar al comenzar su obra, el vidente presenta el libro del Apocalipsis como una especie de carta circular para las siete iglesias de Asia. La identificación de los destinatarios con el número "siete", que es símbolo de totalidad y perfección, puede ser un indicador de que el vidente tiene un interés amplio y extenso con la presentación de la revelación y la articulación de las visiones. Las siete iglesias, no solo son las congregaciones históricas en la actual Turquía, sino que también pueden aludir a todas las iglesias y a todo el pueblo de Dios, no solo del Asia sino del mundo y de la historia.

Una vez se presenta la naturaleza de la revelación divina y se proceden con los saludos pertinentes, al vidente destaca la fuente de la revelación. Y en el proceso, articula una serie descriptiva de títulos cristológicos. Quien revela la profecía es Jesucristo (Ap 1.5), que se muestra de varias formas, lleno de simbolismos y significados teológicos:

- "El que es el que era y el que ha de venir" Ap 1.4) es una referencia directa a la revelación del nombre divino a Moisés (Ex 3.14-15) en las narraciones del Éxodo. Constituye una manera de relacionar a Jesús directamente con el Dios de la liberación de los israelitas de las tierras de Egipto y del faraón, con el Señor capaz de revelar su Ley y establecer un pacto con un pueblo cautivo y en necesidad. El título transmite la idea de continuidad del pasado, el presente y el futuro que, además, puede aludir o implicar la idea de eternidad y permanencia.

- La mención de "los siete espíritus" (Ap 1.4) frente al trono de a Dios, muestra las intervenciones del Espíritu Santo en medio de las adversidades, los problemas y las tribulaciones de las iglesias. Y esa manifestación extraordinaria es completa y perfecta, pues se describe con el número siete, pues alude a las características de la naturaleza santa y eterna de Dios. De singular importancia es notar que esta referencia al Espíritu se asocia a las actividades de Dios y la revelación de Jesucristo. Son necesarios "siete espíritus", es decir, una manifestación plena del Espíritu Santo, para liberar a las iglesias de las hostilidades y persecuciones del imperio romano.

- "El testigo fiel" presenta al Señor como el mártir ideal, como quien fue capaz de dar su vida para hacer la voluntad de Dios y salvar a la humanidad. El elemento del martirio, que se asocia al sacrificio óptimo, es un tema crucial para las comunidades cristianas a las que Juan les presentaba el mensaje. ¡Las políticas de agresión continua, persecución sistemática y genocidio inmisericorde del imperio romano atentaban contra la vida misma de los creyentes y también contra la supervivencia de las congregaciones! Y en ese contexto llegó la buena noticia de Juan a las iglesias: ¡Ya Jesucristo vivió y superó la experiencia del martirio!

- La frase "el primogénito de la resurrección" alude directamente a la resurrección de Cristo. La expresión es una manera de destacar la derrota definitiva del poder y la autoridad de la muerte sobre la gente de fe. Jesucristo, de acuerdo con la teología de Juan el vidente, es el testigo o mártir capaz de dar su vida por el mundo y, en el proceso, superar el poder que la muerte ejerce en la humanidad (Hch 23.26; Col 1.18). Un Cristo con el poder de la resurrección es ciertamente fuente de esperanza y seguridad para las iglesias perseguidas.

- "El soberano de los reyes de la tierra" pone de relieve el poder de Jesucristo sobre el imperio romano, que se presentaba ante la sociedad y la historia como un reino poderoso e invencible. De acuerdo con el vidente del Apocalipsis, el imperio romano, con todo el poder político y militar que ostentaba, no era más poderoso que Jesucristo que tenía la capacidad de resucitar de entre los muertos. Además, la expresión se puede relacionar muy bien con la teología de los Salmos para referirse al poder de Dios (p.ej., Sal 89.27; Rom 14.9). La frase es una forma adicional de ubicar a Jesucristo en el nivel de la divinidad.

- El vidente también presenta a Jesucristo como "el que nos ama y que por su sangre nos ha librado de nuestros pecados" (Ap 1.5). Esa expresión es una descripción gráfica del amor del Señor, que fue capaz de derramar su sangre –es decir, llegar al suplicio y el martirio– con un propósito redentor. Se destacan de esta forma dos elementos y temas indispensables en la tarea de Jesucristo: el amor y la sangre. Ya el Evangelio de Juan transmite una teología similar (Jn 3.16), pues es el amor divino la fuerza que lleva a Jesucristo a dar su vida por la humanidad.

- En su descripción cristológica, y para destacar aún más la autoridad de Jesucristo, Juan añade una implicación del acto salvador en la cruz del Calvario: hizo de los creyentes un reino de sacerdotes al servicio de Dios el Padre. De esa forma las labores sacerdotales, que se llevaban a efecto, de acuerdo con el libro del Éxodo (Ex 28.1—29.37; 39.1-31), en el Templo de Jerusalén y en cercanía a Dios, ahora se convierte en una tarea ministerial para las iglesias y los creyentes, que estaban al servicio del Dios y Padre de nuestro Señor Jesucristo.

- Y por manifestar esas características extraordinarias, Jesucristo merece nuestro reconocimiento, nuestra adoración y nuestras gratitudes eternas. Esta doxología (Ap 1.6), que tradicionalmente se presentaba únicamente ante Dios, se ofrece en esta ocasión a Jesucristo por su sacrificio redentor

183

y por ser parte de esa esencia divina extraordinaria. Y la doxología culmina con un gran "amén", que es la expresión hebrea para ratificar algún acto o afirmar alguna expresión teológica y espiritual de importancia. El uso de esta expresión le brinda al libro de Apocalipsis, desde sus comienzos, un nivel cúltico de importancia en las afirmaciones del vidente.

Una vez el vidente describe la especial naturaleza de Jesucristo, que brinda la autoridad y el poder para compartir la revelación divina a las iglesias a través de Juan, se añaden otras descripciones y afirmaciones cristológicas singulares. Y estas comprensiones adicionales en torno a Jesucristo, añaden componentes espirituales y valores teológicos amplios a las afirmaciones cristológicas iniciales.

Quien se revela en el Apocalipsis "viene en las nubes" y "todas las personas lo van a ver, inclusive sus verdugos" (Ap 1.7). Además, "es el Alfa y la Omega, el que es el que era y el que ha de venir" y también "es el Todopoderoso" (Ap 1.8). En efecto, el vidente expande considerablemente su comprensión de la especial naturaleza divina de Jesucristo.

La descripción cristológica en esta sección proviene de imágenes que se incluyen en el Antiguo Testamento en los libros de Daniel (Dn 7.13) y Zacarías (Zac 12.10). Inclusive, el uso de esas expresiones para describir al Mesías prometido en la Biblia hebrea, también se manifiesta en los evangelios (Mt 24.30; Mc 13.26; Lc 21.27; Jn 19.34-37). De esta forma, Juan entiende que la revelación divina a las iglesias del Apocalipsis está enraizada en las tradiciones proféticas que se fundamentan en la Biblia y que, además, se manifiestan con claridad en los evangelios.

La referencia a que "viene en las nubes" también puede ser una manera de aludir a la ascensión de Jesucristo en el monte de los Olivos (Hch 1.6-11). La imagen, además, puede asociarse con otro profeta extraordinario del Antiguo Testamento al culminar su ministerio, Elías (2 R 2.1-25). ¡Quien se revela en las visiones de Juan, Jesucristo, tiene autoridad profética y virtud mesiánica! ¡Y está en la importante tradición profética de Elías!

De singular importancia es la referencia a los verdugos de Jesucristo en el proceso de la crucifixión. Para el vidente, el poder divino manifestado en la resurrección y revelado en el Apocalipsis, tiene la capacidad, el poder y el deseo de manifestarse ante las personas que propiciaron y participaron en su muerte. De esa forma se alude a una de las palabras tradicionales de Jesús en la cruz, "Padre –dijo Jesús–, perdónalos, porque no saben lo que hacen" (Lc 23.34). En las narraciones de los evangelios se presenta a Jesús con una petición extraordinaria de perdón divino hacia sus angustiadores y verdugos. En el Apocalipsis,

Jesucristo se revela de forma especial y se muestra ante las personas que lo crucificaron, para que se percaten de la maldad que cometieron.

"El Alfa y la Omega" constituyen las letras primera y última del alfabeto griego. Y su uso en la revelación de Juan, equivale a decir, en referencia a Jesucristo, que es "el principio y el fin"; o que tiene el poder de controlar la historia desde sus inicios hasta su culminación (Ap 21.6; 22.13). Y la frase "el Todopoderoso" culmina la sección de manera brillante: ubica a Jesucristo en el nivel divino, pues ese título es una descripción que se hace de Dios en el Antiguo Testamento (Sal 91.1; Ez 1.24; Jl 1.17). La afirmación final de la unidad es declarar abiertamente la naturaleza especial y el nivel extraordinario de Jesucristo.

Afirmaciones cristológicas adicionales en el Apocalipsis

Las visiones de Juan y el mensaje a las siete iglesias presentan la palabra de Jesucristo en momentos de persecuciones intensas del imperio romano. Esas políticas imperiales generaron crisis entre los creyentes y adversidades en las iglesias. Las congregacionales cristianas estaban a la merced de una serie irracional de políticas del emperador romano, que atentaban directamente contra la vida de la gente de fe. Y en ese contexto de dificultad y crisis, el vidente presenta su mensaje de vida y esperanza.

La palabra final para la gente de fe, de acuerdo con las visiones y revelaciones de Juan, no proviene del imperio romano, pues ese poder y autoridad corresponde únicamente a Jesucristo. Según las declaraciones teológicas del libro de Apocalipsis, el mensaje del vidente es de salvación, seguridad y futuro, porque "el Señor enjugará toda lágrima de los ojos. Ya no habrá muerte, ni llanto, ni lamento ni dolor, porque las primeras cosas han dejado de existir" (Ap 21.6).

Para culminar el libro de forma extraordinaria es Jesús mismo quien toma la palabra. Y en ese mensaje final, que reafirma la revelación y esperanza para las iglesias, se incluyen varios títulos cristológicos de importancia, pues se fundamentan en las profecías mesiánicas del Antiguo Testamento.

> *Yo, Jesús, he enviado a mi ángel*
> *para darles a ustedes testimonio de estas cosas*
> *que conciernen a las iglesias.*
> *Yo soy la raíz y la descendencia de David,*
> *la brillante estrella de la mañana».*

Apocalipsis 22.16

La estructura general del Apocalipsis puede entenderse a través de cuatro visiones mayores de Juan, luego de una breve pero importante introducción cristológica (Ap 1.1.8). Y cada visión destaca varios temas de importancia teológica y pastoral para la comunidad cristiana.

La primera visión presenta a Jesucristo glorificado e introduce la responsabilidad del vidente (Ap 1.9—3.22). En la segunda, Juan destaca la imagen y naturaleza del Dios que está sentado en su trono como un monarca soberano e invencible (Ap 4.1—16.21). La tercera de las visiones es para presentar la caída y derrota de la gran Babilonia y también para proclamar el triunfo definitivo y final de Jesucristo, con las narraciones de las bodas del Cordero (Ap 17.1—21.8). Y la cuarta visión del libro introduce el tema de la nueva ciudad celestial, que es signo de triunfo y esperanza (Ap 21.9-22.5).

El libro de Apocalipsis finaliza con un epílogo relativamente breve (Ap 22.6-21) que tiene el propósito de reiterar varios temas de importancia teológica para las comunidades de fe. De gran significado existencial es la noticia del pronto regreso de Cristo, que es la fuente de esperanza mayor para el vidente y las iglesias, que se presenta en tres ocasiones (Ap 22.6b-7a, 12-13 y 20). Esa reiteración final es una forma de destacar la importancia del evento, que es entendido como el fin de los sufrimientos de los creyentes y las congregaciones. Ese retorno anunciado finalizará con las persecuciones romanas y los dolores de la gente de fe.

En efecto, la nota final de vida y esperanza del Apocalipsis la brinda Jesús. Y en sus palabras finales indica que envió a su ángel o mensajero para compartir el mensaje que necesitan los creyentes y las congregaciones. El libro comienza con la revelación de Jesucristo de las cosas que van a suceder en el futuro cercano (Ap 1.1-2) y finaliza de una manera similar (Ap 22.16): la identificación de quien origina el mensaje y la reiteración del tema fundamental de la palabra profética.

Las visiones de Juan son como un paréntesis de esperanza y vida en medio de la historia humana. Revelan la voluntad de Dios en medio de la agresividad de un imperio déspota e inmisericorde, que declaraba a su líder máximo, el emperador romano, como dios y señor. Y para las iglesias y los creyentes esa era una afirmación inaceptable, pues solo Jesucristo es el Señor para la gloria de Dios Padre (Fil 2.11).

Y en este contexto final del mensaje apocalíptico se añaden dos títulos mesiánicos de gran importancia teológica. Son afirmaciones cristológicas que se fundamentan en el Antiguo Testamento. Se incluyen para enfatizar el componente profético del libro y para recordar que Jesucristo es el cumplimiento de las antiguas profecías y promesas mesiánicas de Dios a su pueblo. Esta sección final del libro reafirma el carácter profético de las visiones de Juan y la autoridad del mensaje apocalíptico.

El primer título cristológico del texto es "Yo soy la raíz y la descendencia de David", que relaciona a Jesucristo con las promesas del profeta Natán al rey David (2 Sam 7.1-29). El Señor es parte de la descendencia davídica, que lo ubica claramente en un nivel singular en el plan de Dios para la humanidad. Ese futuro rey prometido, de acuerdo con el mensaje profético original, y reiterado por el profeta Isaías (Is 11.1,10; y utilizado en Ap 5.5), tiene la responsabilidad de establecer un reino especial, pues la justicia será una de sus prioridades. Y en el contexto de los cristianos y las iglesias de finales del primer siglo d.C., esa profecía tenía implicaciones esperanzadoras inmediatas.

De acuerdo con la revelación apocalíptica, el Señor también se autoproclama como "la brillante estrella de la mañana". Esa imagen posiblemente es una referencia a la antigua profecía de Balaam (Nm 24.17), que para los creyentes y las iglesias tiene un muy importante sentido mesiánico. En un contexto de crisis en el pueblo de Israel, el profeta Balaam fue llamado para maldecir a los israelitas, pero en el momento preciso, solo pudo presentar una bendición. La narración bíblica pone de relieve la protección que Dios le da a su pueblo en el momento preciso.

Ese singular título cristológico, además, que ya se había utilizado en el libro (Ap 2.27-28), destaca los componentes y las ideas de iluminación y orientación, que eran elementos de gran necesidad entre los creyentes e iglesias a las que Juan presentaba el mensaje (Jn 8.12; 9.5). La cristología asociada a "la estrella de la mañana" pone de manifiesto el elemento de la orientación divina en momentos de oscuridad y desorientación.

10
Cristologías post-canónicas y contemporáneas

Después de esto miré, y apareció una multitud
tomada de todas las naciones, tribus, pueblos y lenguas;
era tan grande que nadie podía contarla.
Estaban de pie delante del trono y del Cordero,
vestidos de túnicas blancas y con ramas de palma en la mano.
Gritaban a gran voz:
«¡La salvación viene de nuestro Dios,
que está sentado en el trono, y del Cordero!»
Todos los ángeles estaban de pie alrededor del trono,
de los ancianos y de los cuatro seres vivientes.
Se postraron rostro en tierra delante del trono,
y adoraron a Dios diciendo:
«¡Amén! La alabanza, la gloria, la sabiduría,
la acción de gracias, la honra,
el poder y la fortaleza son de nuestro Dios
por los siglos de los siglos.
¡Amén!»

Apocalipsis 7.9-10

Con las cristologías que se incluyen en el Nuevo Testamento, no finalizaron los esfuerzos cristológicos de las iglesias y sus líderes. Los problemas y los desafíos que se presentaban en contraposición de la vida cristiana y la predicación del evangelio continuaron. Y ante las nuevas adversidades, los líderes eclesiásticos reorganizaron y actualizaron sus pensamientos y teologías. De importancia capital en los procesos para contextualizar el mensaje bíblico, es responder de manera adecuada a las nuevas realidades históricas que vivían las iglesias.

En esos procesos históricos y teológicos las iglesias crearon concilios o reuniones amplias y oficiales del liderato eclesiástico, para atender problemas, reinterpretar conceptos teológicos y hacer declaraciones. Y aunque se pueden identificar veintiún concilios, en nuestra presentación vamos a comentar brevemente solo los que se celebraron en los siglos cuarto y quinto. No incluimos el concilio de Jerusalén en esta lista (Hch 15. 1-35) por formar parte del canon bíblico.

Concilios ecuménicos

El primer concilio ecuménico fue en la ciudad de Nicea de Bitinia –que el día de hoy forma parte de Turquía–, en el año 325 d.C. Fue un evento de gran importancia teológica, duró dos meses y cuatro días, y participaron trecientos dieciocho obispos cristianos de las regiones eclesiásticas ubicadas dentro del imperio romano.

De singular importancia en esa reunión eclesiástica es que contó con la presencia de Constantino. El emperador convocó el evento, pues mostraba simpatías por la fe cristiana; además, entendía que su autoridad oficial se extendía sin inhibiciones también sobre las iglesias. Era una época en la que no había separación entre las dinámicas religiosas y los procesos administrativos de los gobiernos. Y el contexto ideológico de la reunión era superar una serie de desacuerdos teológicos y luchas administrativas entre las diversas iglesias y sus líderes.

Entre los temas de importancia que se atendieron en ese concilio está el de la cristología, pues su comprensión adecuada generaba tensión y adversidad en las congregaciones. El concilio analizó profundamente la naturaleza misma de Jesús como Hijo de Dios y su relación con Dios Padre, pues se manifestaban diversas comprensiones en torno a la naturaleza de Cristo.

La fuente primordial del conflicto teológico era la comprensión del Hijo de Dios, que había sido "engendrado" por el Padre desde su propio ser o naturaleza. Esa declaración, ¿implicaba que no tenía principio u origen? La otra posible comprensión de Cristo es que fue creado de la nada y, por lo tanto, tenía un principio en la historia y el tiempo. En ese período de la historia post-apostólica esa era la cuestión básica de división y conflicto entre los creyentes, las iglesias y los obispos.

El primer grupo de líderes indicaba que Cristo tenía una doble naturaleza, la divina y la humana. Y la implicación inmediata de esa postura teológica es que el Señor era, a la vez, completamente Dios y completamente hombre. El segundo grupo afirmaba que, como Cristo había sido creado por Dios antes del comienzo de la historia y los tiempos, no podía ser Dios. Y entre esos dos polos cristológicos se dividieron los obispos, las iglesias y los teólogos.

El resultado de los diálogos cristológicos intensos del Concilio de Nicea fue la aceptación del famoso Credo Niceno, que afirma la doble naturaleza de Cristo. Lo reconocían como completamente Dios y completamente humano. El famoso credo indica:

Creo en un solo Dios, Padre Todopoderoso,
Creador del cielo y de la tierra, de todo lo visible y lo invisible.
Creo en un solo Señor, Jesucristo, Hijo único de Dios,
nacido del Padre antes de todos los siglos:
Dios de Dios, Luz de Luz, Dios verdadero de Dios verdadero,
engendrado, no creado, de la misma naturaleza del Padre,
por quien todo fue hecho;
que por nosotros, los hombres,
y por nuestra salvación bajó del cielo,
y por obra del Espíritu Santo se encarnó de María, la Virgen,
y se hizo hombre;
y por nuestra causa fue crucificado en tiempos de Poncio Pilato;
padeció y fue sepultado,
y resucitó al tercer día, según las Escrituras,
y subió al cielo, y está sentado a la derecha del Padre;
y de nuevo vendrá con gloria para juzgar a, vivos y muertos,
y su reino no tendrá fin.
Creo en el Espíritu Santo, Señor y dador de vida,
que procede del Padre y del Hijo,
que con el Padre y el Hijo recibe una misma adoración y gloria,
y que habló por los profetas.
Creo en la Iglesia, que es una, santa, católica y apostólica.
Confieso que hay un solo Bautismo para el perdón de los pecados.
Espero la resurrección de los muertos y la vida del mundo futuro.
Amén.

Las decisiones del Concilio de Nicea y las importantes afirmaciones del Credo no resolvieron todas las dificultades cristológicas. El mismo tema en torno a Cristo y su naturaleza resurge de forma intermitente en diversas regiones y momentos, pues la decisión fue aceptada por la mayoría, pero quedaron líderes no satisfechos con todos los detalles e implicaciones del Credo.

Al segundo concilio ecuménico, que se celebró en Constantinopla en el año 381 d.C., asistieron 150 obispos. El tema era la divinidad del Espíritu Santo, que en el Credo Niceno se afirma como que procede del Padre y del Hijo. La gran pregunta era la relación entre el Padre, el Hijo y el Espíritu.

El tercer concilio se llevó a efecto en la ciudad de Éfeso en el año 431 d.C., con la participación de más de 200 obispos. En esta ocasión se retomó el tema cristológico, pues el resultado de las discusiones eclesiásticas reafirmó la unidad de la doble naturaleza de Cristo, divina y humana; además, el concilio declaró a María de Nazaret como la Madre de Dios (se utilizó la expresión, teotokos), que ha sido una decisión de gran trascendencia teológica a través de la historia.

El cuarto Concilio se celebró en Calcedonia en el 451 d.C., al cual asistieron 451 obispos, reafirmó la doble naturaleza divina y humana del Señor. Una vez más el tema de la cristología tiene un protagonismo en los diálogos teológicos, pues el asunto no se había resuelto finalmente en el pensamiento de un sector importante de las iglesias.

La historia ha sido testigo de, por lo menos, 21 concilios ecuménicos, desde el segundo concilio en Constantinopla, en el 553 d.C., hasta los Concilios Vaticanos primero (1869-1870) y segundo (1962-1965). Y en todas esas asambleas eclesiásticas las fuerzas que mueven la organización de los programas, la selección de los temas a discutir y las decisiones teológicas, se relacionan directamente con las dificultades que enfrentan las congregaciones y las diferencias teológicas que se manifiestan entre los líderes de las iglesias. En efecto, el contexto histórico y las teologías que se articulan constituyen elementos indispensables para la organización de los concilios eclesiásticos.

En medio de esas dinámicas eclesiásticas intensas, que tienen tanto importancia administrativa como doctrinal, el tema cristológico no es ajeno. La misión de la iglesia es estudiar, comprender, actualizar y presentar el mensaje del evangelio del Reino ante las nuevas y cambiantes realidades mundiales. En medio de las continuas transformaciones políticas, sociales, económicas y espirituales que se experimentan en el mundo, las iglesias deben presentar de forma efectiva al Cristo de la Biblia y su mensaje. Y esa tarea cristológica no es un extra optativo para las personas y organizaciones de fe, sino que es un requisito indispensable.

La Reforma Protestante

El estudio de la historia de las iglesias cristianas descubre que las dificultades, los conflictos y las controversias teológicas se manifestaron de forma recurrente. Estos problemas en muchas ocasiones se relacionan en las diversas formas de responder a los desafíos políticos, económicos, administrativos y espirituales que la sociedad presentaba a las iglesias y sus autoridades. Y en esos entornos de respuestas éticas, morales, teológicas y espirituales, la cristología ha estado presente de forma reiterada, por la importancia del tema de la salvación, que se asocia directamente con la acción de Cristo en la historia, la sociedad, las congregaciones y los individuos.

Uno de los momentos de gran importancia histórica y teológica en la vida de las iglesias cristianas es la Reforma Protestante. Se trata de un movimiento religioso en el siglo XVI, que se asocia tradicionalmente con Martín Lutero en las comunidades alemanas. Las consecuencias e implicaciones de estos esfuerzos reformadores dentro de la Iglesia Católica de Europa han tenido repercusiones de gran importancia religiosa, política, educativa y económica. Y esos esfuerzos reformadores todavía tienen implicaciones en la vida de las iglesias y los creyentes del siglo veintiuno.

El movimiento, que se asocia inicialmente con las 95 tesis que Martín Lutero presentó en la ciudad de Wittenberg, desafió la autoridad del Papa, retó públicamente las decisiones y el estilo de vida en el Vaticano, y se replanteó nuevas formas de relación entre los estados y las iglesias. Además, ese importante movimiento, abrió las puertas para la educación general del pueblo y afirmó la importancia de la Biblia en la vida de los creyentes y las congregaciones.

Para los reformadores, la Biblia era la fuente de autoridad máxima en las iglesias, más que las decisiones papales y las tradiciones eclesiásticas. Y una de sus repercusiones más importantes a largo plazo de esas convicciones ha sido el movimiento de la traducción de las Sagradas Escrituras en los idiomas de los pueblos, no solo de Europa sino del mundo.

Las ideas reformadoras de Lutero, que se fundamentan en siglos previos de críticas serias a la vida y las decisiones de las autoridades eclesiásticas, recibieron el aval público de otros líderes religiosos y políticos europeos de la época, como Juan Calvino, Ulrico Zwinglio, Juan Huss y Erasmo de Rotterdam. Y la unión de las nuevas ideas religiosas, la insatisfacción en torno a los estilos de vida, la administración y las teologías en la Iglesia Católica, las dificultades crecientes entre los estados europeos y el Vaticano, y la invención y el uso de la imprenta hicieron posible que el movimiento reformador ganara rápidamente adeptos en las esferas religiosas y políticas de la Europa medieval.

Entre las consecuencias importantes de la Reforma, no solo en las iglesias sino en la sociedad, se pueden identificar las siguientes: la Iglesia Católica perdió poder político en Europa, con repercusiones económicas adversas; se logró la independencia política, cultural y religiosa de varias regiones europeas; se eliminaron las restricciones comerciales con sus impuestos para la Iglesia

Católica; y se desarrolló una filosofía educativa de corte humanista, que relegó la intervención eclesiástica a las esferas religiosas, pues la Iglesia Católica perdió su monopolio de autoridad. Y esos cambios no solo generaron transformaciones religiosas, sino que produjeron guerras y persecuciones en varias regiones europeas.

El estudio sobrio de este singular e importante período histórico, revela que la Reforma destacó varios principios de gran importancia teológica, que ciertamente tenían claras implicaciones teológicas. Y esos principios tradicionalmente se identifican con las siguientes ideas:

- *Sola Scriptura*: Con esta afirmación se declara la importancia de la Biblia en la vida y las decisiones de las iglesias. Es una manera de rechazar las declaraciones o decisiones de cualquier líder religioso o cuerpo eclesiástico, que no se fundamente en las enseñanzas de la Biblia.
- *Sola Gratia*: Esta idea indica que la salvación es producto únicamente de la gracia divina y que no se puede generar ni aumentar con alguna intervención, acción o decisión humana. Las obras de las personas, aunque necesarias y valiosas, no tienen el poder para propiciar la salvación, que emana únicamente de la misericordia divina.
- *Sola Fide*: Es la fe el vehículo para descubrir y disfrutar de la justificación de Cristo, que es el agente divino para hacer realidad la salvación. Solo la fe es necesaria para la redención humana, no son las acciones de las personas las que generan la salvación eterna, solo la confianza plena en el Señor.
- *Soli Deo Gloria*: Con este principio, los reformadores afirmaban y reiteraban que solo Dios es merecedor de la gloria, las alabanzas, la honra y el reconocimiento. El evangelio de Cristo está centrado en Dios, quien es el único que debe recibir ese singular reconocimiento de parte de los creyentes y las iglesias.
- *Solus Christus:* De acuerdo con este principio rector de la Reforma, el único camino al Padre es a través de Cristo. No hay otro mediador ni hay otra persona capaz de hacer posible la salvación eterna del ser humano mediante la acción divina. Nadie puede ser salvo, a menos que tenga y confiese una fe genuina y sincera en Jesucristo el Señor.

La lectura cuidadosa de estos principios rectores de la Reforma Protestante pone en evidencia clara la importancia que se dio a la cristología en el movimiento reformador. En un período de riquezas y opulencias en el Vaticano y en un contexto eclesiástico donde la salvación podía lograrse mediante bulas de las máximas autoridades eclesiásticas, los reformadores destacan nuevamente el papel de Jesucristo como agente de Dios para la salvación de la humanidad.

La cristología de la Reforma retoma las narraciones de los evangelios canónicos y redescubre el poder perdonador de Cristo, junto a los reclamos éticos, morales y espirituales que destacan la justicia como uno de los signos prioritarios de la manifestación del Reino de Dios en medio de la historia humana y eclesiástica.

Nuevamente la cristología juega un papel protagónico en la historia y teología de la iglesia. Los grandes principios que guiaron el movimiento reformador, al evaluarlos con detenimiento, revelan que solo el Cristo que se revela en las Escrituras, puede manifestar su gracia como respuesta a la fe de las personas, para que se brinde toda la gloria y honra únicamente a Dios. Y esa comprensión teológica amplia ha sido un elemento constante en la historia de las iglesias cristianas.

Se reitera de esta forma, que la cristología en la iglesia cristiana es un elemento indispensable para la comprensión adecuada y pertinente de la fe y la misión. Esas afirmaciones teológicas en torno a Cristo y tu tarea redentora, son necesarias para presentar un evangelio fiel, transformador y pertinente. Tomar en consideración las enseñanzas de Jesucristo, como se incluyen en los evangelios canónicos, es impostergable para presentar el evangelio redentor a través de la historia.

Cristologías contextuales y contemporáneas

Las reflexiones en torno a Jesucristo y su tarea redentora llegan hasta la sociedad contemporánea. Las iglesias, y sus centros de estudios e investigaciones y teólogos, han continuado los procesos de análisis, reflexión aplicación e implicaciones de las enseñanzas de Jesús. Han explorado de forma sistemática los evangélicos canónicos, han revisado el desarrollo y las prioridades de la cristología en el Nuevo Testamento, han reflexionado en el progreso posterior de la cristología en los concilios, han revisitado las contribuciones cristológicas de la Reforma Protestante y han llegado al siglo veintiuno con nuevas metodologías y prioridades para responder a los desafíos noveles y extraordinarios de las sociedades modernas y postmodernas.

La tarea de reflexión y actualización cristológica, en efecto, no se ha detenido, pues el corazón de la predicación y las enseñanzas en las iglesias es la salvación, y ese es un concepto íntimamente relacionado con Jesucristo. Y en esa tradición académica, misionera y pastoral, el estudio histórico y teológico del tema revela que, entre los asuntos de importancia capital que se manifiestan en las afirmaciones cristológicas a través de la historia, están la fidelidad al texto bíblico y a las enseñanzas de Jesús, y la pertinencia e implicaciones de esas enseñanzas ante las realidades y los desafíos que rodean las iglesias.

En los siglos veinte y veintiuno las investigaciones referentes al Jesús histórico y sus enseñanzas han avanzado de forma sistemática. Esfuerzos diversos, con diferentes metodologías y prioridades, han descubierto elementos teológicos y temáticos de importancia capital en la vida y las enseñanzas de Jesús. Y entre esas afirmaciones cristológicas, que pienso sería bueno destacar, está la prioridad que Jesús le brindó al tema del Reino de Dios o de los cielos, según se pone de manifiesto en las parábolas que se incluyen en los evangelios canónicos.

El Reino en parábolas

La lectura inicial de los cuatro evangelios canónicos revela la importancia que tienen las parábolas en el estudio y la comprensión del mensaje de Jesús. De forma continua y sistemática, el Señor hablaba a sus discípulos en esa singular forma literaria. Tenía muchas enseñanzas y discursos, pero afirmaba un solo mensaje de esperanza, transformación y vida.

Una evaluación atenta de los documentos bíblicos pone en evidencia clara que las parábolas contienen una parte fundamental e indispensable del mensaje de Jesús. Inclusive, hay porciones evangélicas que afirman, de manera directa y categórica, que el Señor solo hablaba en parábolas a sus discípulos (p.ej., Mt 13.34; Mc 4.34). Estos versículos ponen claramente de manifiesto, en un lenguaje figurado e hiperbólico, que las parábolas jugaban un papel protagónico en la metodología pedagógica, la afirmación de los valores y la teología de redención de Jesucristo.

La verdad histórica y académica en torno a las parábolas de Jesús es que sin identificarlas, analizarlas y explicarlas nos perderíamos un componente primordial y necesario del mensaje y las doctrinas fundamentales de Jesús. Sin las parábolas nos quedamos sin entender la amplitud, intensidad y profundidad de la teología cristiana en torno al Reino de Dios, el Reino de los cielos o simplemente al Reino.

Referente al propósito de Jesús al usar las parábolas, los evangelios nos brindan dos posibilidades. La primera explicación se relaciona con la facilidad de comprensión: ¡Para que todos los discípulos y oyentes entendieran con claridad el significado del mensaje! (véase Mt 13.34-35; Mc 4.33-34). En efecto, para lograr su propósito educativo fundamental, Jesús requería del uso reiterado de esta singular forma de comunicación indirecta, pues facilitaba la comprensión de su prédica y propiciaba el entendimiento de sus enseñanzas. Estas narraciones, junto a su capacidad de oratoria, le permitían al Señor exponer sus doctrinas y actualizar sus enseñanzas.

Hablaba en parábolas, según los evangelios, para que su auditorio inmediato pudiera asimilar con facilidad su palabra redentora y pudiera aquilatar sin dilación su mensaje transformador. Inclusive, de acuerdo con las narraciones de los evangelios, nada impedía que luego de la presentación pública de las parábolas, posteriormente las explicara con detenimiento y sobriedad a sus seguidores más íntimos. Ese ambiente íntimo con sus discípulos propiciaba el diálogo necesario para profundizar en los temas expuestos y destacar algún asunto de importancia ulterior.

Los evangelios presentan otra razón de peso para justificar el uso continuo de las parábolas en la difusión del mensaje de Jesús. De acuerdo con algunos pasajes bíblicos (p.ej., Mt 9.9-13; Mc 4.9-12; Lc 8.8-10), el propósito también era esconder el contenido de ese mensaje. La finalidad era obstruir el proceso de asimilación de su palabra, según varias narraciones evangélicas.

Esa conclusión, sin embargo, que se basa en una lectura rápida de solo algunas narraciones sin tomar en consideración el resto de las enseñanzas canónicas, no necesariamente hace justicia al mensaje educativo más amplio e inclusivo de Jesús. Posiblemente los evangelistas, al explicar esta metodología educativa del Señor, pensaban en hacer más difícil la comprensión del mensaje del Reino a quienes se allegaban al grupo de sus seguidores con la intensión de sorprenderlo en alguna ofensa a la Ley o en expresiones en contra de las autoridades religiosas y políticas de Jerusalén.

Referente a este singular tema del uso repetido de las parábolas, es menester comprender que entre las personas que seguían a Jesús había discípulos, colaboradores, amigos y amigas, y gente que positivamente estaba interesada en su mensaje transformador de esperanza y vida en abundancia. Sin embargo, no debemos ignorar que, a la vez, había un grupo de individuos que buscaba desafiarlo, confrontarlo con las enseñanzas rabínicas tradicionales y oficiales, comparar sus palabras con las de otros rabinos, maestros y líderes judíos, y hasta para contradecir en público su sabiduría y doctrina. Ese grupo funcionaba como espías al servicio de las autoridades políticas y religiosas de la época, tanto judías como romanas.

Al utilizar imágenes comunes e ilustraciones populares en la articulación de sus enseñanzas, Jesús pretendía que sus discípulos y seguidores sinceros lo entendieran; y al mismo tiempo, intentaba nublar el entendimiento y complicar el significado y las implicaciones redentoras de sus palabras ante los líderes de los escribas, fariseos y representantes del imperio romano. Esa forma de enseñar hacía que sus amigos y amigas se sintieran atraídos, fascinados y edificados por sus palabras; y esas enseñanzas, a la vez, hacían que sus adversarios, enemigos y contrarios las rechazaran, se ofendieran y hasta se escandalizaran.

Esta comprensión amplia de la pedagogía de Jesús apunta posiblemente hacia el significado adecuado de expresiones complejas y un tanto enigmáticas de Jesús. Y entre ese tipo de afirmaciones, están las siguientes: para «que viendo no vean, y oyendo no oigan» (Lc 8.10), o «el que tenga oídos para oír, oiga» (Mt 13.43). El maestro usa de esta forma una singular y antigua manera de comunicación bíblica, que atribuye a Dios tanto la virtud capaz de renovar un corazón, como la autoridad de endurecerlo.

En el análisis detenido de las parábolas, se pone de manifiesto la capacidad didáctica y la visión teológica de Jesús de Nazaret. El Señor no se dedicaba a repetir las doctrinas de los fariseos y los saduceos, sino que, fundamentado en las tradiciones de los antepasados del pueblo, articuló un mensaje pertinente a su generación, que ciertamente rompió los límites del tiempo y la geografía, para llegar con fuerza a otras épocas y latitudes. Jesús, en efecto, era un maestro de las parábolas, un educador contextual, un buen orador con gran capacidad de comunicación, y un predicador extraordinario de valores, sueños y esperanzas.

Respecto a las parábolas de Jesús, la gente puede escucharlas con agrado y sencillez, disfrutar su mensaje esperanzador, aquilatar el significado desafiante, y responder positivamente al llamado divino. Hay personas que, al escuchar el mensaje de las parábolas, y al ver el resultado de esas palabras transformadoras en los individuos y en la comunidad, responden con humildad, gratitud, conversión y fidelidad a los valores que se destacan en esas enseñanzas.

Otras personas, sin embargo, ante esa misma palabra, ripostan al mensaje parabólico de Jesús, con indiferencia o altivez, con hostilidad e inmisericordia, con resentimiento y agresividad. Ante las palabras redentoras, desafiantes y penetrantes del Maestro, hay individuos que deciden rechazar el llamado divino e ignorar su reclamo fundamental e indispensable: Vivir a la altura de los valores de paz, justicia y dignidad, que se ponen claramente de manifiesto en las enseñanzas del Reino de los cielos, que es la forma que utilizaba Mateo para identificar esa importante enseñanza de Jesús.

El Reino de Dios o de los cielos

En las parábolas encontramos el corazón del mensaje de Jesús, y en esas narraciones se ponen claramente de manifiesto los temas teológicos prioritarios, los asuntos misioneros fundamentales y los elementos educativos primordiales. Desde la perspectiva histórica es incuestionable que el tema recurrente y más importante de Jesús de Nazaret era el Reino de Dios o de los cielos; y desde la dimensión teológica, ocupa el sitial prioritario.

En ese mundo docente y teológico, las parábolas del Reino articulan una comprensión de Dios, y de sus intervenciones redentoras en medio de la historia, que rebasa los entendimientos tradicionales en el Oriente Medio de las divinidades antiguas y sus acciones. El Dios del Reino, en las parábolas de Jesús, y en la importante tradición relacionada con Moisés (Ex 3), ve los dolores, escucha los clamores y desciende para responder con autoridad a esos cautiverios, aflicciones y necesidades del pueblo.

El Reino, para Jesús de Nazaret, era la manifestación extraordinaria y concreta de la soberanía divina en medio de la historia. Y esa revelación del Dios soberano no solo tenía importancia en la vida y las acciones del joven rabino galileo, y también en la comunidad que le rodeaba, sino llegaba al futuro, a las dimensiones escatológicas. Esa acción divina, que no se ajustaba a los patrones teológicos de la época, manifestaba su compromiso prioritariamente a la gente en necesidad y las comunidades en dolor. Esa irrupción especial del Señor de la vida tiene la capacidad de orientar a la gente cautiva y moverla al mañana, al porvenir y a la vida abundante que propicia sanidad espiritual, mental, social, económica y política.

El reino, reinado, gobierno, imperio y dominio. La idea básica que transmite la palabra es poder y dominio; el concepto incluye también las esferas semánticas de la autoridad y potestad. En los evangelios canónicos se utiliza la expresión como en un centenar ocasiones. La gran mayoría de las veces el término alude al Reino de Dios, aunque en Mateo ese concepto se presenta como el Reino de los cielos, para evitar la posibilidad de usar el nombre de Dios en vano, en una muy fuerte tradición judía de abstenerse de pronunciar el nombre divino. En ocasiones, inclusive, la palabra "reino" (en griego, *basileia*) puede aludir al reino del mundo o del diablo (p.ej., Mt 4.8; 12.25-26; 24.7; Mc 3.24; 13.8; Lc 4.5; 11.17-18; 21.10), y también al reino de Herodes (Mc 6.26).

Este singular tema del Reino en las enseñanzas de Jesús, por alguna razón, no aparece con frecuencia en el resto del Nuevo Testamento ni se explora con intensidad en los escritos de las primeras comunidades cristiana. En las Cartas de Pablo, el Reino se expone solo de forma esporádica (1 Ts 2,12; Gal 5.21; 1 Cor 4.20; 6.9-10; 15.24,50. En el Apocalipsis de Juan solo hay tres pasajes que utilizan directamente la expresión (Ap 1.9; 11.15; 12.10). Y en el Libro de los hechos la frase que predomina es "heredar el Reino de Dios", que es una referencia a la vida eterna, aunque el tema del Reino se usa en la predicación en varias ocasiones (véase Hch 8.12; 19.8; 20.25; 28.23,31).

Una lectura inicial de las narraciones evangélicas en torno al Reino descubre que su existencia y manifestación histórica no depende de esfuerzos o programas humanos, sino de la voluntad y las iniciativas divinas. Las personas no pueden crear, levantar, adelantar, construir o extender el Reino, que ciertamente es patrimonio divino; solo lo reciben, aprecian, comparten y celebran. La manifestación real e histórica del Reino depende directamente de la soberanía de Dios. Y esa soberanía, que lo ha movido a intervenir de forma especial en medio de la historia y la naturaleza, se revela una vez más en medio del pueblo, pero en esta ocasión como monarca universal para establecer un Reino, sin fronteras geográficas, diferencias étnicas, escalafones sociales ni niveles económicos.

Esa dimensión profética en el mensaje de Jesús fue, posiblemente, uno de los componentes más importantes que propiciaron su éxito ministerial. Luego de un tipo de silencio profético en el pueblo por años, y posiblemente siglos, el Señor retoma esa vocación antigua, que ya Juan el Bautista en su época había comenzado, y le brinda su peculiar estilo pedagógico al utilizar las parábolas como su más importante vehículo de comunicación.

Ese retomar de las antiguas tradiciones proféticas debe haber conmocionado al pueblo, que estaba necesitado de escuchar la revelación divina independientemente de las estructuras religiosas del Templo. En Jesús de Nazaret, las antiguas comunidades judías de las regiones de Galilea y Judea escucharon nuevamente una voz profética que traía la voluntad divina a las esferas humanas.

El estilo pedagógico efectivo de Jesús, unido a la autoridad profética con su presentación de los temas desafiantes del Reino, junto a sus extraordinarias capacidades de comunicación prepararon el ambiente para su ministerio transformador y exitoso. Esas virtudes educativas, teológicas y oratorias, tomaron fuerza, de acuerdo con las narraciones evangélicas, con el poder del Espíritu e hicieron que las contribuciones del joven maestro de Nazaret rompieran los parámetros del tiempo y el espacio, para llegar a otras latitudes con diferentes idiomas en diversas épocas.

Reino, cristología y contextualización

La cristología pertinente en el siglo veintiuno debe ser bíblica, pues es fundamental tomar muy seriamente en consideración las enseñanzas que se desprenden de la vida y las acciones de Jesús de Nazaret, según las narraciones evangélicas. Además, hay que reflexionar en torno a las interpretaciones que se han dado a esos valores pedagógicos y principios éticos, morales y espirituales de Jesucristo a través de la historia.

Ese tipo contextual de comprensión de la naturaleza de Cristo, entiende los desafíos sociales, políticos, económicos, religiosos y espirituales que vive el mundo. Y las iglesias cristianas, con sus instituciones educativas y de investigación, junto a sus ministros y teólogos, deben responder a la historia de las interpretaciones bíblicas y teológicas, y a los desafíos complejos que presentan las sociedades contemporáneas.

El siglo veinte sorprendió al mundo latinoamericano y al de habla castellana en los Estados Unidos de Norte América no con muchas iglesias evangélicas. La labor de las iglesias históricas protestantes era ejemplar y efectivo, especialmente en las tareas de beneficencia, educación, de salud y bienestar físico y emocional, y evangelización. Esa presencia y ministerio de las iglesias evangélicas y sus juntas misioneras a inicios de siglo fue responsable del establecimiento de escuelas, librerías, orfelinatos, hospitales y campañas para el desarrollo social, físico, intelectual y espiritual, que bendijeron comunidades necesitadas, no solo en las capitales de cada país latinoamericano y estadounidense, sino que llegaron con fuerza hasta las comunidades marginadas, subdesarrolladas e indígenas, desde Alaska hasta la Patagonia, pasando por las selvas y los centros de las comunidades autóctonas centroamericanas y brasileñas.

El siglo veinte fue testigo de varias afirmaciones cristológicas singulares. Por ejemplo, se desarrolló la idea de Cristo es el "punto omega" o el final hacia donde se dirige la humanidad. Cristo, en este sentido, ya es lo que los seres humanos aspiran a ser. Además, en un siglo de intensas luchas ideológicas y políticas, Cristo también ha sido interpretado, además de salvador del mundo, como crítico social, reformador y liberador. Y esos esfuerzos ponen de manifiesto que las personas no pueden confinar en sus comprensiones cristológicas la naturaleza amplia, extensa e intensa de las enseñanzas de Jesús y de las implicaciones redentoras de su mensaje.

El panorama religioso de América Latina y los EUA al llegar el siglo veintiuno, sin embargo, cambió considerablemente en solo cien años. El siglo veintiuno reconoce una serie importante de iglesias evangélicas de habla castellana. Esas comunidades de fe, que sirven en América Latina, EUA y Europa, presentan un panorama teológico y misionero extenso y complejo, que va desde iglesias evangélicas históricas hasta nuevos movimientos neo-pentecostales que presentan el evangelio de Cristo por los diversos medios de comunicación social, la radio y la televisión.

Las tendencias eclesiásticas de esa gama extensa de congregaciones locales, movimientos independientes, iglesias pentecostales y denominaciones históricas van desde las teologías evangélicas tradicionales hasta las que afirman la prosperidad o representan grupos políticos e ideológicos progresistas. Se trata de congregaciones y organizaciones evangélicas que presentan el mensaje de Jesucristo, desde sus ópticas espirituales y programáticas.

En cien años las realidades políticas, económicas, sociales y espirituales de los países en las Américas han variado considerablemente. Y ante esos cambios dramáticos, las iglesias revisaron sus prioridades misioneras, reorganizaron sus programas evangelísticos y actualizaron sus comprensiones cristológicas. Un siglo de transformaciones históricas de importancia capital requiere el desarrollo de nuevas estrategias misioneras, necesita la revisión de las prioridades educativas y homiléticas, y demanda la actualización de las comprensiones y aplicaciones de sus cristologías.

En el desarrollo de las cristologías del siglo veintiuno se deben tomar en consideración, una vez más, las narraciones evangélicas que presentan la vida y acciones de Jesús de Nazaret. Esos importantes relatos bíblicos, a la luz de nuevas metodologías de análisis literarios, descubrimientos arqueológicos y comprensiones más amplias de la fe, nos permiten redescubrir el corazón del mensaje de Jesús de Nazaret a las sociedades contemporáneas. Y ese mensaje se relaciona una vez más con la llegada inminente del Reino de Dios o de los cielos a la historia de la humanidad.

Además, un componente indispensable de la cristología contextual del siglo veintiuno es la pertinencia; es decir, la aplicabilidad del mensaje redentor de Cristo ante las realidades sociales, políticas, económicas y espirituales que vive la sociedad postmoderna. Y las sociedades contemporáneas están inmersas, entre otras realidades, en conflictos ideológicos, insatisfacciones sociales, adversidades fiscales, crisis de salud, desorientación espiritual, angustias emocionales, confusión familiar, corrupción gubernamental, desigualdad socioeconómica…

Ser pertinente con la proclamación del evangelio del Reino, que presente una cristología bíblica y contextual, requiere de los creyentes y las iglesias un nivel de discernimiento espiritual especial. Se necesita compromiso con el mensaje de Jesucristo, además de visión crítica de las dinámicas que afectan la sociedad, y sus causas subyacentes. Junto a una espiritualidad transformadora que redescubra las palabras proféticas de Cristo, de acuerdo con los evangelios canónicos y las interpretaciones neotestamentarias de ese mensaje, es necesario un acercamiento a las realidades sociales con ojos críticos, con deseos de identificar la naturaleza pecaminosa humana y cómo esas actitudes de maldad se hacen realidad en las estructuras que organizan y administran la vida en las sociedades contemporáneas.

El siglo veintiuno necesita una iglesia misionera y profética. Una sociedad enferma y desorientada, requiere de una predicación sana y redentora. Un mundo en crisis anhela una predicación que regrese a su fundamento histórico y que vuelva a sus raíces espirituales; además necesita responder con autoridad profética y el mensaje del Reino, a las necesidades espirituales de las personas y los desafíos extraordinarios que presentan las estructuras espirituales, políticas, económicas y sociales injustas que hieren adversamente la historia y la humanidad.

Bibliografía selecta

La siguiente bibliografía, incluye únicamente las obras más importantes y recientes sobre Cristología. Son libros que ponen de manifiesto las reflexiones más significativas, tanto en español como en ingles referente a esta singular comprensión del mensaje de Jesús. No pretende ser exhaustiva ni completa, solo identifica los escritos que son indispensables para nuestro estudio de este fascinante componente en torno al mensaje del famoso rabino de la Galilea, que sin inhibición ni desorientación, es declarado públicamente por los cristianos, el Mesías, el Cristo, el Ungido de Dios.

Si el lector o lectora desea ahondar, profundizar y expandir aún más su estudio de las parábolas, puede encontrar bibliografías más completas en varios libros aquí identificados, particularmente en las obras de Pagán, Pikaza y Witherington III.

Aguirre, Rafael, Caren Bernabá y Carlos Gil. *Jesús de Nazaret*. Estella: Verbo Divino, 2010.

_____, *Del movimiento de Jesús a la iglesia cristiana*. Estella: Verbo Divino, 1998.

Bauckham, R. *Monoteísmo y cristología en el Nuevo Testamento*. Barcelona: Clie, 2003.

Béjar Bacas, José Serafín. *Los milagros de Jesús*. Barcelona: Herder, 2018.

Bartlett, David L. *Christology in the New Testament*. Nashville: Abingdom Press, 2017.

Beutner, Edward F., editor. *Listening to the Parables of Jesus*. California: Polebridge Press, 2007.

Calvo, Ángel y Alberto Ruiz. *Para leer una cristología elemental*. Estella: Verbo Divino, 1989.

Castillo, José María. *El Reino de Dios*. Bilbao: Desclée de Brouwer, 2002.

Crossan, John Dominic. *Jesús, vida de un campesino judío*. Madrid: Crítica, 1994.

Dunn, James D.G. *Redescubrir a Jesús de Nazaret*. Salamanca: Sígueme, 2015.

Fernandez, Ramos, F. (ed.). *Diccionario de Jesús de Nazaret*. Burgos, España: Monte Carmelo, 2001.

Gnilka, Joachim. *Jesús de Nazaret*. Barcelona: Herder, 1995.

Guillet, Jacques. *El Jesús de los discípulos*. Bilbao: Mensajero, 1998.

Ibáñez Langlois, José Miguel. *Jesús. Una impresión deslumbrante.* Madrid: Ediciones Palabra, 2017.

Johnson, E. *La Cristología hoy. Olas de renovación en el acceso a Jesús.* Presencia Teológica 131. Santander: Sal Terrae, 2003.

Martín Descalzo, José Luis. *Vida y ministerio de Jesús de Nazaret.* Salamanca: Sígueme, 1998.

Meier, John P. *Un judío marginal.* Estella: Verbo Divino, 1998.

Nuñez, Miguel Ángel. *Cristología: Descubriendo al Maestro.* Ediciones Fortaleza, 2016.

Pagán, Samuel. *Jesús de Nazaret.* Barcelona: CLIE, 2011.

_____. *Las parábolas del Reino.* Barcelona: Clie, 2021.

_____. *Los milagros de Jesús de Nazaret.* Barcelona: Clie, 2021.

Pagola, José Antonio. *Jesús. Aproximación histórica.* Madrid: PPC, 2017.

Pikaza, Xavier. *Historia de Jesús.* Estella: Verbo Dino, 2014.

Diccionario de la Biblia. Estela: Verbo Divino, 2007.

Sanders, E.P. *La figura histórica de Jesús.* Estella: Verbo Divino, 2001.

Segundo, Juan Luis. *La historia perdida y recuperada de Jesús de Nazaret.* Santander: Sal Terrae, 1991.

Schillebeeckx, Edward. *Jesús la historia de un viviente.* Madrid: Cristiandad, 1981.

Tamayo Acosta, Juan José (ed.). *10 palabras clave sobre Jesús de Nazaret.* Estella: Verbo Divino, 1999.

Theissen, Gerd y Annette. *El Jesús histórico.* Salamanca: Sígueme, 1999.

Vielhauser, Ph. *Historia de la literatura cristiana primitiva.* Salamanca: Sígueme, 2003.

Westermann, Claus. *The Parables of Jesus in the Light of the Old Testament.* Minneapolis: Fortress, 1990.

Witherington III, Ben. *The Christology of Jesus.* Minneapolis: Fortress Press, 1990.

Yoder, John Howard. *Cristología y método teológico.* Ediciones Biblioteca Menno, 2017.